JIQUN TEXING DUI CHANYE JISHU CHUANGXIN DE TUIDONG YU ZUZHI

本著作获教育部人文社会科学基金项目（10YJC630328）资助

集群特性对产业技术创新的推动与阻滞

杨皎平◎著

知识产权出版社
全国百佳图书出版单位

图书在版编目（CIP）数据

集群特性对产业技术创新的推动与阻滞/杨皎平著．—北京：知识产权出版社，2015.5

ISBN 978-7-5130-2407-5

Ⅰ.①集… Ⅱ.①杨… Ⅲ.①产业经济—技术革新—研究 Ⅳ.①F062.9

中国版本图书馆 CIP 数据核字（2013）第 267736 号

内容提要

本研究将产业集群特性集合归结为：地理邻近、认知邻近、知识溢出、关系嵌入、文化嵌入、内部竞争和企业同质七个要素，进而从产业集群七个特性要素出发，采用案例分析、数理模型推导、实证分析等方法分析这些要素对技术创新的正负效应及其作用机理。

责任编辑：宋 云　　**责任校对**：董志英

封面设计：张 冀　　**责任出版**：卢运霞

集群特性对产业技术创新的推动与阻滞

杨皎平 著

出版发行：知识产权出版社有限责任公司　　**网　址**：http://www.ipph.cn

社　址：北京市海淀区马甸南村 1 号　　**邮　编**：100088

责编电话：010-82000860 转 8388　　**责编邮箱**：songyun@cnipr.com

发行电话：82000860 转 8101/8102　　**发行传真**：010-82000893/82005070/82000270

印　刷：保定市中画美凯印刷有限公司　　**经　销**：各大网上书店、新华书店及相关专业书店

开　本：787mm×1092mm 1/16　　**印　张**：15.5

版　次：2015 年 5 月第 1 版　　**印　次**：2015 年 5 月第 1 次印刷

字　数：248 千字　　**定　价**：48.00 元

ISBN 978-7-5130-2407-5

目　录

第一章　绪　论

当代市场需求多样化和技术的快速升级使得创新成为企业竞争力的核心因素。在发达国家一些成功的集群，如美国的硅谷、意大利北部的传统产业集群中，企业能够通过连续不断的创新为市场提供新产品。但是并不是每一个集群都有高频率的创新活动。在我国江浙地区有些中小企业集群缺乏技术升级的能力，企业之间的竞争停顿在低层次的价格竞争中，伪劣产品泛滥，最终不仅损害了全体业主的利益，而且也使小企业集群所在地区形象受损，从而影响长期的发展。在珠江三角洲地区的企业集群中，许多集群中的企业是由外来的投资商建立的，只有产品的生产和销售，没有产品的研发。可见产业集群和创新能力之间并非是简单的因果关系，产业集群与技术创新之间具有辩证关系。一方面，产业集群会对技术创新产生激励效应，并可成为创新的有效载体；另一方面，产业集群也会对技术创新产生创新阻滞效应。鉴于此，本书研究产业集群特性要素对群内企业技术创新的正负效应问题。

第一节　研究背景

产业集群的形成和发展，导致了企业边界的弹性扩张和企业行为的变化。集群中的每一个主体的技术创新行为不再是孤立的，而要受制于集群内部其他主体的影响。

理论界和实业界普遍认为产业集群的诸多特性对当地产业的技术创新具有推动作用，如地理邻近、知识溢出、社会关系嵌入、文化嵌入、内部竞争氛围均被认为是产业集群促进技术创新的优势源泉。

关于地理邻近对产业集群创新的推动作用，国内外的学者已经达成共识。学者们从如下三个方面进行了论述：（1）从生产层面上，地理邻近减少了创新所需的人力、物质资源的交通和运输成本，进而促进技术创新；（2）从学习层面上，地理邻近有利于面对面的学习交流，有利于隐性知识的传播，所以利于技术创新；（3）从关系网络层面上，地理邻近有利于非正式关系的建立，通过促进组织邻近和认知邻近减少了创新所需的沟通成本。

关于知识溢出对产业集群创新的推动作用，学者们主要从三个方面进行了论述：（1）知识溢出有利于集群企业之间的相互学习；（2）知识溢出促进了知识扩散，可以带来整个集群的技术创新；（3）知识溢出增加了集群的知识积累，有利于进一步的知识创造。

关于社会关系嵌入对产业集群创新的推动作用，学者们主要从三个方面进行了论述：第一，社会关系嵌入有利于增加集群企业之间的信任，降低交易成本，从而促进了合作创新；第二，社会关系嵌入有利于合作伙伴之间的知识共享，从而促进了合作创新；第三，社会关系嵌入有利于共同解决问题，从而促进了技术创新。

产业集群的文化包括冒险精神、情感信任、合作精神、成就欲望等，关于文化嵌入对产业集群的推动作用与社会关系嵌入比较类似，主要包括降低分工和交易过程中的交易成本、降低企业之间认知距离促进合作关系的形成、加强知识网络的联结从而有助于知识共享和相互学习。

关于内部竞争对产业集群创新的推动作用主要表现在：第一，为了应对集群内部的竞争和资源稀缺性，集群企业会加快知识转化和技术创新速度；第二，集群内部企业间的激烈竞争，可以加速市场信息的流通、促使科技资源和人力资源的积累，从而为企业技术创新奠定基础；第三，激烈的竞争会使效率高的企业成为技术创新领导者，从而加速整个产业的技术创新步伐。

然而近年来很多学者的研究发现，同样也是上述几个集群的特性却有可能成为产业集群技术创新的阻碍，我国学者吴晓波和耿帅（2003）将其称为产业集群的“自稔性”风险，随着产业集群的发展和理论研究的深入，学者开始注意产业集群的诸多特性对技术创新的负效应。

地理邻近对技术创新的阻滞效应主要表现在：（1）从信息渠道方面，区域内的过度邻近容易导致区域的自我封闭、信息孤岛进而导致知识结构和创新方式的趋同性，减少技术创新所需要的创新源；（2）从创新积极性方面，区域内的过度邻近不利于知识产权保护，使得“搭便车”现象泛滥，降低了创新主体的积极性；（3）从资源要素方面，区域内过度邻近和企业集聚导致生产要素成本上升，进而导致恶性竞争，出现拥挤效应。

知识溢出对技术创新的阻滞效应主要表现在：（1）主动的知识溢出所形成的共享性知识具有公共产品的性质，容易造成“搭便车”现象，从而遏制合作创新的成功；（2）被动的知识溢出所具有的外部性打击知识溢出方的创新积极性；（3）知识溢出的风险降低合作创新的意愿。

社会关系嵌入对技术创新的阻滞效应引起了学者们的广泛讨论，对相关文献的整理，主要表现在如下几个方面：（1）过度的社会关系嵌入使得集群内各个企业掌握的知识和信息大多相同，重复程度很高，因而出现了技术锁定；（2）过度的社会关系嵌入限制了外部知识的输入量，使得企业无法及时了解外部市场，也无法获取产品创新的相关信息，技术创新的渠道日益变窄；（3）过度的社会关系嵌入容易使集群企业出现路径依赖；（4）社会关系嵌入产生的过度知识溢出和知识共享容易导致创新惰性。

关于文化嵌入对技术创新的阻滞效应，学者们关注得比较少，通过整理相应的研究成果，主要有：（1）文化作为一种非正式制度，具有天然的排他性，因此强的文化特性可能形成小群体和圈子，从而导致排外和封闭；（2）特定的文化嵌入容易使集群被锁定在既有的技术或产业路径，出现机制的僵化和创新的退化；（3）较强的文化嵌入性导致的认知距离过近，使得集群企业间知识的异质性差，不利于集群的合作创新。

产业集群的内部竞争氛围对技术创新的阻滞效应，主要表现在：（1）集群内部出现过度竞争时，由于生产同类产品的企业过多，产品价格一降再降，必然导致企业利润缺失，没有足够的资金成本和精力投入创新；（2）由于集群的过度竞争，企业自身技术创新投入不足，往往希望无偿利用集群内的知识与技能的溢出，即出现技术创新投入“搭便车”行为，企业不愿自行研发投入技术创新。

综上所述，产业集群所具有的一些特征：地理邻近、知识溢出、社会关系嵌入、文化嵌入、内部竞争氛围等对产业集群的技术创新同时存在正负两个方面的作用，即产业集群的诸多特性与技术创新之间具有辩证关系。一方面，集群一些特性会对技术创新产生激励效应，并可成为技术创新的有效载体；另一方面，同样是这些特性也会对技术创新产生创新阻滞效应。而近年来，人们关注的大多是产业集群的创新激励效应，而忽视了产业集群的创新阻滞效应。只有综合考虑产业集群与技术创新的内在作用机理，才能正确制定出提高产业竞争能力、促进区域发展的科技创新政策。

本书希望辩证地分析产业集群对技术创新的非线性影响作用机理，并进行实证，从而分析产业集群的相关特性在什么情况下对技术创新具有推动作用，在什么情况下又具有阻滞作用，进而寻求趋利避害的治理机制，以达到产业集群的可持续创新。

第二节 文献综述

一、地理邻近与产业集群技术创新

地理邻近的重要性早在19世纪就受到学者们的重视，但在传统空间科学的研究中却一直被视为“黑箱”。随着20世纪80年代末知识经济的蓬勃兴起，新经济地理学、新产业地理学等学科的众多学者试图从新的不同角度对地理邻近与知识溢出、交互学习等论题进行探讨（Audretsch & Feldman，1996；Storper，1998；Morgan，1997）并得出一个基本的结论：地理邻近对创新产生重要影响。但地理邻近是促进了集群技术创新，还是阻碍了集群技术创新？或者地理邻近在什么条件下更利于集群企业技术创新？学术界尚未定论。

Saxenian（1991）指出创新是一个交互的社会学习的过程，地理邻近有助于企业在创新网络中获得正外部性；Michael（2004）认为地理邻近有利于隐性知识以及显性知识的传递，进而可以促进区域企业间的合作创新；Boufaden（2005）对法国巴黎生物技术企业创新的实证研究发现，地理邻近的企业的创新绩效一般水平要高于其他企业；Bruno dos Santos Silvestre（2009）通过对巴西坎普斯盆地石油天然气产业集群的创新活动进行案例分析，认为地理邻近对企业创新具有正的影响效应；桂婕（2008）研究发现我国ICT、生物医药、化工和机械4个行业在校企合作共同进行基础研究时，强邻近的基础研究合作对专利发明产出的影响更大；李琳

(2011) 以我国汽车产业集群为对象进行实证研究时发现，地理邻近对集群创新具有正效应。

以上学者肯定了地理邻近对集群创新的积极作用，然而随着各国产业集群的迅速发展，产业聚集、地理邻近对产业发展的负面影响也逐渐引起了学者们的重视，Brakman (2005) 首次提出产业集群的“拥挤效应”，Sedgley (2001) 研究美国制造业单位资本投入的创新效应时发现，过度的地理集中导致的“要素拥挤效应”对专利产业具有显著的消极影响；Maskell (1999) 认为过高的地理邻近会导致集群内技术和产品高度相似，进而出现恶性竞争，以及知识产权保护问题，所以会抑制集群的创新活动；Henrik Sornn Friese (2005) 指出忘却学习是学习的重要部分，地理邻近有助于学习知识，但却不利于忘却知识，另外距离太近容易导致联结锁定；Boschma (2005) 指出当一个区域变得过分的邻近和内向时，区域内主体的学习能力会减弱到失去创新能力和不能对外部的变化作出反应的境地。

相对于这两类对立的观点，部分学者辩证地分析了地理邻近对技术创新的影响，李琳 (2012) 从集群周期演化的角度，认为地理邻近对集群创新的动态影响大体上呈倒 U 型变化，在集群形成初期和成长期，地理邻近促进了集群的创新，到集群成熟期时，这种促进作用逐渐减少，衰退期地理邻近对集群创新的影响转化为负效应。Knoben (2006) 认为地理邻近对创新的影响类似生产要素的边际效益递减规律，特别是过度的地理邻近对创新绩效的提升有制约作用，因此地理邻近与创新绩效为倒 U 型关系；饶扬德 (2006) 从知识流动和集体学习的视角认为地理邻近是“距离产生美”，太多或太少的地理邻近都不利于区域创新。李琳 (2013) 对我国国家级软件园区产业集群中的地理邻近效应进行实证研究时发现，园区内地理邻近对集群创新呈 S 型阶段特征。

概之，在西方，对于地理邻近与创新论题的研究已取得丰硕成果。相比之下，国内研究明显滞后。而在地理邻近对创新影响的实证研究方面，即使在西方也是更多地停留于基于问卷调查的案例分析或统计分析，尚缺乏一个规范的较为科学的研究模型范式。而且通过对地理邻近与集群创新绩效关系研究的文献整理不难发现，当前的研究仅仅从地理邻近单一因素讨论地理邻近与集群创新的关系，实际上产业集群的诸多特性，如地理邻近、知识溢出、关系嵌入、内部竞争以及产业链结构等都影响集群的技术创新，并且这些要素之间也相互影响，而目前关于地理邻近与集群创新绩效关系的研究很少将上述特性要素纳入统一的框架中进行研究。鉴于该领域研究结果的矛盾现状和研究角度的局限性，对这一问题仍有待进一步深入探索和研究。

二、认知邻近与产业集群技术创新

认知邻近性的概念是由 Nooteboom（1999，2000）提出，通常被定义为主体觉察、说明、理解和评估世界方式的相似性。在产业集群的研究领域中，Toore 和 Gilly（2000）把邻近性的一般概念分成三种具体类型，即地理邻近性、组织邻近性和制度邻近性，在此基础上，Boschma（2005）把认知维度从组织维度中分离、把社会维度从制度维度中分离，进而将邻近性进一步分为认知邻近性、组织邻近性、社会邻近性、制度邻近性和地理邻近性 5 种类型，他认为认知邻近性概念引入产业进行动态分析可以超越隐性知识和显性知识的功能性区别，集中分析组织的认知能力，不必在意知识的内在本质。

在产业集群内部，企业之间除了地理位置上的相互邻近外，由于乡缘、血缘、学缘等原因也存在认知邻近，那么认知邻近对集群企业的技术创新具有什么影响呢，学者们从不同角度进行了论述，且观点各异。

Boschma（2005）认为成功的合作需要合作主体之间的认知邻近性，因为主体间进行相互学习、相互交流需要相似的知识基础，知识基础相似性越大，双方越容易理解、吸收对方知识，越容易进行沟通交流，越有利于合作创新。Knoben（2006）认为认知邻近性是合作创新主体之间进行交流和知识转移的必要条件，Boschma（2010）认为认知邻近是组织选择未来合作伙伴过程中最具决定性的邻近维度。毛崇峰（2012）以华为-西门子为代表的 TD-SCDMA 产业联盟为例，认为在横向技术标准合作中，加强基于竞合关系导向的认知邻近性对技术标准化合作的顺利开展起着重要的作用。

同时学者们也发现认知邻近对集群创新的正向影响存在一定范围，超过这个范围认知邻近也具有负效应。Nooteboom（2000）认为知识创新往往需要差异的、互补的知识，特别是在探索式创新过程中更是如此，即创新主体之间需要一定的认知距离，相互之间的知识基础差异越大，产生新奇的可能性越大，越有利于创新合作。March（1991）认为，在探索式创新下，认知距离对新颖性价值具有积极的影响，在利用式创新下，认知距离就会具有负面影响。党兴华（2013）基于中国共同专利数据的实证分析，发现中国区域间认知邻近性过高，制约了跨区域技术创新合作的发展。李琳（2012）认为认知邻近有助于组织间的相互交流，进而提高了共享知识的积累水平，进而有助于信息获取的速度和效率，然而，过度的认知邻近可能不利于交互学习，组织之间的认知差异太小时，彼此之间几乎不存在可相互学习的地方，进而降低了学习的可能性。汤长安（2012）认为当认知距离过小时，不能引起知识转移行为；当认知距离过大时，无法弥补组织间的知识势差，从而对知识转移绩效产生负向影响。

笔者认为认知邻近对集群创新存在正负影响，同时影响的方向受到很多权变因素的影响，比如，集群结构、产业类型、创新类型等，因此需要充分考虑环境变量来探索认知邻近对集群创新的影响。

三、知识溢出与产业集群技术创新

一直以来，知识溢出对区域创新的驱动作用都是一个很有争议的热点话题。基本存在两大对立阵营：知识溢出的支持论者及知识溢出的怀疑论者。

Freeman（1991）认为集群内知识溢出效应促进了集群经济的增长和集群创新网络发展，是集群创新产出和生产率提高的源泉；Saxenian（1991）对硅谷计算机产业进行案例分析，发现雇员的高流动性所带来的知识溢出效应是硅谷计算机产业集聚经济的重要来源；Baptista（2000）研究发现个人联系、企业网络以及企业间的相互作用促进了知识溢出，成为集群创新的内在原因；Cassar 和 Nicolini（2008）研究认为邻近区域间的知识溢出提高了彼此创新成功的可能性，进而促进了区域发展；国内学者魏江（2003）以杭州软件产业集群为例，认为产业集群凭借知识溢出使得企业在地理上的集聚和创新产出之间形成良性的互动；陶锋（2011）以国际代工联盟的技术创新为例，认为知识溢出对联盟的技术创新具有重要促进作用，且隐性知识溢出对技术创新的促进更明显。

以上学者充分肯定了知识溢出对集群创新的积极作用，然而也有学者认为知识溢出对集群的技术创新具有消极影响，要提高集群的创新绩效，必须加强知识产权保护，降低知识溢出。Romer（1994）认为知识溢出使得创新成为公共物品，知识溢出使创新的收益发生外溢，从而降低了企业的创新动力；Kanwar 和 Evenson（2003）发现知识产权保护对区域经济的研发投资具有显著的正向作用，加强知识产权保护能激励技术创新和科技进步；Lederman 和 Maloney（2003）基于发达国家和地区的样本数据实证分析发现，知识产权保护水平与技术创新绩效显著正相关；Leger（2003）的研究则说明无论发达还是不发达国家和地区加强知识产权保护都有利于技术创新；国内学者杜伟（2004）认为由“知识溢出”和“市场溢出”而导致创新的“利益溢出”，严重损害创新者的应得利益，降低研究与开发的积极性。梁涛（2012）研究了知识溢出的负效应，认为知识溢出在一定程度上削减了合作双方的意愿和积极性，阻碍了合作创新的产生和实现。

相对于这两类对立的观点，部分学者辩证地分析了知识溢出对技术创新的影响。Donoghue 和 Zweimuller（2004）从知识产权保护广度的角度提出知识产权保护与技术创新之间存在倒 U 型关系假说；Park（2008）将该领域的一系列非线性提法归结为“最优知识产权保护假说”；按此逻辑集群企业之间也存在最优的知识溢出水平，国内学者赵书松等（2009）认为知识溢出具有两面性，一方面知识溢出有助于个体和组织的学习，进而提高了创新能力，但另一方面知识溢出也具有创新抑制效应、组织利益挤出效应和组织内旁观效应等负效应；杨玉秀（2007）也指出知识溢出对合作创新的影响是双向的：一方面，知识溢出为合作创新提供了前提和基础，知识溢出越多就越有利于合作创新的成功完成；另一方面，知识溢出又在一定程度上削弱了合作者之间的合作意愿和积极性，阻碍了合作创新的产生和实现。

本书认同上述第三种观点，即集群内部的知识溢出对技术创新兼具推动和阻滞作用，因此在产业集群的发展过程中，应该追求一种合理的、最优的知识溢出水平，知识溢出不足和知识溢出过度对集群式创新都是不利的。从集群整体的层面来说，虽然学者们已经注意到了知识溢出对技术创新的双向影响，但只有少数研究主要从实证的角度验证了这一规律，而关于这一规律的机理性研究则不够充分。

四、关系嵌入与产业集群技术创新

近年来，集群企业所嵌入社会关系的强弱如何影响企业的技术创新成为学者们关注的重点。正如 Storper（1997）所指出，近年来集群研究的一个新的特点就是从以往对集群内部运输成本、企业间的投入产出关系的关注转向对集群内部网络、制度和社会文化的关注。而且经过二十余年的发展，社会关系因素对产业集群的影响也得到了大量经验研究的支持，得出了很多富有启发的发现（Piore&Sable，1984；Saxenian，1994）。这些发现所揭示的集群发展的实际状况，既暴露出传统经济学理论对于产业集群解释的乏力，也彰显了建构新的集群理论的可能性（吴结兵，2006）。

网络关系强度是表现网络关系特征的一个重要指标，关系强度与企业技术创新或企业竞争优势的关系一直是理论界争论的焦点，不同学者从不同角度给出各自的解释。Uzzi 等学者（1997）认为网络关系强度与企业创新绩效之间存在着正相关关系。Uzzi 对纽约服装产业的研究发现，由强关系生成的信任对获取深度的复杂知识、加快信息处理、发现新方法有直接的影响，这些新知识对于技术型企业的成长具有较强的提升作用；Hsu（1997）对台湾新竹的高技术企业研究发现，网络关系的强联系有助于组织间的深度互动，并以产业技术转移为例，论证了紧密且频繁的互动可以使接受技术的企业不仅获得所需要的技术，而且还会对企业生产管理方式和技术创新能力产生有益的影响；Hansen（1999）认为强关系可以促进隐性知识的转移，他强调网络内部组织之间形成的强关系构建了主体双方间共享知识的基础，从而形成了网络伙伴所特有的知识转移与吸收能力，因而有利于主体之间进行隐性知识的转移，而且从知识转移意愿来看，网络组织之间存在的强关系还可以强化主体之间的相互认同和信任，进而使得知识转移双方增强了知识转移和吸收的意愿和动力；Hardy 等学者（2005）从社会心理学的视角，认为强关系可以通过形成集体归属感来推动组织间隐性知识的转移。与上述观点截然相反的是，自从 Granovetter（1973）提出“弱关系的力量假设”以来，很多学者认为弱关系在信息传递的过程中具有更高的效率，因为建立和维护关系的成本随着关系强度的加强而上升（Lin et al.，1981；Wellman &Wortley，1990；Petersen et al.，2000），而且，强关系以牺牲伙伴的多样性为代价，将导致减少新创意和新方法的来源，所以弱关系更有利于技术创新，根据 Granovntter (1973) 的弱关系力量观点，企业间保持较弱的关系可以传递新鲜的知识和信息，可以避免知识和信息的冗余，弱关系由于其社会开放度大，不仅容易吸收新成员的加入，而且还延伸到网络外部，实现跨边界组织的交流与联系。企业的弱关系更容易吸收新的观念、新的视角和新的方法，从而能够提高企业的创新能力。另外，还有些学者认为关系强度与技术创新的关系对不同类型企业而言是不同的，如 Liao 和 Welsch（2000）研究发现，强关系导致了行为者之间的信任和信赖，对技术型企业的发展有着正相关关系，而对于非技术型企业而言，松散的联系对企业的发展有利，因为企业可以获得适度的信息和知识，可以花费较少的关系维护费用；与此相关，Rowley 等（2000）区分了弱关系占主导地位的网络和强关系占主导地位的网络，并经过实证得出不同的网络强度对企业绩效的影响与产业类型密切相关的结论。

国内学者魏江（2003）通过对浙江省杭州市软件产业集群的实证研究发现，集群内部的企业家、企业高层管理者、中层管理者、基层管理者以及企业的技术开发人员之间，都存在着高度频繁的非正式交流，这些非正式交流在一定程度上具有强关系特征，为技术和管理知识以及相关产业信息在产业集群内部的流动提供了有效的路径；王晓娟（2007）在研究中指出，由于网络关系强度的不同对企业通过网络传递的知识类型的影响程度也不尽相同，因而网络关系强度会分别有利于集群企业的不同学习动机和模式，即开发式学习和探索式学习；蔡宁（2008）结合我国上市公司海正药业 50 年来的技术创新经验进行实证分析，得出强弱关系与技术创新模式存在耦合性，弱关系因为低成本和低信息冗余度两个特点能够提供丰富的异质性信息，有利于探索式创新，强关系通过企业间的信任传递复杂知识，有利于利用式创新；简兆权（2010）以珠三角地区的 116 家高科技企业为对象，研究发现与外部企业建立起的网络关系对知识共享有显著的正向影响，而企业间知识共享的程度越高，则企业的技术创新绩效也越高，知识共享作为中介变量充当了网络关系对技术创新绩效影响的中介变量；谢洪明（2012）以企业规模和研发投入作为控制变量，构建了网络关系强度、企业学习能力和技术创新三者之间的关系理论模型，并以申报广东省高新技术企业和民营科技型企业的企业为调查对象进行了实证检验，研究发现企业网络关系强度和学习能力都对技术创新存在着显著的正向影响。

从上述国内外的研究可以看出社会关系嵌入与集群企业创新绩效之间存在着较为复杂的非线性关系，学者们从不同的角度论述了关系嵌入强度与创新绩效的关系，但都缺乏系统性。

五、文化嵌入与产业集群技术创新

文化嵌入作为一个概念最早由 Zukin 和 Dimaggio（1990）提出，并指出与关系嵌入、结构嵌入和认知嵌入相并列，文化嵌入也是一种重要的嵌入类型，文化嵌入是指共同的文化环境、社区规范等软环境对塑造经济战略和目标的规范和约束（魏江，2012），他们认为经济关系和行为受文化因素的强烈影响；Cooke 和 Schienstock（2000）在产业集群的研究中引入了文化嵌入的概念，并指出文化嵌入可以理解为集群企业对区域文化的融入和适应，并受其约束和规制；之后 James（2005）将文化嵌入作为一个构面用于对产业集群的实证研究，研究发现集群企业的发展受当地文化嵌入的影响。

产业集群能够在某个区域形成并取得发展，相同的或近似的区域社会文化因子起了重要的作用。从组织间学习的角度来看，集群内的学习过程被共同的社会和文化环境所提供，文化嵌入不但可以促使本地企业间的非正式学习交流，也有助于企业间的正式交流和合作创新（Asheim，2002）；然而也有学者认为文化嵌入对集群技术创新也存在阻碍作用，James（2007）认为文化嵌入过强会导致集群企业对群外的思想和行为视为异端，不利于对集群外部知识的学习，从而对技术创新有不利影响。

文化嵌入指经济活动嵌入在文化环境之中，从而导致经济行为和效率受社会文化诸如民族文化心理和区域文化传统的影响。从当前关于文化嵌入与区域经济之间关系的研究中可以发现，文化嵌入可以分为个人、组织、产业（或区域）这三个层次上的文化嵌入性（向永胜，2012），但不同层次的嵌入是存在相互关系的，具体来说，前一层次文化嵌入受后一层次文化嵌入的影响。现有集群创新研究的文献中，既有研究集群内企业文化嵌入对企业创新的影响（James，2005）；也有将集群作为一个整体来考虑区域文化嵌入性对集群整体创新能力的影响（Capello，2005），显然本书的研究属于后者。

文化作为一个环境变量，对置于其中的经济活动既具有激励和导向功能，也具有约束和限制功能。通过对有关文化嵌入研究成果的整理不难发现，既有学者认为文化嵌入对集群发展具有正向的促进作用，也有学者注意到了文化嵌入具有负向的阻碍作用。

在对文化嵌入给予肯定的文献中，Vanhaverbeke（2002）研究指出特定的文化特征能够强化企业间合作关系的质量和效果，James（2003）认为文化嵌入性使得集群企业形成强烈的“本地身份认同”，从而倾向于本地学习和企业间结网合作，邬爱其（2004）的研究也发现组织文化中的信任有益于增加企业间关系的强度和持久度，Capello（2005）认为文化邻近是关系资本存在的前提和基础，而关系资本有助于集体学习和相互合作，Beugelsdijk（2006）的研究指出在关系技能的形成上，长期导向的企业文化特征占有重要的地位，而关系技能对形成和维持交易联结的紧密性和持久性有显著的促进作用，魏江（2012）指出集群的文化嵌入将塑造集群企业间的分工、合作与网络学习及资源整合等经济行为，并影响集群企业间建立合作关系的意愿、强度、稳定性和持久度。

认为文化嵌入对集群的发展存在阻碍作用的文献中，Wicks（1999）的研究认为文化的邻近可能导致排外和封闭，魏江（2001）认为当人们对区域文化高度认同，甚至出现排外时就出现了文化的过度嵌入，此时集群企业习惯在集群内部寻找知识源，而放弃更多的外部知识源；Sorensen（2002）认为文化嵌入和社会关系嵌入一样，作为一种非正式的制度，具有天然的排他性，强的文化嵌入会使得企业之间形成小群体和小圈子现象，从而导致排外和封闭，使集群的发展锁定在既有的技术和产业路径上；James（2007）也认为文化嵌入有利于规范一致行为而约束了其他行为，这将阻碍新奇和变异行为的产生，从而不利于技术创新，特别是突破性创新。

鉴于该领域研究结果的矛盾现状和研究角度的局限性，对这一问题仍有待进一步深入探索和研究。

六、内部竞争与产业集群技术创新

在关于集群式技术创新的研究成果中，诸多学者发现由于地理邻近、产业性质相似等特征诱发的集群企业之间的竞争对产业集群的技术创新有重要影响（杨皎平，2010），但这种竞争促进了技术创新，还是阻碍了技术创新？或者何种强度的竞争更利于集群企业技术创新？一系列问题需要进一步的研究。

Porter（1990）认为产业集群的一种重要的特征就是为集群内的企业营造了一个竞争的氛围，而这种竞争氛围会成为产业集群技术创新优势的来源；Powell（1992）的研究发现为了应对集群内部的竞争和资源稀缺性，当地企业会加快生产速度，加快知识转化和技术创新速度；Arrow（1970）的研究指出，一般来说处于竞争行业的企业要比处于垄断行业的企业具有更强的技术创新激励因素，我国学者周浩（2003）认为集群内部企业彼此的激烈竞争，可以加速市场信息的流通、促使科技资源和人力资源的积累，从而为企业技术创新奠定基础；祝福云（2009）的研究认为在激烈的竞争中效率高的企业成为技术创新领导者，会加快整个产业的技术创新步伐，并认为鼓励竞争的产业政策在促进企业激励竞争的同时增加了效率企业的技术创新动机。

著名的熊彼特假设则认为，相对于竞争行业的企业来说，具有垄断地位的企业更具技术创新能力，Krugman（1991）的研究发现规模报酬递增的产业集群大多是以垄断竞争为基础的，近年来国内的一些学者也注意到了集群内部的竞争对技术创新的阻滞作用，仇保兴（1999）在研究浙江永康保温杯产业集群时认为集群内的过度竞争是导致该集群产品质量恶性循环、不断退化的主要原因之一。张习宁（2009）的研究发现集群内企业之间过度的竞争，会对资源配置、企业盈利、集群可持续发展等产生不利的影响。

相对于这两类对立的观点，部分学者辩证地分析了集群内部竞争对技术创新的影响。Aghion（2005）认为市场竞争程度和产业的技术创新绩效之间呈现一种倒U型的关系，因为竞争既会增加技术创新效率者的额外利润，又会削弱技术创新落后者的创新激励；项后军（2011）认为核心企业之间的竞争关系与技术创新绩效呈现一种非线性倒U型关系；杨皎平等（2011）通过理论分析和实证检验发现集群内部企业的竞争环境对集群的技术创新呈现非线性的关系，其中企业的合作关系充当了中介变量。

本书认同上述第三种观点，即集群内部的竞争对技术创新兼具有推动和阻滞作用，因此在产业集群的发展过程中，应该追求一种合理的、有效的竞争，竞争不足和竞争过度对集群式技术创新都是不利的。当前学者们主要从实证的角度验证了这一规律，而关于这一规律的机理性研究则不够充分。

第三节　主要内容和研究方案

一、研究内容

本书首先整理了国内外学者有关产业集群特性要素与集群技术创新关系的研究成果，在总结相关文献的基础之上，结合相关的现实基础和理论模型提出了本书的总体理论架构，即产业集群特性对技术创新存在正负两方面的影响。

接着在这一总体指导思想之下，本书分别从地理邻近、认知邻近、知识溢出、关系嵌入、文化嵌入、内部竞争、企业同质化等因素出发建立了各自影响集群技术创新的理论框架，提出了相应的研究假设，通过数理模型的推导或者调研数据的实证分析研究了本书的研究假设，从而探索了集群特性要素对集群技术创新的影响机理。

然后分析了产业集群导致的技术创新风险，即创新惰性风险、技术锁定风险和战略趋同风险，针对这些风险，提供了风险控制的机制和对策，并提出通过使产业集群升级到模块化集群的方式来治理集群创新风险。

最后从宏观的角度研究了产业集群技术创新的评价，包括主体要素的评价、网络结构的评价、创新环境的评价和创新绩效的评价，在此基础之上，提出了产业集群创新政策的理论体系，并从政府行为的角度提出了几点建议。

二、研究方法和方案

本书综合使用了案例分析、数理模型推导和实证分析等方法来分析集群特性要素对技术创新的推动和阻滞的机理和过程。其基本方案如下：

首先采用案例分析的方法考察了现实的产业集群发展过程中出现的集群特性要素对集群发展和集群创新的影响，为本书的研究奠定了现实基础。

然后采用数理模型推导和实证分析的方法从集群特性要素的微观角度分析了产业集群对技术创新的影响机理和影响路径。

最后利用管理科学的方法建立了产业集群技术创新的评价体系和评价指标，进而给出了产业集群创新政策体系和政府治理建议。

第四节 本书的贡献和创新之处

本书认为产业集群的形成和发展，导致了企业边界的弹性扩张和企业行为的变化。集群中的每一个主体的创新行为不再是孤立的，而要受制于集群内部其他主体的影响。多数学者认为，产业集群可以增加产业和企业的创新能力，提高产业和企业的创新绩效，但是产业集群和创新能力之间并非是简单的因果关系，产业集群与技术创新之间具有辩证关系。一方面，产业集群会对技术创新产生激励效应，并可成为创新的有效载体；另一方面，产业集群也会对技术创新产生创新阻滞效应。

本书的创新之处在于：

（1）建立了集群特性要素（认知邻近、知识溢出、关系嵌入、文化嵌入、内部竞争和企业同质化）对集群创新绩效影响的数理模型，从微观的角度解释了产业集群对技术创新的影响机理。

（2）建立了集群特性要素与集群创新关系的理论框架，并通过对相关产业集群的市场调研，采用实证的分析方法求证了相关的研究假设。

（3）建立了产业集群技术创新的评价体系和评价指标，并探讨了产业集群创新政策体系，为地方产业集群的可持续创新、产业升级发展、产业治理机制提供了决策借鉴。

本章参考文献

［1］Aghion Philippe, Bloom, Nicholas, Blundell, Richard, Griffith, Rachel and Howitt, Peter. Competition and Innovation: An inverted U Relationship［J］. Quarterly Journal of Economics, 2005, 20 (2): 701-728.

［2］Arrow K. Economic welfare and the allocation of resource for innovation［A］. in Douglas

Needham (ed) . Reading in the Economic of industrial organization [C] . New York: holt, Rinehart and wintston, 1970.

[3] Asheim BT, Isaksen A. Regional Innovation Systems, The Integration of Local "Sticky" and Global "Ubiquitous" Knowledge [J] . Journal of Technology Transfer, 2002, 27 (1): 77-86.

[4] Audretsch D B, Feldman M. R&D Spillovers and the Geography of Innovation and Production [J] . American Economic Review, 1996 (86): 630-640.

[5] Baptista R. Do innovations diffuse faster within geographical cluster? [J]. International Journal of Industrial Organization, 2000, 18 (2): 515-535.

[6] Beugelsdijk S. A note on the theory and measurement of trust in explaining differences in economic growth [J] . Cambridge Journal of Economics, 2006, 30 (3): 371-387.

[7] Boufaden N, Plunket A. Investigating technological and geographic proximity on forms innovation in an immature cluster: the paris area biotech cluster [Z]. Copenhagen: DRUID Conference, 2005: 69-75.

[8] Brakman S, Garretsen H, Gigengack R. Negative feedbacks in the Economy and Industrial Location [J] . Journal of Regiional Science, 1996, 36 (4): 631-651.

[9] Bruno dos Santos Silvestre, Paulo Roberto Tavares Dalco. Georaphical proximity and innovation: evidences from the campoe basin oil &Gas industrial agglomerateion Brazil [J] . Technovation, 2009 (29): 546-561.

[10] Capello R, Faggian A. Collective learning and relational capital in local innovation process [J] . Regional Studies, 2005, 39 (1): 75-87.

[11] Cassar A, Nicolini R. Spillovers and growth in a local interaction model [J] . Annual of Regional Science, 2008, 42 (2): 291-306.

[12] Cooke P, Clifton N, Oleaga M. Social captial, firm embeddedness and regional development [J] . Regional studies, 2005, 39 (8): 1065-1077.

[13] Cooke P, Schienstock G. Structural competitiveness and learning regions [J] . Enterprise and innovation management studies, 2000, 1(3): 265-280.

[14] Freeman C. Networks of innovators: a synthesis of research issues [J] . Research Policy, 1991, 20 (1): 499-514.

[15] Granovetter M. The strength of weak ties [J] . American Journal of Sociology, 1973, 78 (6): 1360-1380.

[16] Hansen M. The search-transfer problem: The role of weak ties in sharing knowledge across organizational subunits [J] . Administrative Science Quarterly, 1999,

44：82-111.

［17］ Hardy C，et al. Discourse and collaboration：The role collective identity ［J］. Academy of Management Review of conversations，2005，30（1）：58-77.

［18］ Henrik Sornn-Friese，Janne Simoni Sørensen. Linkage lock-in and regional economic development：the case of the Øresund medi-tech plastics industry ［J］. Entrepreneurship & Regional Development，2005，17（4）：267-291.

［19］ Hsu WH. A Position Paper on Statistical Inference Techniques Which IntegrateNeural Network and Bayesian Network Models ［C］. In International Conference on Neural Networks（ICNN-97），1997.

［20］ Iasksen A. Clusters，innovation and the local learning paradox ［J］. International Journal of Entrepreneurship and Innovation Management，2007，7（2）：366-384.

［21］ James A. Everyday effects，practices and causal mechanisms of "cultural embeddedness"，learning from utah's high tech regional economy ［J］. Geoforum，2007，38（2）：393-413.

［22］ James A. Demystifying the role of culture in innovative regional economies ［J］. Regional Studies，2005，39（9）：1197-1216.

［23］ Kanwar S，Evenson R E. Does intellectual property rights spur technological change ［J］. Oxford Economic Papers，2003，55（2）：235-264.

［24］ Knoben J，OERLEMANS LAG. Proximity and interorganizational collaboration：A literature review ［J］. International Journal of Management Reviews，2006，8：71-89.

［25］ Krugman，P. Increasing returns and economic geography ［J］. Journal of Political Economy，1991（99）：483-499.

［26］ Lederman D，Maloney WF. R&D and Development ［R］. World Bank Policy Research Working Paper 3024. World Bank，Washington. DC，2003.

［27］ Leger A. Intellectual property rights and innovation around the world：evidence from the data ［R］. DIW Berlin Working Paper，2007：696.

［28］ Liao J M，Welsch H. Social Capital and Growth Intention：the Role of Entrepreneurial Networks In Technology-Based New Ventures ［J］. Frontiers Entrepreneurship Research，Babson Colege，Mass，2000.

［29］ Lin N，Ensel W M. &Vaughn JC. Social Resources and Strength of Ties：Structural Factors in Occupational Status Attainment ［J］. American Sociological Review，1981，46（4）：393-405.

［30］ Maskell P，Malmberg A. Localised learning and industrial competitiveness ［J］. Cambridge Journal of Economics，1999，23（2）：167-186.

［31］Michael S，Anthony JV. Buzz：face to face contact and the urban economy［J］. Journal of Economic Geography，2004，4（4）：351-370.

［32］Morgan K. The Learning Region：Institutions，Innovation and Regional Renewa［J］. Regional Studies，1997，31（5）：491-503.

［33］Saxenian A. The origins and dynamics of production networks in Silicon Valley［J］. Research Policy，1991，20（5）：423-438.

［34］O'Donoghue T，Zweimuller J. Patens in a model of endogenous growth［J］. Journal of Economic Growth，2004，9（1）：81-123.

［35］Park W G. International patent protenction：1960-2005［J］. Research Policy，2008，37（4）：761-766.

［36］Petersen T，Saporta I，and Seidel M L. Offering a job：meritocracy and social networks［J］. American Journal of Sociology，2000，10（3）：763-816.

［37］Piore M，Sabel C. The Second Industrial Divide，Possibilities and Prosperity［M］. New York：Basic Books，1984.

［38］Porter M. The Competitive Andvantage of Nations［M］. New York：Free Press，1990.

［39］Powell W，Brantley P. Networks and Organizations：structure，Form and Action［M］. Boston MA：Harvard university Press，1992.

［40］Romer，Paul M. New goods，old theory and the welfare costs of trade restrictions［J］. Journal of Development Economics，1994，43（1）：5-38.

［41］Boschma R A. Proximity and innovation：A critical assessment［J］. Regional Studies，2005，39（1）：61-74.

［42］Rowley T. Redundant Governance Structures：An Analysis of Structural and Relational Embeddedness in the Steel and Semiconductor Industries［J］. Strategic Management Journal，2000（21）：369-386.

［43］Saxenian A. The origins and dynamics of production networks in Silicon Valley［J］. Research Policy，1991，20（5）：423-438.

［44］Saxenian. Regional Advantage：Culture and Competition in Silicon Valley and Route 128［M］. Cambridge：Harvard University Press，1994：36-37.

［45］Sedgley N，Elmslie B. Agglomeration and congestion in the economics of ideas and technological change［J］. American Journal of Economics and Sociology，2001，60（1）：101-121.

［46］Sorensen J B. The Strength of corporate culture and the reliability of firm performance [J]. Administrative Science Quarterly, 2002, 47 (1): 70-91.

[47] Steensma H K, Marino L, Weaver K M and Dickson P H. The influence of national culture on the formation of technology alliance by enterpreneurial firms [J]. Academy of Management Journal, 2001, 43 (5): 951-973.

[48] Storper M. Innovation Milieux and New Generations of Regional Policies [J]. Entrepreneurship and Regional Developmenu, 1998 (10): 1-6.

[49] Storper M. The Resurgence of Regional Economies Ten Years Later: the Region as a Nexus of Untraded Interdependence [J]. European Urban and Regional Studies, 1995 (2): 191-221.

[50] Sun HY. A meta-analysis on the influence of national culture on innovation capability [J]. Entrepreneurship and Innovation Management, 2009, 10(3/4): 353-360.

[51] Uzzi B. Social structure and competition in interfirm network: the paradox of embeddedness [J]. Administrative Science Quarterly, 1997 (6): 26-28.

[52] Van denBosch F A J., van Prooijen A A. The competitive advantage of European nations: the impact of national culture-a missing element in Porter's analysis [J]. European Management Journal, 1992, 10 (2): 173-180.

[53] Van Everdingen Y M, Waarts E. The effect of national culture on the adoption of innovations [J]. Marketing Letters, 2003, 14 (3): 217-232.

[54] Vanhaverbeke W, Duysters G, Noorderhaven N. External technology sourcing through alliances or acquisitions: an analysis of the application-specific integrated circuits industry [J]. Organization Science, 2002, 13 (6): 714-733.

[55] Wellman B &Wortley S. Different strokes from Different Folks: Community ties and Social Support [J]. The American Journal of Sociology, 1990, 96 (3): 558-588.

[56] Wicks A C, Berman S L, Jones T M. The structure of optimal trust, moral and strategic implications [J]. Academy of Mangement Review, 1999, 24 (1): 99-116.

[57] Zukin S, DiMaggio P. Structures of Capital: The Social Organization of the Economy [M]. Cambridge: Cambridge University Press, 1990.

[58] 蔡宁，潘松挺. 网络关系强度与企业技术创新模式的耦合性及其协同演化——以海正药业技术创新网络为例 [J]. 中国工业经济，2008 (4): 137-144.

[59] 常建坤. 中国传统文化与企业家创新精神 [J]. 经济管理·新管理，2006 (18): 77-81.

[60] 成良斌. 论文化传统对我国技术创新政策的影响 [J]. 科技管理研究，2007

(9)：34-36.

[61] 仇保兴．发展小产业集群要避免的陷阱：过度竞争所致的柠檬市场［J］．北京大学学报（哲学社会科学版），1999，36（1）：25-29.

[62] 杜伟．完善 R&D 激励机制方略［J］．财经问题研究，2004（3）：47-50.

[63] 辜胜阻，郑凌云，张昭华．区域经济文化对创新模式影响的比较分析——以硅谷和温州为例［J］．中国软科学，2006（4）：8-14.

[64] 桂婕，乔晓东．基础研究与专利发明的地理邻近性测度研究［J］．数字图书馆论坛，2008（11）：6-10.

[65] 简兆权，郑雪云．区域创新系统内部知识转移障碍及对策分析——以泛珠江三角洲区域为例［J］．2010（5）：166-170.

[66] 金彦龙，韩兰华，杨皎平．集群内部竞争对企业技术创新的推动与阻滞作用［J］．技术经济，2012，31（5）：34-38.

[67] 李琳，韩宝龙，高攀．地理邻近对产业集群创新影响效应的实证研究［J］．中国软科学，2013（1）：167-174.

[68] 李琳，熊雪梅．产业集群生命周期视角下的地理邻近对集群创新的动态影响：基于对我国汽车产业集群的实证［J］．2012，31（11）：2017-2029.

[69] 李琳，杨田．地理邻近和组织邻近对产业集群创新影响基于对我国汽车产业集群的实证研究［J］．中国软科学，2011（9）：133-143.

[70] 梁涛，杨皎平，陆志宝．集群知识溢出对技术创新负效应的理论与实证［J］．运筹与管理，2012，21（6）：146-152.

[71] 渠爱雪，孟召宜．区域文化递进创新与区域经济持续发展［J］．经济地理，2004，24（2）：149-153.

[72] 饶扬德，李福刚．地理邻近性与创新：区域知识流动与集体学习视角［J］．中国科技论坛，2006（6）：20-24.

[73] 陶锋．吸收能力、价值链类型与创新绩效——基于国际代工联盟知识溢出的视角［J］．中国工业经济，2011（1）：140-150.

[74] 王晓娟．知识网络与集群企业竞争优势研究［D］．浙江大学，2007.

[75] 魏江，向永胜．文化嵌入与集群发展的共演机制研究［J］．自然辩证法研究，2012，28（3）：114-118.

[76] 魏江，叶波．文化视野内的小产业集群技术学习研究［J］．科学学研究，2001，19（4）：66-71.

[77] 魏江．小产业集群创新网络的知识溢出效应分析［J］．科研管理，2003（24）：54-60.

[78] 邬爱其．超集群学习与集群企业转型成长：基于浙江卡森的案例研究［J］．管理

世界，2009 (8)：141-156.
[79] 吴结兵．基于企业网络结构与动态能力的产业集群竞争优势研究 [D]．浙江大学，2006.
[80] 吴晓波，耿帅．区域集群自稔性风险成因分析 [J]．经济地理，2003，23 (6)：726- 730.
[81] 夏保华．技术创新的社会文化实践本质与方向 [J]．科学学研究，2006，24 (2)：299-304.
[82] 向永胜．文化嵌入对集群企业创新能力的作用机制及协同演进研究 [D]．浙江大学，2012.
[83] 项后军．产业集群中竞——合关系的演化与核心企业创新 [J]．科学学与科学技术管理，2011，32 (2)：71-77.
[84] 谢洪明，张霞蓉，程聪等．网络关系强度、企业学习能力对技术创新的影响研究 [J]．2012，33 (2)：55-62.
[85] 杨皎平．产业集群特性要素对技术创新的影响 [D]．辽宁工程技术大学，2010.
[86] 杨皎平，李庆满，金彦龙．竞争环境、企业合作与集群创新绩效 [J]．科技进步与对策，2011，28 (24)：60-64.
[87] 杨玉秀，杨安宁．合作创新中知识溢出的双向效应 [J]．工业技术经济，2008，27 (8)：107-110.
[88] 张习宁，关艳丽．产业集群、内部竞争与集群可持续发展 [J]．现代经济探讨，2009 (2)：73-86.
[89] 赵书松，廖建桥，张可军．知识共享的负效应风险及其治理策略 [J]．情报杂志，2009，28 (11)：116-121.
[90] 周浩．产业集群的共生模型及稳定性分析 [J]．系统工程，2003 (7)：32-36.
[91] 祝福云．竞争强度与企业创新动机的关联机理：基于 Hotelling 模型的分析 [J]．中南财经政法大学学报，2009 (4)：126-130.
[92] Nooteboom B. Innovation and inter-firm linkages：new implications for policy [J]．Research Policy，1999，28 (8)：793-805.
[93] Nooteboom B. Learning and Innovation in Organizations and Economics [M]．Oxford：Oxford university press，2000：22-35.
[94] Torre A，Gilly J P. On the analytical dimension of proximity dynamics [J]．Regional Studies，2000，34 (2)：169-180.
[95] Boschma R. Proximity and innovation：a critical assessment [J]．Regional Studies，2000，34 (2)：169-180；2005，39 (1)：61-74.
[96] Knoben J，Oerlemans L A G. Proximity and inter-or-ganizational collaboration；a

literature review [J] . International Journal of Management Reviews, 2006, 8 (2): 71-89.

[97] Boschma R, Frenken K. The Spatial Evolutaion of Innovation Networks, a Proximity Perspective [M] . Handbook of evolutionary economic gegraphy, 2010, 120-135.

[98] 毛崇峰，龚艳萍，周青．认知邻近性对横向技术标准合作的影响研究 [J]．自然辩证法研究，2012，28 (9)：45-49.

[99] March J G. Exploration and exploitation in organizational learning [J] . Organizaiton Science, 1991, 2 (1): 71-87.

[100] 党兴华，弓志刚．多维邻近性对跨区域技术创新合作的影响：基于中国共同专利数据的实证分析 [J]．科学学研究，2013，31 (10)：1590-1600.

[101] 李琳，熊雪梅．多维邻近性在集群外部知识获取与创新中的作用机制分析[J]．科技进步与对策，2012，29 (21)：130-134.

[102] 汤长安，张亮．认知距离与知识转移绩效的关系研究 [J]．求索，2012 (11)：233-235.

第二章　概念、案例和研究框架

第一节　相关概念

一、产业集群的界定

国外许多学者在对产业集群的定义可谓众说纷纭。Porter（1990）将产业集群定义为是一组通过垂直（买方/供应商）或水平（共同的客户—技术—渠道）关系连接的产业。Becattini（1989）将产业集群定义为产业区，即以同业工人及其企业簇群在特定地域内大规模自然地、历史地形成为特征的地域性社会实体。Enright（1995）认为产业集群就是一个或几个产业与技术创新环境的结合。Bagella（1998）将集群定义为存在投入产出关系、受共同社会规范约束、相互之间充满正负两种溢出的中小企业在特定区域高度集中形成的企业网络。Schmitz（2000）将集群定义为企业在地理和部门的集中，这些企业之间存在着范围广泛的劳动分工，且拥有参与本地市场为竞争所必须具备的、范围广泛的专业化创新的企业组群。

20世纪90年代以来，我国许多学者也进行了探索性的研究。曾忠禄（1996）认为产业集群是指同一产业的企业以及该产业的相关产业和支持产业的企业在地理上的集中。盖文启（1999）、王缉慈（2001）等将产业集群描述为“新产业区”现象，王珺等（2002）提出了簇群经济的概念，即以大量的中小企业在产业上的集中和地理位置上的集聚为特征的地区经济。中外专家学者的上述定义，比较充分地反映了集群的外在特征，但这并未反映集群的内在联系。

如果按照这样来定义集群，那么现实中的很多产业集聚都可以划分为产业集群，按照理论它们均应该具有较强的竞争力，但现实并非如此。

本书认为，集群是产业发展演化过程中的一种地理集中现象，是以专业化分工和协作、竞合创新、共享社会文化为基础的相关企业或同一产业与机构在一定地域内的集中所形成的区域创新网络系统。

二、技术创新

1. 经济学视角的技术创新理论

从经济学的角度来研究企业创新，首推熊彼特。他认为，所谓“创新”，就是建立一种新的生产函数，把一种从来没有过的关于生产要素和生产条件的“新组合”引入生产体系。熊彼特所说的“创新”“新组合”或“经济发展”，包括以下5种情况：①引进新产品；②引用新技术，即新的生产方法；③实现企业的新组织；④开辟新市场；⑤控制原材料的新供应来源。

熊彼特所界定的“企业创新”外延较宽，并不仅仅局限于产品开发、技术改善等技术创新活动，也包括一部分制度创新的内容，如企业组织或产业组织的创新。

2. 管理学视角的技术创新理论

从企业管理的角度看，技术创新就是从一种新思想或新发现的产生，到概念形成、研究、开发、试制、评价、生产制造、首次商业化和扩散的过程。成功的技术创新就是发明＋研究开发＋企业家精神＋管理＋满足市场需求。因此，技术创新的管理学解释强调了创新的“过程”与“结果”的重要性。这种观点强调，在这一复杂的创新过程中任何一个环节出现问题，均不能形成最终的市场价值，也就是说，企业的技术创新就没有获得成功。

在本书的研究中，所指的技术创新就是管理学视角的技术创新。

三、集群创新的特点

1. 互惠共生性

产业集群的互惠共生表现为集群内各主体之间通过功能互补，可以使得相互都有更广阔的生存发展空间。例如，以高校、科研院所孵化或者衍生出来的企业为主体形成的产业群与高校或科研院所就是典型的互惠共生体，高校或科研院所为企业提供科研成果、创新信息、调试设备以及人才培养，企业则主要进行产品开发、工艺开发和市场开发，这样集群中的企业与高校互惠互利、优势互补、互相促进。

2. 协同竞争性

集群中的企业是以专业化分工与协作为基础的，是一个有机的、相互作用、相互依存的社会。正如生物种群一样，竞争在产业集群中普遍存在，竞争使得企业个体始终保持足够的动力以及高度的警觉和灵敏性，并在竞争中发展壮大；然而在集群中的竞争，不是通常的你死我活的关系，更多的是协作关系，竞争对手不是敌人，而是伙伴。因此，协同竞争是集群式创新的一个显著特点，最终目的是达到共同发展。

3. 资源共享性

创新资源不足是目前制约企业技术创新的一个关键因素。在产业集群内众多的相互关联的企业聚集在一起，可以实现资源共享、优势互补，克服单个企业创新资源不足的缺陷。它们可以利用共同的交通、实验基地等基础设施，可以分享共同的信息资源，可以拥有共同的专业人才市场，可以共同吸引风险基金，可以相互利用对方的创新特长。

4. 地方结网性

集群式创新实际上是以产业关联为基础，以地理靠近为特征，以设施配套、机构完善为支撑条件，以文化融合为联结纽带的本地化的区域创新网络，地方结网性是其最重要的一个特征。主要表现在：企业、科研机构、金融机构、服务咨询机构、负责基础设施建设的政府机构、培训机构等的健全与配套；各机构存在着密切的互动和依存关系。

四、产业集群特性要素

1. 地理邻近

一般来说，地理邻近性，反映集群企业间空间距离的远近性，但这种距离不单纯地从空间距离衡量，还需要考虑运输或传播时间与成本的因素。如 Torre 等（2005）认为地理邻近性是“两单位之间的公里距离”。尽管不同学者对地理邻近性的表述不同，但归其本质都是指主体间要素传播和运输需要面对的物理距离。

本书所说的地理邻近是产业集群内部企业间的地理邻近，即首先强调了地理邻近的双方或多方之间都是集群企业，然后由于集群企业的地理邻近是产业集聚过程的产物，所以本书的地理邻近不是某几个企业的相互邻近，而是集群整体上的企业间的稠密程度。

2. 认知邻近

认知邻近性，反映集群企业在相互沟通时所表现的行为方式（沟通方式、处事方式）的相似性，包括经验、语言、知识、技术等。较认知邻近的文化和语言邻近而言，经验、技术上的邻近更具有认知邻近的创新促进要素特征，更能够反映认知邻近对创新的影响作用。故这里的认知邻近概念侧重从相互沟通视角刻画组织间或主体间因知识基础、技术工艺和实践经验的相似性而表现的行为方式的相似性。

在本书的研究过程中，本书将认知邻近与认知距离看作一个事物的两个方面，所以在论述中，为了说明问题方便有时候选择了用认知邻近程度，有时候选择了用认知距离的远与近。另外本书认为认知邻近与企业间的文化嵌入和关系嵌入具有紧密的联系，即深度文化嵌入和关系嵌入往往伴随着认知邻近，当然他们之间又有相对独立性。

3. 知识溢出

米勒认为溢出是："给某厂商或某些人带来好处或者造成损害，而厂商或某些人又不是做出直接或间接导致此类事件之决策的安全赞同的一方"(Cooke，1997)。就知识管理而言，知识溢出是知识扩散的一种方式。狭义的知识溢出就是指那种无意识的知识扩散和传播，而广义的知识溢出既包括无意识的知识扩散又包括有意识的知识扩散和转移。

本书从产业集群的角度将知识溢出看作集群内部相同企业或相似企业之间由于地理邻近、社会关系广泛等原因使得某一个企业在产品或工艺等方面的先进科学技术或知识经验扩散到其合作伙伴或竞争对手的过程。

4. 关系嵌入

嵌入性是新经济社会学的核心概念之一，该理论的建立和发展，主要是在对古典经济学完全理性的原子式的"经济人"假设进行批判的基础上提出的，它强调行为主体经济关系和行动受广泛的社会关系和背景的影响。

嵌入性概念的两个关键问题是研究和回答"谁"（嵌入主体）嵌入"什么"（嵌入客体）的问题（Hess，2004）。根据不同研究领域对于嵌入的主体和客体的关注和研究的重点，各自对嵌入性的界定也有所差别。在嵌入性的各种类型中，网络理论流派提出的网络嵌入首先提出并发展得比较完善的，其发展出的网络分析范式也得到了其他领域的广泛借鉴和运用。Gluckler（2001）从网络嵌入出发区分了两种不同的网络嵌入类型：关系嵌入与结构嵌入。关系嵌入指参与者之间的关系的本性或质量，它强调主体间的二元关系属性。而结构嵌入指在许多参与者之间形成的关系网络结构（Hess，2004），这一嵌入类型主要是从网络的结构形态进行分析。

5. 文化嵌入

文化嵌入的概念最早是由 Zukin 和 DiMaggio（1990）提出的，他们将文化嵌入作为与关系嵌入、结构嵌入、认知嵌入并列的一种重要的嵌入类型，认为文化嵌入指共享的集体理解在塑造经济战略和目标上的约束，强调文化因素在影响经济关系和行为方面的重要性。James（2003）在他的博士论文中指出，文化嵌入是区域内企业普遍受区域文化的影响，将其转变为自身企业文化的一部分，并因而成为该产业中共享的产业文化，文化嵌入的结果导致区域文化、区域产业文化和企业文化的交叠。

本书认为文化嵌入指经济活动嵌入在文化环境之中，从而导致经济行为和效率受到诸如民族文化心理和区域文化传统的社会文化的影响。文化作为一个环境变量，对置于其中的经济活动既具有激励和导向功能，也具有约束和限制功能。

6. 内部竞争

所谓竞争，是指一种发生在个人（或团体或国家）间的争胜行为。伊特韦尔等（1987）指出只要有两个或两个以上的不同利益团体在为某种大家都达不到的目标而奋斗，就会有竞争。经济学意义上的竞争是指经济主体在市场上为实现自身的经济利益和既定目标而不断进行的角逐过程。从市场中企业具体的经济活动来看，竞争表现为参与者之间内有动力、外有压力的持续不断的市场较量过程。

从产业集群的角度来说，由于地理的邻近、经营范围的类似，集群企业之间的竞争相对而言可能更加直接和激烈，这种竞争主要表现在资源（人力人才资源、能源和材料资源等）的获取上，产品的生产和研发上，产品市场渠道和市场占有率上。

7. 企业同质化

所谓企业同质化就是指在同一产业环境下，企业所具有的在资源占有、技术能力、产品结构、目标对象等方面的高度趋同性。经典的理论告诉我们企业的核心竞争力在于其具有其他企业不具有的异质性资源，然后从产业集群的角度来说，大量同质化企业的地理集中往往导致了产业集群的产生，而产业集群的发展反过来又促进了集群企业的发展，因此在产业集群内部，我们需要重新审视同质化对企业的影响。

在产业集群内部企业的同质化和集群的专业化是近义词，或者说集群本身就是相同、相似、相关联的企业的集聚，在产业集群发展初期往往表现为企业的同质化，随着产业集群的发展企业间的主要关系经历了相同、相似和相关联的升级，从横向延伸到纵向延伸的升级，但同质现象是一直伴随着产业集群的发展全过程的。

第二节 案例分析

一、集群特性对技术创新的正效应

1. 硅谷集群创新案例分析

硅谷被认为是世界上最具创新能力的产业集群，20 世纪的 3 次重大技术革命，即 20 世纪 70 年代的半导体，20 世纪 80 年代的 PC，20 世纪 90 年代的 Internet 都发生在硅谷。硅谷是全美国经济增长最快、创新能力最强的区域。其生产力的增长 2004 年比全美国平均水平高出 31%；所获得的专利在全美国所占比例已经超过 10%，1994～2004 年每 10 万人拥有的专利数从 114 项上升至 377 项，远高于美国平均水平的 25 项。2004 年，美国的专利和商标机构授予硅谷 9060 项专利，这一数量为全美国专利数的 11%，占加利福尼亚的 47%（付信明，2009）。

作为世界最成功和最具竞争力的高技术产业园区，硅谷模式对创新的促进有多个方面，结合本书的研究，有以下几点可引起重视。

①丰富的智力资源：硅谷有 5 所世界著名的大学和若干首屈一指的研究中心，成年人中 41%以上具有学士学位。

②利于创新的社会文化环境：硅谷有着独特的创新文化，其主要特征

可归结为鼓励冒险、善待失败、乐于合作等。

③完善的创新服务体系：主要包括研发、科技咨询、工程技术服务和工业设计等部门。

④庞大的风险投资：硅谷内的著名企业如 Intel、Yahoo、思科、升阳等公司都是靠风险投资发展起来的，风险投资支撑着硅谷创新集群的发展。

⑤既合作又竞争的企业关系：硅谷产业集群内企业之间存在着激烈的竞争。每个企业都努力抢先于竞争对手将新技术或新产品推向市场，从而推动企业不断创新，并且硅谷内部的创新多建立在相互合作的基础之上，即达到了“竞争一创新一合作”的良性循环。

⑥非正式的社会关系网促进了知识溢出：硅谷的创业者在同学、同事、以前的雇主和雇员等关系基础上，形成了相互信任与密切合作的非正式的社会关系网，这种关系网维护着企业之间的广泛合作与知识共享，为知识扩散和溢出构建了一个重要平台。

2. 晋江鞋业集群创新案例分析

目前晋江鞋业产业集群的蓬勃发展引起了国内外相关学者的重视，晋江是我国最大的旅游运动鞋生产基地和世界运动鞋的重要生产基地。鞋业已成为晋江产业经济发展的一张“王牌”，鞋业经济成为晋江经济发展中最为重要的力量之一。全市现有制鞋企业共 3000 多家，鞋业配套企业 1000 多家，出口企业 445 家，从业人员超过 35 万，年产各类鞋达 9 亿多双，年产值近 200 亿元。其中，旅游鞋、运动鞋总产量占全国鞋业总产量的 40%、世界鞋业总产量的 20%，产品 60%打入国际市场，远销世界 80 多个国家和地区。

陈鹏（2007）研究发现截至 2006 年年底，晋江市鞋业企业共拥有 32 项中国驰名商标、中国名牌产品，占全国运动鞋行业的一半以上，还有 60 多个福建省著名商标和名牌产品。一批拥有较强竞争力和较大市场份额的产品如安踏、亚礼得、爱乐、361 度、特步等，已经成为这个行业的领军品牌。

通过对晋江产业集群的分析发现，该产业集群通过多方面的因素支持了集群内部的创新活动。

①独特的社会文化：长期以来晋江形成了较浓厚的“爱拼才会赢”的

拼搏精神与开放、趋利的经商文化传统，使得当地的经营者具有相对开放的思想，易于企业间的合作，组建集团公司。

②紧密的社会网络：晋江独特的闽南文化、语言、风俗和密切的人际关系形成一个社会网络。在这个密切的社会网络关系中，当地的企业家们用自己的方式通过非正式的交流促进了相互的信任。

③知识溢出和扩散非常容易：在晋江鞋业群体发展起来以后，由于地理接近，企业间密切合作，企业与中介机构可以面对面打交道，这种紧密的社会关系网络有利于各种新思想、新观念、新技术和新知识的传播，由此形成知识的溢出效应，可以降低包括技术、专业技能、营销管道、品牌声誉等内容的行业壁垒。

④良好的分工网络：在晋江鞋业集群中，企业间存在着分工和共同利益基础上形成的信息、技术、知识分享机制和良好的合作氛围。在一定程度上，集群中一方的企业资产可以被另一方的企业所利用，从而加快技术创新的进程。更为重要的是，这种分工网络不仅降低了创新在技术上的难度，扩大了创新发生的概率和在商业上的应用价值，而且网络内企业间显著的学习效应和大量的同类企业的竞争使创新的波及效应以不可抗拒的必然性扩展到整个鞋业集群。

3. 两岸 LED 产业标准合作案例分析

LED 诞生于 20 世纪 60 年代初，当前 LED 技术发展迅速、应用领域广泛、产业带动性强、节能潜力大，被各国公认为最有发展前景的战略性新兴产业之一。为了抢占 LED 产业的制高点，韩国、美国、日本等国家相继抛出 LED 产业标准游说国际组织采纳，企图借助 LED 产业标准圈地设卡而形成技术壁垒。我国大陆产业界虽有广大的应用市场，却无法在技术方面给予标准支撑，而台湾的 LED 市场虽小，但技术成熟许多。鉴于 LED 产业标准的战略意义，唯有加强两岸 LED 产业标准合作，才可取得双赢局面。两岸 LED 产业标准合作大体分三个历程阶段（吴绍堂），即沟通拱桥阶段（2006～2008 年）、共识达成阶段（2009～2010 年）和信心建立阶段（2011 年至今）。

2006～2008 年，两岸 LED 产业界的往来与交流非常密切，主要采取广泛交流、标准研讨、特别是大量的相互走访活动等方式实现标准对话，开启两岸 LED 产业标准合作工作。通过交流走访与研讨活动，两岸更加明确了共推两岸 LED 产业标准化进程的重要意义，为下一阶段标准合作奠定了基础。2009～2010 年，两岸 LED 产业标准合作进入了共识达成阶段。2010 年 2 月，厦门市产品质量监督检验局与台湾工研院签订了《LED 照明产品测试验证合作意向书》，同年 6 月，中国科学院半导体研究所与台湾工研院电子与光电研究所签署了合作意向书，两岸 LED 产业标准合作已全面达成共识，并取得了一些实质性的进展。2011 年之后，两岸 LED 产业标准合作进入信心建立的阶段，2011 年 6 月，两岸达成了成立推动 LED 照明共同标准专家委员会的共识。2011 年 11 月，两岸已初步完成 LED 照明术语对照手册及部分 LED 零组件、灯具的测试比对。2012 年 9 月初两岸在 LED 领域发布了共通标准。自此，两岸在历经 3 年多，已不再是单纯产业链的垂直分工或水平分工的竞合关系，而是实现了两岸产业标准合作双赢的局面。

两岸 LED 产业标准合作网络的建立主要得益于以下三点：

①地理邻近性与技术邻近性。两岸一水之隔，在地理空间上显然具有天然的邻近性，信息、技术、人才、资源等交流更加充分、顺畅，也更容易注意到对岸的机会与挑战。

②制度邻近性。两岸 LED 产业标准合作均有政府的强力支持与引导，这为两岸产业界传递了积极信号，也消除了两岸产业标准合作的政策障碍。

③认知邻近性。通过对两岸 LED 产业标准合作预期的不断协调与宣传强化，两岸 LED 产业组织表现出充分的认知邻近性，最终在采取联盟策略能够使两岸 LED 产业组织较有效地追求互利均衡的结果上达成共识。

通过以上三个案例的分析，可以看出产业集群作为一种区域经济模式或者一个创新系统环境，对集群内部企业的创新起到了巨大的促进作用，这可以从集群系统的内部竞争、知识溢出、集群文化、社会资本、地理邻近等几个要素来加以体现。即集群系统的这些要素的丰富促进了技术创新的发展和绩效水平。

二、集群特性对技术创新的负效应

1. 永康保温杯产业集群的昙花一现案例

小五金是浙江永康市的传统产业，号称“五金之乡”的永康，加上世代相传的“跑四方”的工匠手艺，形成了该市五金产业跻身于国内五金产品市场的优势。1995 年 4 月，该市的不锈钢保温杯生产还仅限于几家小批量生产，5～6 月份生产厂家数量逐步增加，到 9 月份之后，由于供销渠道畅通，制造成本与市场销售价之间的利差的推动，产品供不应求，大量五金制品的小企业纷纷转产，突击上马生产保温杯，在 11～12 月份的高峰期间，有 1300 家从事保温杯生产及与其配套的厂家，全市保温杯生产线扩张到 2000 多条，1995 年一年保温杯中一项的产值估计在 15 亿～17 亿元。

但好景不长，在 12 月份之后，出现全行业衰退，产量开始急剧下降，使市场上的产品质量不断退化，此时，企业主之间正常的信任和承诺关系网络也在顷刻间土崩瓦解，人文环境的恶化，更加剧了偷工减料之风的蔓延，这两者相伴而生，互相强化，恶性循环，最终导致整个产业集群的毁灭，2 个月之后月产值仅为高峰期的 1/80（卢杰，2009）。

分析永康保温杯集群的衰败主要有如下两个方面的原因：

①集群内企业的过度竞争：永康小五金企业的“一窝蜂”和保温杯的低壁垒使得很多企业通常进行几乎完全类似的生产，必然会出现供过于求，而一旦供过于求，由于集群的过度竞争，必然使得企业竞相降价、一方面减少了收益进而减少了研发投入，另一方面为了达到降价的目的，开始出现偷工减料、假冒伪劣等现象。

②集群内部过度的知识溢出：在五金产业集群基础上形成的保温杯产业集群的网络主要是由血缘、亲缘、地缘和朋友等各种社会关系交织而成，这种高密度的信息网络使集群内的各种信息和知识迅速传播。企业很难为其先进技术和知识设置有效的“防泄栅栏”，创新成果会很快被模仿，成为集群共有资源。特别是大量企业进入使利润很快降到最低水平，这使最初投入大量资金研发新产品的企业并没有得到应有的回报，其创新的动力受到了抑制，后期创新不足。

2. 128 公路区产业集群的衰败案例

128 号公路是波士顿郊区的一条高速公路，长 108 千米，距市中心 16 千米，环绕波士顿呈半圆形。公路两侧的高科技产业密集区（包括米德尔塞克斯、萨福克、诺福克和埃塞克斯 4 县）被称为“美国的高技术高速公路”，聚集了数以千计的研究机构和高科技企业，呈线状分布，并与麻省理工学院、哈佛大学等大学相连。整个 20 世纪 60 年代，在联邦政府巨额研制资金和军品订单的强有力的支持下，128公路地区的创新活动极其活跃，发明层出不穷，新的公司不断涌现，如晶体管、半导体芯片、电子计算机等都是这一时期的成果，军事科技领域的需要催生了该地区的繁荣。

自20世纪80年代以来，128公路地区开始日显僵化，发展速度放缓。冷战结束后，随着军品订单的减少，128公路地区顿时面临严重衰退，曾在20世纪80年代以DEC、Wang及Data General等大型电脑带领着电脑科技业的波士顿，经历了市场转向小型个人电脑的巨大冲击，开始落后于硅谷（王发明，2006）。

究竟是什么原因造成了128公路的衰败？很多学者对此进行了研究，通过对相关学者研究的总结可以发现主要有以下三点：

①过度的嵌入性导致了路径依赖：128公路的形成机制使得该地区的企业长期与政府保持密切的联系，由于依赖程度过深，该地区缺乏自我生存机制和造血功能，远不能适应市场的变化需求。

②过度细致的分工使集群变得封闭：由于集群内部企业之间分工细致，决策过程自上而下，形成了一种闭合性结构，导致决策逐渐迟缓，甚至脱离实际，组织内创新气氛减弱，甚至是抑制了创新。

③紧密的协作网络导致了集群的弹性降低：高度内聚性的网络特征有利于培养成员之间的信任，克服网络内搭便车行为的产生，但同时也使得网络的开放性及弹性降低。一旦因环境发生改变而需要对彼此之间的联结状态作出相应的更改，则会十分艰难。

3. 深圳、东莞电子信息集群案例分析

根据广东经济普查年鉴，2004年年底深圳和东莞两地吸引了广东省57%的电子信息企业和65%的就业，成为广东省电子信息产业最为集中的区域。到2007年年底，深圳电子信息产业以占全国电子信息产业15.8%的比重，位居全国大中城市首位。深圳、东莞地区电子信息产业的发展大致经历了三个阶段。第一阶段是从1980年开始到1990年的规模扩张阶段。这一阶段增长的动力来自劳动力等生产要素和资本的投入，主要依靠低廉的土地、劳动力、水电价格以及税收等政策优势吸引大量外资企业，并形成“三来一补”的生产贸易结构。第二阶段是从1999年开始到2000年的结构优化阶段。20世纪90年代，国际电子信息产业开始大规模向发展中国家和地区转移，通过积极发展高新技术产业和民营科技企业，深圳和东莞的电子信息产业在这一阶段得到快速发展。第三阶段从 2001 年开始至今。企业发展两极分化加剧。尽管产业发展更加强调创新投入，并培育了几个国际知名的本土企业，如华为、中兴等，但更多的中小企业仍然只是瞄准低端市场，缺乏自主创新的能力。

王琛（2012）调查发现，超过三分之一的企业选址深圳、东莞地区主要是为了追求集聚效益、保持与供应商和客户的紧密联系、密切关注竞争对手的动向，从而拓展其生产网络和更好地追踪和了解市场。将近 70%的企业追求当地化的生产联系，同时最大限度地降低生产成本、交通成本和时间成本。相反，很少有证据表明企业选择该地是为了寻求知识的交换和技术的合作。多项指标表明可以把当地的电子信息产业称为产业集群。然而，该产业集群的形成并没有促进当地的技术创新水平。根据在同一年对北京、上海、苏州地区所做的调查分析，发现深圳、东莞地区的企业技术创新水平远远低于北京和上海、苏州地区的企业。大多数企业表明，他们的核心技术来源于内部研发和创新活动，而不是通过外部知识溢出或者国外技术引进而产生。同时，深圳、东莞地区的电子信息企业之间基于知识和技术的交流和联系也非常贫乏。94%的企业表示几乎没有同国内其他企业有技术转让，超过 80%的企业表明几乎没有向国内其他企业寻求技术指导，也没有基于知识和技术层面的信息和人员的交流。

究竟是什么原因使得深圳、东莞信息产业集群缺乏技术创新能力，王琛（2012）和王雷（2003）认为主要包括如下几点：

①大量围绕核心企业进行生产的中小企业虽然通过对核心企业的跟随与模仿实现了产品创新和技术变革，获得了暂时的竞争优势，但由于其缺乏独立创新能力，核心企业一旦“移情别恋”，整个集群便会因为缺乏“领头羊”而走向衰败。

②该集群的协作关系是以小企业在技术、财务、产品等方面对中心大企业的依赖为特征的，这种形态的网络结构必然导致过度专业化和僵化。

③地理邻近导致的知识盗取的现象严重，很多企业并不愿意与本地其他企业建立基于知识和技术方面的联系。大多数被调查的企业都只涉及并不需要复杂知识的“边缘”创新，缺乏寻求外部合作的动力。

通过以上 3 个案例的分析，可以看出促进集群创新的因素：“内部竞争”“知识溢出”“社会文化嵌入性”“地理邻近”等也可能成为集群发展的绊脚石，甚至是集群衰退的推动力。

这说明产业集群作为一个创新环境，其内部的诸多要素的丰富对创新的促进是有一定范围的，超出这个范围反而适得其反，因此在制定集群创新政策时，往往需要追求一个“适度”，或者通过一些相关政策，对这些要素进行取长补短，趋利避害。比如，可以通过对知识溢出方进行经济补偿，而不是减少知识溢出的速率，这样一方面鼓励了技术创新，另一方面促进了知识在集群内部的扩散进而增加了集群的知识。

三、演化视角的集群特性与创新

1. 无锡市冶金新材料产业集群的演变

无锡市惠山区的冶金新材料产业集群源于原无锡县钢铁厂。1964 年，因地方建设需要，无锡县钢铁厂（锡兴集团的前身）成立，开始生产钢铁；改革开放以后，苏南的乡镇企业发展迅猛，冶金成为当时无锡县的支柱产业；从 1997 年开始，锡山市（原无锡县）国有、集体企业全面实行改制，一批生产、技术、营销骨干分离出来，独资或者合伙创办了中小型冶金加工企业；2001 年，锡山市行政区划调整，使得冶金工业基本上集中于惠山区内，冶金工业总量占惠山区经济总量的 25%；“十五”期间，市场旺盛的需求和惠山区政府强有力的推进，促进冶金产业快速发展，至 2005 年年底，冶金占全区工业的比重已达到 47%。目前，全区冶金企业近 300 家，其中亿元企业 33 家，企业资产总额达到 214 亿元。经过 40 多年的发展，惠山区的冶金新材料产业集群积累了大量冶金产业方面的技术与人才，专业市场与物流体系也逐步形式，从产业的关联性、产业的规模性、企业数量与地理的集中性等不同角度来看，都是典型意义上的产业集群。

2001 年前后，当时旺盛的市场需求促使集群进入快速成长期，在这一时期如何得到政府许可开办企业、何种产品更有销路、怎样找到上下游厂家等集群建构知识成为集群企业关注的重点。据介绍，在 2003 年，惠山区冶金新材料产业集群中，从意向投资到项目开工，最短的仅用了 20 天左右的时间，平均每三天就有一家新企业开张。2005 年年初，市场需求从供不应求的状态转向供过于求，竞争加剧，产品的同质化使得集群创新停留在一个较低的水平，集群的发展遭遇瓶颈。集群内部分大中型企业开始注重实施差异化竞争战略，产品也呈现多样化；与此同时，政府通过制定产业集群发展规划引导企业从一般冶金产品的生产转向冶金新材料领域，吸引冶金新材料企业落户，建立公共研发平台，促进产学研合作，形成了良好的集群创新环境与创新氛围，最终保证了集群的持续创新能力。

2. 南京市汽车销售与服务业集群的演变

南京大明路汽车销售与服务业集群位于南京市区的东南部。从20世纪八九十年代开始，大明路就是南京市汽车维修企业比较集中的地区。自1999年，在南京市秦淮区政府的引导与规划下，汽车销售4S店纷纷来此设点经营，初步形成了以汽车销售为“产业核”的链式发展态势；2003年，秦淮区政府对大明路进行了集群式发展的整体规划，经过4年多的培育与发展，实现了五年规划目标；2006年，大明路被中国步行商业街工作委员会正式授予“中国特色商业街”，这标志着大明路汽车销售与服务业产业集群逐步成熟。目前大明路已经集聚了300多家汽车销售与修理、服务、研发相关的企业，成为南京规模最大、国内最具特色的汽车销售与服务产业集群，其汽车销售基本涵盖了国内外各主流品牌，占据了南京汽车销售市场70％以上的份额，业务范围已经辐射到周边县市及苏南、安徽等地区。

南京大明路汽车销售与服务业集群作为服务业产业集群，在集群发展初期，主要是吸引4S店类的销售型企业，随着这类企业纷纷落户，与汽车销售相关的各类知识在此汇集，促进集群要素知识快速累积。进入成熟期后，大明路汽车销售与服务业集群的产业链日趋完善，与汽车销售服务相关的上下游企业落户，大明路汽车办公室政府引导与规划工作的全面展开，形成了汽车销售与服务业集群特有的集群文化与氛围。

但是随着汽车服务产业的市场变迁，产业发展空间不足、汽车4S店销售利润空间减小成为南京大明路汽车销售与服务业集群所面临的新的挑战。为了避免集群的衰落，2007年大明路汽车电子产业园的落成为集群发展带了全新的知识，这为集群内企业的“二次创业”和集群整体升级奠定了知识基础。

上面两个案例中的产业集群都在经历了产生、发展、成熟后没有进入衰退期，而是成功转型进入了二次发展期，其原因是多方面的，但其重要原因可以从知识管理的角度予以解释。

1985年，Clark在对产品知识结构特征研究的基础上，首先从知识与创新的关系出发，将知识划分为要素知识与建构知识。要素知识是指产品各项核心设计观念以及这些观念如何在各个零件上实施的知识，建构知识则是指如何将各零件更有效地、完整地、系统地进行整合的知识。王旭辉（2008）结合知识管理中的概念将要素知识的多少称为集群知识的深度，将建构知识的多少称为集群知识的宽度。

无锡市冶金材料产业集群和南京大明路汽车销售与服务业集群在建立之初，虽然知识宽度较窄，但知识深度较深，此时集群的发展创新尚不需要过宽的知识宽度，而知识深度成了集群发展加速器，但是随着集群的发展壮大，同质化日趋严重，知识宽度就显得过窄，限制了集群的发展，甚至限制了知识深度的增加，无锡冶金材料产业集群适时地实施产品多元化和差异化竞争，以及政府顺势利导，鼓励企业向新材料领域转型，并引进新材料企业落户，建立公共研发平台、促进产学研合作等一系列策略正好拓展了集群建构知识的宽度，进而增加了集群的学习空间（杨皎平，2012），使得该集群保持了持续的创新力；南京市大明路企业销售与服务业产业集群与无锡冶金材料产业集群类似，在发展之处就是只有维修类企业，知识深度较深，但宽度较窄，因此在集群形成期就开始吸引销售类企业，在保证了知识宽度以后，获得了较长时间的发展，随着集群的进一步发展，知识宽度仍旧不足，又限制了集群的发展，2007 年汽车电子产业园的落成又一次拓展了集群知识的宽度，所以又一次迎来了集群的创新发展。

3. 宁波塑胶产业集群中两个核心企业的演变

宁波和富塑胶与宁波利时集团是宁波塑胶产业集群中的两家企业，这两家企业在初始阶段比较相似，但是随着集群以及创新网络的发展，两者之间的网络行为出现了差异，并且最终导致了经过 20 年的时间，两者的长期绩效出现了很大的差异。

（1）初始阶段

宁波和富塑胶位于浙江宁波镇海经济开发区金宝路，是香港和富塑化集团属下的生产基地之一，属全港资企业；香港和富塑化集团成立于 20 世纪 60 年代初期，目前集团旗下共有三个 VC 粒料生产基地，是亚洲最大的 PVC 粒料制造商之一。在产业集群形成之前，其产品主要销往其集团内企业和出口，竞争对手少，技术主要来自母公司，主要是技术和设备引进，本土创新联系几乎没有。

宁波利时也是成立于20世纪90年代初期。始创于1993年，以“创造优质生活”为企业使命，专业从事塑胶家用品、商业连锁、投资等与民生相关的产业，目前已是亚洲最大的家用品制造基地之一。在企业的初创阶段，创新网络还未建立起来，主要依靠的是本土的人脉与资源，依靠个体创新和离散创新，根据用户的要求完成低端产品。

(2) 成长阶段Ⅰ

从20世纪90年代中期开始，宁波地区的塑胶生产企业逐渐增多，开始出现区域聚集现象，企业和其他关联组织之间的合作关系开始建立，形成了一定程度的生产分工、商业合作、技术合作、知识分享以及人才流动。企业的生产规模迅速发展起来，海外客商也越交越多，产业集群现象开始出现。

宁波和富塑胶虽然也出现了一定的网络行为，比如，开始与其他本土企业建立商业联系，既有从其他企业购买初级产品，也有为其他本土企业生产产品。但是和富塑胶更多的技术创新活动仍然是在集团研发中心控制和支持下的企业内自主研发。作为一家香港独资企业，它始终在技术方面有一种优越感，其产品工艺创新有很强的路径依赖性。其技术创新行为特征以跨网络技术合作和与集团研发中心联系为主，与集群外企业、供应商建立了强关系，构建了跨区域商业往来，然后与集群本地企业的嵌入性则很弱。

该阶段，宁波利时作为一家民营企业的本土根植性得以发挥，由于该企业主要服务于本土用户的需求，因此该企业的用户驱动型创新模式取得很好的效果。同时在人才引进与设备引进方面，与本地用户和供应商保持强关系，由于网络关系的信任度和频度较高，企业在生产合作中既分享了知识，又开拓了市场，构成了商业网络。虽然该企业也一度试图接触省外特别是国外的企业与组织，但由于观念和地域的原因没有成行，于是专注于与本地的技术创新主体进行合作。

(3) 成长阶段Ⅱ

随着全球经济形势的变化，宁波塑胶产业集群快速发展，加上政府的引导和推动能力加强，部分企业开始大规模生产扩张。

随着塑胶产业大环境的变化，成本降低的压力以及新产品的层出不穷，和富塑胶在香港母公司拥有的技术优势逐渐丧失，对其技术支持的作用和范围日益减弱，企业需要自己或从其他途径获取技术资源和知识分享。但是由于其与本地集群网络的联系既不频繁，也不深入，同时缺少政府支持与产学研合作。虽然也曾尝试与本土创新主体建立合作，但因为缺乏信任和信心的原因导致效果不佳。

利时塑胶在此期间则利用产业转移和集群聚集的优势，逐步完成塑胶传统产业从劳动密集型向新品开发型的转变。在该阶段，利时集团做了两个方面的工作，一是积极发展集群内多样化的网络关系，寻求政府和公共部门的支持和引导，取得一定社会地位，成为政府关注的龙头企业，获取政府的关注和政策倾斜，并且和本地其他创新主体建立深入的技术和知识合作关系，进行研发分工。二是积极引进国际人才，在产品研发和质量上与国际接轨，并顺利获得世界500强企业德国汉高公司的巨额订单。

（4）成熟阶段

2008年以后，随着金融危机的发生以及中国经济发展转型，集群创新网络逐步进入成熟阶段，主要表现在各主体关联度强、紧密合作、网络边界稳定，并且有收缩倾向，网络开放度低，网络成员同质化等。紧密的本地化网络产生了一定负面影响。

随着母公司塑胶产业技术能力的减弱，和富塑胶不得不更多地依靠自主创新以及和加强与本地企业的技术合作来维持企业的技术水平。同时在市场信息获取方面，企业也更多地依靠集群网络来获取产品信息和市场供求信息。虽然该企业也试图通过跨网络渠道来获取技术支持，有意识地寻找本地以外的客户，然而由于生意的规模较小，也就限制了这种关系中获取技术、知识与信息的深度和广度。因此企业的创新行为模式选择了企业市场驱动下的自主研发＋集群内研发合作创新，并以低中端产品为主。经过20年的发展，一个有着技术先发优势和政治背景的港资企业目前其规模在集群当中沦为无足轻重的角色。

在这一阶段，宁波利时逐渐成为集群龙头企业，其将主要的力量投入跨网络跨区域的技术合作关系中，并且形式更加多样化。如与清华大学建立长期合作关系，与德国汉高建立生产合作关系，在世界各地建立营销分公司等。经过多年的发展，宁波利时的产业规模日益增大，目前年产值超过20亿元，集群网络中很多中小企业依赖于对其产品的供应。从技术创新和产品销售角度讲，企业已经摆脱对本土网络的依赖，可以说集群网络对其的依赖大过其对网络的依赖。

从该案例中的两个企业的发展路径可以看出，适时地选择本地网络嵌入和跨区域网络嵌入对企业的创新能力至关重要。在集群成长I期，虽然和富塑胶利用其母公司优势获得了技术创新优势，但利时集团则利用本地化网络完成了原始积累；在集群成长II期，和富塑胶由于本地化网络嵌入不足，无法从本地获得产品信息和创新方向，并缺少政府支持，因此限制了规模发展，而利时集团利用紧密的本地化网络获取了市场信息、创新方法和政府支持的优势，规模得到迅速壮大，并开始寻求建立跨区域创新网络；在集群成熟期，和富塑胶虽然与本地网络建立强关系，但是由于集群同质化严重，与本地网络嵌入对技术创新的贡献很小，而利时集团则逐渐嵌入其建立起来的跨区域网络，并从跨区域网络获得营销优势和技术优势。

第三节 本研究的总体架构

虽然很少有学者从技术创新的角度来研究集群的优势和劣势，但也有不少学者从一般意义上研究了集群这种产业发展模式的优势和劣势，通过检索相关文献，认为最具有代表性的有如下几种。

一、自稳性风险模型

该模型由吴晓波和耿帅（2003）提出，两位作者将由集群自身营造优势的因素而引起的风险，称为区域集群的“自稳性”风险。区域集群具有专业化分工、地理性邻近、群内企业相互关联以及协同与溢出效应四大特性。这四大特性在构成区域集群竞争优势的同时，也滋生了集群自身内生的风险。

其中专业化分工使区域集群内企业以最优规模进行生产的同时，也提高了产业价值链纵向各环节的资产专用性；地理空间上的邻近在促进集群企业间组织学习的同时，也诱发了产业价值链横向各企业的战略趋同；区域集群内企业与机构间的相互关联在降低企业交易成本的同时，也导致了整个集群的封闭自守式结构；协同与溢出效应在使集群获取外部经济性的同时也滋生着集群内企业的创新惰性，因此两位作者提出如图 2-1 的模型。

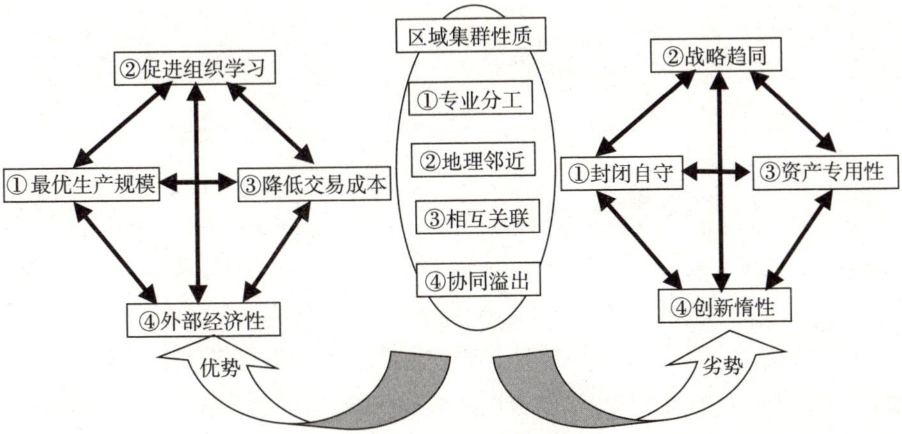

图 2-1 区域集群“自稔性”风险成因模型

本书认为该模型是目前比较完整的模型，但是作者没有对此进行深入研究，特别是缺乏实证性的和机理性的探讨。

还有几位学者在吴晓波和耿帅模型的基础上进行了改进和扩展，其中赵骅等（2008）将模型修改为如图 2-2 所示内生性集群风险成因模型，在该模型中将“相互关系”和“协同溢出”更改为“资源共享”“根植性”“集群文化”，使得抽象的因素变得具体。

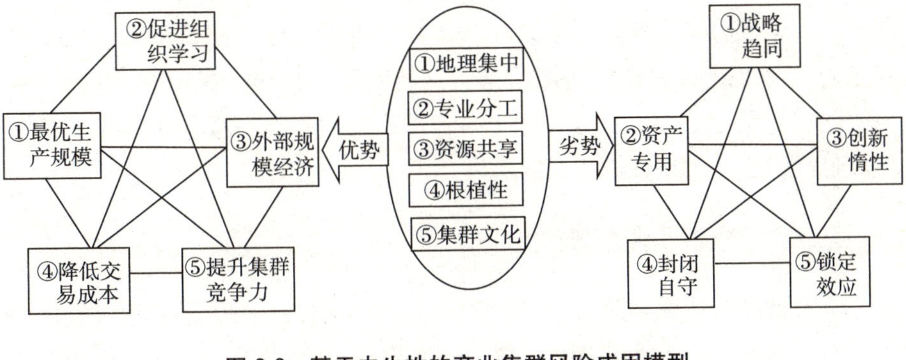

图 2-2 基于内生性的产业集群风险成因模型

易明（2007）借助演化经济学的分析框架，以技术变迁和制度创新作为核心研究对象，结合产业集群自稔性风险的特点，构造了产业集群自稔性风险成因的扩展模型如图 2-3 所示。

二、共享性资源刚性模型

该模型由朱方文和胡松翠（2007）提出，朱方文受 Barton（1992）企

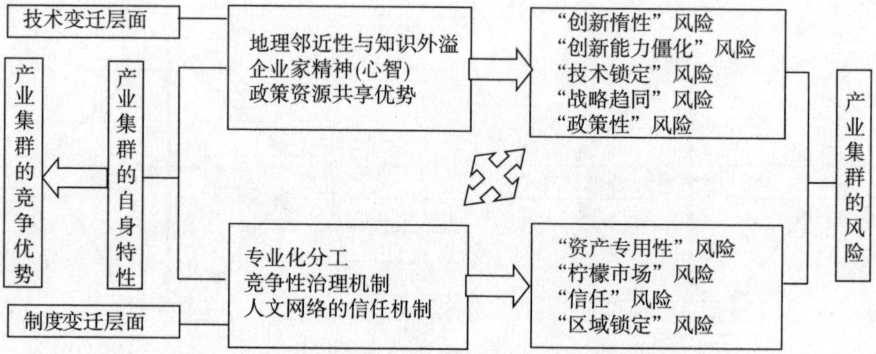

图 2-3 产业集群自稔性风险成因的扩展模型

业核心刚性观点的启示，提出产业集群共享性资源刚性理论，认为构筑集群企业竞争优势的共享性资源，削弱了其应对外部环境变化的能力，同时又表现出很难改变的路径依赖特征，是阻碍集群企业竞争力作为产业集群组织竞争优势源泉的惯性系统。当一个产业集群经过多年的积累逐渐形成其独特的竞争力时，它就会有意无意地排斥其他方面的能力，形成产业集群共享性资源刚性，构成集群企业的风险要素。

作者将共享性资源要素分为集体声誉、企业间畅通的资源交换与组合、集体学习与知识共享网络、紧密的竞合互动氛围以及当地机构的参与和支持。这五大共享性资源要素在构成集群企业竞争优势的同时，也滋生了集群企业自身的风险，其模型如图 2-4 所示。在作者提出概念模型后，胡松翠在其硕士论文以及与朱方文的合作论文中对这一模型进行了实证分析，最终得到的模型如图 2-5 所示。

三、集群创新动力模型

该模型由陶良虎和陈得文（2008）提出，两位作者认为在知识经济时代，产业集群作为一种新型的空间组织形式，具有较完善的创新动力系统。产业集群内的社会资本、知识资本、企业竞合关系以及市场需求、中介机构、地方政府是推动集群创新的六大因素。

其中，社会资本、知识资本、企业竞合关系是集群创新的核心动力因素，市场需求、中介机构、地方政府是集群创新的辅助动力因素。产业集群创新动力系统正是由这六大动力因素在协同作用的过程中所形成的核心动力系统和辅助动力系统共同构成的，提出的模型如图 2-6 所示。

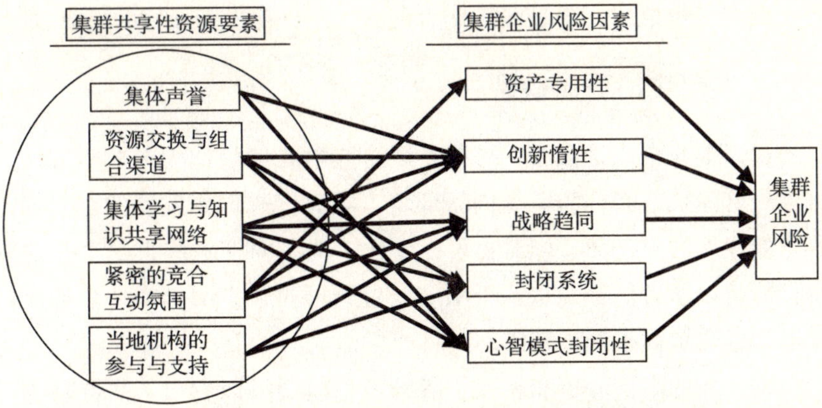

图 2-4　共享性资源刚性模型

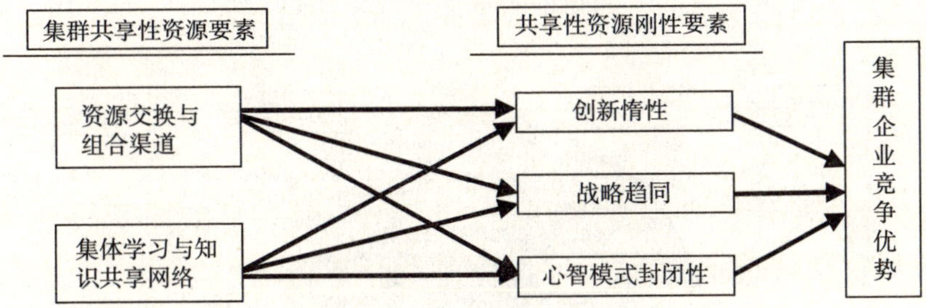

图 2-5　共享性资源刚性对集群竞争优势影响的作用机理

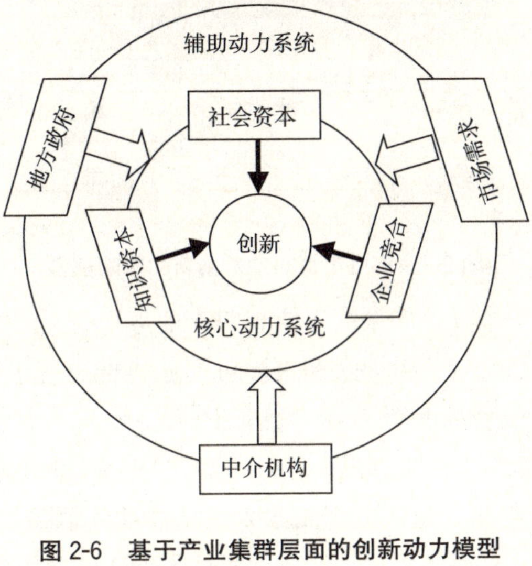

图 2-6　基于产业集群层面的创新动力模型

虽然两位作者没有考虑集群创新的阻碍因素，但该模型的精练和准确性是很有参考价值的，不过两位作者没有对此进行更为详尽的研究。

四、本研究的理论模型

通过以上几个理论模型，可以发现这些学者们均认为产业集群作为一种区域经济模式或者作为一个创新环境，既有促进创新发展的一面，也有阻碍创新发展的另一面。同时也可以看出，为了对产业集群这个抽象的系统进行分析，学者们都是从若干维度或者若干要素来解构产业集群。这也为本书的研究提供了理论基础。

根据前面的案例分析和相关学者的理论模型可以看出，集群系统的若干要素如：地理邻近、相互关联、共享网络、内部竞争、知识溢出、集群文化、社会资本、专业分工和资源禀赋等均从不同的层面影响了技术创新绩效。

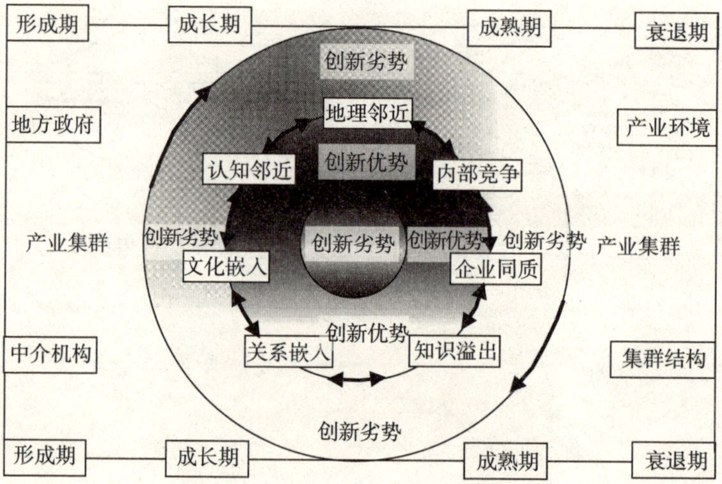

图 2-7 产业集群对技术创新的影响模型

产业集群是一个复杂的系统，要想对产业集群进行全面细致的刻画十分困难，学者们都是从若干因素和维度对产业集群进行了研究。笔者在借鉴相关学者理论模型的基础上，本着抓住主要矛盾，忽略次要矛盾的理念，从“地理邻近”“认知邻近”“知识溢出”“关系嵌入”“文化嵌入”“内部竞争”“企业同质化”七个要素来解构产业集群系统，建立如图 2-7 所示的理论模型，来说明集群特性要素对技术创新的影响。

该理论的构建基于如下的考虑：①由于本书研究产业集群内的技术创

新，所以主要考虑与技术创新最为密切的要素；②尽可能地对这些要素进行精练的同时，又尽可能较为全面地阐述集群系统对技术创新的影响；③“自稳性风险模型”和“集群创新动力模型”对集群要素的刻画最为精练和准确，故以二者为基础，从技术创新的角度提出集群系统的七要素模型。

从图 2-7 可以看出，产业集群系统的七个要素在一定范围内、在产业集群的某一个周期内促进了技术创新，而超出该范围和集群的生命周期后反而可能阻碍产业技术创新的发展，即出现吴晓波和耿帅所说的“自稳性风险”。

本章参考文献

[1] Bagella M, Becchetti L. and Sacchi S. The positive link between geographical Agglomeration and Expert industry: The engine of italian endogenous Growth? [J]. Economic Notes, 1998, 27 (1): 1-34.

[2] Becattini G. Riflessioni sul distretto industriale marshalliano come concetto socio-economico [J]. Stato Mercato, 1989, 25 (1): 111-128.

[3] Cook P, Urange M, Etxebarria G. Regional innovation systems: Institutional and organization dimension [J]. Research Policy, 1997, 26 (1): 475-491.

[4] Dorothy LB. Core capabilities and core rigidities: A paradox in managing new product development [J]. Strategic Management Journal, 1992, 13 (1): 111-125.

[5] Enright M J. Organization and Coordination in Geographically Concentrated Industries. In: Lamoreaux N, Raff D (Eds.), Coordination and Information; Historical Perspectives on the Organization of Enterprise [M]. Chicago: Chicago University Press, 1995: 103-142.

[6] Glückler J. Zur Bedeutung von Embeddedness in der Wirtschafts geographie [J]. Geographische Zeitschrift, 2001, 89 (1): 211-226.

[7] Hess M. Spatial relationships? Towards a reconceptualization of embeddedness [J]. Progress in Human Geography, 2004, 28 (2): 165-186.

[8] James A. Regional Culture, Corporate Strategy and High Tech Innovation, Salt Lake City [D]. Department of Geography & Fitzwilliam College University of Cambridge, 2003.

[9] Porter M. The Competitive and Vantage of Nations [M]. New York: Free Press, 1990.

[10] Schmitz H. Does Local Co-operation Matter? Evidence From industrial Clusters in South Asia and Lation America [J]. Oxford Development Studies, 2000, 28 (3): 323-336.

[11] Torre A. Rallet A. Proximity and localization [J]. Regional Studies, 2005, 39 (1): 47-59.

[12] Zukin S, DiMaggio P. Structures of Capital: The Social Organization of the Economy [M]. Cambridge: Cambridge University Press, 1990.

[13] 陈鹏. 产业集群的社会资本与技术创新研究 [D]. 厦门大学, 2007: 60-61.

[14] 付信明, 张劲, 松张文辉. 中美典型高技术创新集群的比较分析: 以硅谷和中关村为例 [J]. 工业技术经济, 2009, 28 (2): 38-40.

[15] 盖文启, 王缉慈. 论区域的技术创新型模式及其创新网络: 以北京中关村地区为例 [J]. 北京大学学报·哲学社会科学版, 1999, 36 (5): 29-36.

[16] 黄河. 企业集群风险形成机理与防范策略研究 [D]. 广西大学, 2008.

[17] 李映东, 李继红. 专用性资产、要挟与纵向一体化: 对茂化实华停产风波的经济学分析 [J]. 西南民族大学学报·人文社科版, 2005, 26 (8): 134-137.

[18] 卢杰, 黄新建. 社会网络嵌入性对产业集群竞争力的影响分析 [J], 江西社会科学, 2009 (5): 108-111.

[19] 苗长虹, 魏也华. 分工深化、知识创造与产业集群成长——河南鄢陵县花木产业的案例研究 [J]. 地理研究, 2009, 28 (4): 853-864.

[20] 陶良虎, 陈得文. 产业集群创新动力模型分析 [J]. 江海学刊, 2008 (2): 210-214.

[21] 王发明, 蔡宁, 朱浩义. 基于网络结构视角的产业集群风险研究——以美国128公路区产业集群衰退为例 [J]. 科学学研究, 2006, 24 (6): 885-889.

[22] 王缉慈等. 创新的空间——企业集群与区域发展 [M]. 北京: 北京大学出版社, 2001.

[23] 王珺. 论簇群经济的阶段性研究 [J]. 学术研究, 2002 (7): 5-9.

[24] 王雷. 我国产业集群的风险防范与控制研究 [J]. 中央财经大学学报, 2003 (7): 45-49.

[25] 吴晓波, 耿帅. 区域集群自稔性风险成因分析 [J]. 经济地理, 2003, 23 (6): 726-730.

[26] 易明. 产业集群的自稔性风险及其防范对策研究 [D]. 中国地质大学, 2007.

[27] 曾忠禄. 产业集群与国际竞争优势 [J]. 当代财经, 1996 (7): 48-51.

[28] 赵骅，赵一，钱进．基于内生性的企业集群风险研究［J］．科技进步与对策，2008，25（9）：77-80.

[29] 朱方文．基于共享性资源刚性的集群企业风险成因分析［J］．科学学与科学技术管理，2007（12）：157-161.

[30] Clark K B. The interaction of design hierarchies and market concepts in technology evolution［J］. Research Policy，1985，14（5）：235-251.

[31] 王琛，林初昇，戴世续．产业集群对技术创新的影响：以电子信息产业为例［J］. 地理研究，2012，31（8）：1375-1386.

[32] 王旭辉，吉敏．产业集群创新网络知识累积路径：基于江苏省三个典型产业集群案例研究［J］．中国科技论坛，2008（11）：30-33.

第三章　产业集群技术创新的边界[1]

产业集群是创新的重要载体，很多著名经济学者，如马歇尔（1997）、Porter（2000）都肯定了产业集群对创新的促进作用。但诸多研究对此提出了质疑，熊彼特（1997）指出，创新往往是带有破坏性的，创新可能破坏旧有的社会结构，因此其传播实施往往会面临极大的阻力和风险。从这一认识得出的推论是：企业在地理上的集中也可能为阻碍创新提供便利。有些实证研究也发现产业集群不一定能够促进创新。Beaudry 和 Breschi（2000）对比分析了 23872 家英国企业和 37724 家意大利企业在 1988～1998 年的技术创新产出数据，发现意大利传统产业集群区域内企业的创新能力与区域内相关企业的集聚密度呈现负相关。国内也有一些证据似乎表明，我国产业集群处于低级阶段，企业同质化严重，且在形成机制上存在一定缺陷，因而难以承担起促进创新的重任。魏后凯（2006）认为我国产业集群由于存在内部创新和合作意识淡薄、自主创新投入不足、受跨国公司全球战略影响严重、缺乏良好的创新环境等问题，其自主创新能力有待提升，孟浩（2005）分析了产业集群对企业创新产生的负效应，认为产业集群为企业之间的低成本模仿提供了便利，降低了技术创新原创企业的创新收益，从而降低了技术创新激励。陈畴镛（2010）则以浙江产业集群发展中的企业同质化现象为研究对象，分析了高同质性在产业集群技术创新过程中所产生的阻滞作用。综合以上研究可以发现，产业集群能否提升创新能力与创新效率，在理论上还存在争议，这一争议也意味着，对于产业集群是否利于创新的理解，需要界定相关的前提或边界条件。

---

[1] 本章内容主要参考了鞠芳辉等 2012 年发表于科学学研究的论文《产业集群促进创新的边界条件解析》。

第一节　基于知识交换视角的集群创造力

从知识管理的角度看，集群知识创造能力是表征集群创新能力的重要核心指标。按着 Nonaka（1994）的观点，集群企业通过对其所持有的知识的增强过程来创造新知识。这一增强过程表现为一个包含四个阶段的隐性知识与外显知识相互转换的知识螺旋。

第一阶段：知识的社会化过程，是一个“隐性知识”到“隐性知识”的转换过程。企业成员通过观察、模仿以及干中学消化吸收各自的隐性知识。由此，社会化过程是通过密集的个体互动得以实现的，是来自不同个体的隐性知识的结合；第二阶段：知识的外部化过程，是通过对话和隐喻使得组合性的隐性知识向外显知识转化的过程；第三阶段：知识的融合过程，来自第二阶段的显性知识与企业内已经存在的显性知识库相结合，通过知识的排序、添加、重新分类、加入背景等方式对组合性的外部知识进行重新配置；第四阶段：知识的内部化过程，从第三步获得的外显知识向隐性知识转化，即企业成员利用显性知识并通过实践活动发展自身新的隐性知识。

当一个企业定址于某一集群，企业与集群伙伴发生的知识交换关系可能会影响企业的知识螺旋形态。这一影响发生在知识的社会化和知识的融合阶段，因为来自集群伙伴的知识正是在这两个阶段进入焦点企业的知识螺旋。外部隐性知识在社会化阶段进入企业的知识螺旋：当两个有交换关系的企业在地理上彼此靠近，其成员有更多机会观察彼此的行为、彼此模仿，并在一起干中学，这将提升知识的社会化过程。外部的显性知识在知识的融合阶段进入企业的知识螺旋，显性信息可编码，易于通过系统化语言进行传递，因此它的转移较少受地理限制，但地理接近仍然可以降低企业的搜寻成本，同时共享的隐性知识也可以促使企业更好地利用来自伙伴的显性知识。

由此可见，集群企业之间的显性知识和隐性知识交换是集群知识创造的核心点。来自集群伙伴的知识进入焦点企业的知识螺旋并通过它得以衍生、扩展和增强。焦点企业创造的新知识接着成了其他企业知识螺旋的输入因素，由此集群内的知识创造过程得以持续。最终，由于知识持续交换使得集群企业创造的知识总量高于企业没有集聚到一起创造的知识总量。

显而易见，集群内知识交换发生的前提是集群企业具有知识需求动机。企业对于其自身的知识需求，可以选择通过内部解决或通过与集群内其他企业的知识交换解决。由此不难理解，促使企业间知识交换机会产生的因素，也就是企业间知识交换实现的前因变量。

企业追求最大限度地在价值创造活动中利用其所拥有的每一部分知识，这种利用通常有两种方式，或是将其应用于产品/服务，或在外部市场实现商业化，例如，通过授权。对于任何特定的知识模块，考虑到外部知识市场的不完美性，内部利用通常是优先选择。然而，只有当企业可以获得利用内部焦点知识所需的补充性知识时，内部利用才可能实现。补充性知识的获取仍然有两个途径：或是内部开发，或是通过与伙伴企业的关系从外部获取。如果企业无法获得必需的补充性知识，或者获取的价格太高，企业就可能选择在外部市场出售其内部焦点知识来获利。

企业应对其自身知识需求动机的不同策略方式对集群内知识交换具有直接的重要影响。在图 3-1 中，实线代表的路径表示企业选择利用内部特定的知识模块并通过内部开发获得所需的全部补充性知识，这一路径可以称之为“自我封闭路径”，因为这一策略选择意味着企业在应对知识需求过程中很大程度上倾向于在知识交换方面与集群内其他企业隔离。给定企业间知识交换是集群提升知识创造能力的核心节点这一前提，如果大多数集群企业选择“自我封闭路径”来处理与他们拥有的大部分知识模块相关的知识需求时，一个集群的知识创造能力在一定程度上则会降低。其他路径则代表企业选择通过与其他企业的知识交换来解决其知识需求问题，这是集群提升整体的知识创造能力的前提条件。图 3-1 中，有两条路径可以促进集群内企业的知识交换，分别对应两条虚线所表示的路径。

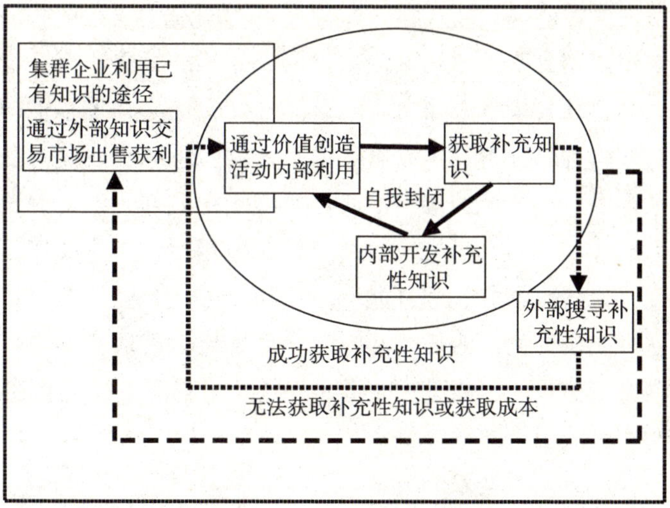

图 3-1 集群企业应对知识需求的策略

第二节 集群技术创新能力的影响因素

一、集群内知识交换的前置因素

从上述讨论引出的是关于集群内企业间知识交换机会出现的影响因素，即一个集群企业在处理其知识需求时，什么因素使得其离开“自我隔离路径”，而选择与其他企业进行知识交换。

1. 影响企业采用知识的外部搜寻策略的因素

本书首先关注影响集群企业采用利用内部知识并依赖外部补充性知识这一策略选择的因素。如图 3-1 所示，一旦企业决定利用内部其拥有的某一特定知识模块，它面对内部开发所需的补充性知识模块（选择自我隔离策略）或通过企业间知识交换从外部获取补充性知识（选择外部搜寻策略）两个抉择，影响选择的因素包括两个方面：集群产品的知识宽度；集群产品相关技术的演进。

（1）集群产品的知识宽度

集群产品的知识宽度是指生产能反映集群产品特征的核心产品所必需的知识的范围。集群产品的知识宽度决定集群企业在多大程度上有能力开发其内部所需的所有知识模块。知识创造具有明显的路径依赖特性，即企业已有的知识限制其未来的知识创造过程，如果支撑集群产品特征的知识宽度较窄，则意味着集群企业所需的大部分知识模块在技术上与已有的知识相接近，在这种情况下，企业通常用必要的经验和吸收能力以较小的成本和时间来开发所需的新的知识模块，并由此把内部开发视为比外部获取更有吸引力的选择。与之对应，如果其他情况相同，当集群产品需要较宽的知识宽度时，所需的知识模块可能在技术上与企业已有知识距离较远，内部开发就可能需要大量的投资和时间，如果再考虑所需的市场反应时间等相关因素，所需投入可能超过企业承受能力，这使得通过外部来应对知识需求成为更有吸引力的选择。

（2）集群产品相关技术的演进

技术演进是指与集群产品相关的知识单元过时或被淘汰的速度。支撑集群产品技术稳定性的因素很多，例如，政府干预使得知识容易变得短寿。此外，高度技术演进可能是一个产业技术的内在特征，就如微电子产业中的摩尔定律。技术演进决定知识淘汰的速度，并由此可能影响集群企业的知识获取决策：知识的内部开发对集群企业可能是一个困难的、费时的、高成本负担的任务，由此，当一个特定知识单元的预期寿命很短，企业倾向于避免内部开发，而是通过企业间知识交换来解决知识需求问题以保持其柔性。反之，当特定的知识单元在短期内不易淘汰，企业可以有足够长的时间对知识进行利用并从中获取收益，企业就可能选择内部开发并避免与其他企业进行知识交换的麻烦。

由此得到命题1：集群中采取知识外部搜寻策略的企业越多，集群内知识交换的机会就越多，影响企业是否采取知识外部搜寻策略的因素有：集群产品的知识宽度、相关技术的演进水平。

2. 影响企业采用知识的外部交易策略的因素

如前所述，外部知识市场的不完美性是导致知识单元的内部利用成为较优选择的一个原因。一个集群企业是否选择外部交易其拥有的知识，取决于企业是否可以找到内部利用知识的有效方法，以及对于知识被其他企业获取从而威胁企业在集群内的竞争位置的预期。

（1）基于探索型创新战略的企业数量

通常而言，内部利用知识单元越困难，企业就越倾向于在外部知识市场交易这一知识，但这一倾向的强弱取决于企业的研发战略，采用探索型创新战略的企业更倾向于占有他们发现难以内部利用的知识。探索型创新战略与利用型创新战略相区分，采取利用型创新战略的企业倾向于在技术相近领域进行搜索并创造与现有知识密切相关的增量知识。这种情况下企业获取补充性知识较为容易，企业或者已经占有所需的补充性知识，或者有关系企业能够为其提供补充性知识。与之对应，一个采用探索型创新策略的企业在技术远离领域进行搜索并且产生与其现有知识不密切相关的新知识。由此，内部利用新知识可能需要新的、企业无法短期或低成本获取的补充性知识，这使得内部攫利变得困难，在这种情况下，企业可能发现外部交易知识更有吸引力。由此，采取基于探索型创新战略的企业越多，更多的知识就会在外部知识市场被提供，知识需求就会增加，这将提高企业间知识交换的机会数量。因此，集群内遵从探索型创新战略的企业越多，集群内企业间知识交换的机会就越多。

（2）基于通用技术的关联产业数量

当企业的知识可以被集群内其他企业获取时，企业需要考虑的另一个问题是，是否知识的外部交易行为会威胁它在集群内的竞争位置。企业有理由阻止其他企业获取它拥有的有价值的知识单元，以便这些知识保持其稀有性并成为竞争优势的来源。当企业对某一知识单元既进行外部交易也同时进行内部利用的情况下，这一问题显得特别重要，因为他人获取和利用同样的知识单元并进行价值创造活动，作为竞争者很可能会削弱知识提供给企业的竞争优势。只有当外部交易不会威胁其竞争地位时，集群企业才会更倾向于出售和分享其拥有的知识。在这一点上集群内产业的多样性是关键的影响因素。有些集群是基于单一产业的，例如，美国的红酒、金融服务、家具等，St. John 和 Pouder（2006）将这些产业集群与基于通用目的技术的多产业集群进行了区分。通用目的技术的特征是建立在一个共同的复杂的知识基础之上并拥有高水平的创新性补偿，并可以面向持续扩张的、广泛多样产业背景下的系列应用。由于通用目的技术的这一特性，如果集群内部包括多种产业，这些产业由于依赖一个共同的知识基础而关联起来，但相互之间却并不一定直接竞争。例如，硅谷高技术产业集群汇集了诸如消费电子、真空管、传感器、网络硬件等关联产业，其通用目的技术是半导体技术。类似地，西雅图的生物技术集群则汇集了农业化学、医药和医疗器械、医疗实验等关联产业。

基于单一产业的集群中，企业害怕他们的知识被其他企业获取以致威胁其竞争地位，因而，这类集群中不可能出现很多知识交换的机会。与之对应，在基于通用目的技术的多产业集群中，企业更愿意与产业之外的企业共享其知识，而不必担忧威胁到它在本产业中的竞争地位。在这样的集群中，高水平的产业多样性不仅有助于提升集群内知识来源的多样性，也促使企业更愿意在外部知识市场中商业化其拥有的知识。因此，集群内基于通用目的技术的关联产业数量越多，集群内企业间知识交换的机会就越多。

由此得到命题 2：集群内采取知识外部交易策略的企业越多，集群内的知识交换机会越多，影响企业是否采取知识外部交易策略的因素包括基于探索型创新战略的企业数量、基于通用目的技术的关联产业数量。

二、集群内知识交换的使能因素

集群内知识交换机会的出现是实现集群内企业知识交换的前提，但二者并不是必然的因果关系，原因在于：第一，单纯的知识交换机会的出现并不意味着集群企业将抓住这些机会并事实上选择通过企业间知识交换这一路径来应对他们的知识需求；第二，企业间通过知识交换来应对其知识需求的选择，也并不意味着一定选择集群内的企业（与集群外的企业相对应）作为知识交换伙伴，而只有当集群企业选择集群内的其他企业作为知识交换伙伴时，集群内实现的企业间知识交换数量才会提高。

1. 领导企业的合作战略

集群内产业（或产业群）的企业规模结构对集群企业知识交换的意愿发挥重要作用。一些集群，如“第三意大利”的纺织产业集群，主要由没有多大市场力区分的中小企业组成，由于没有一个单独的企业有足够的力量影响其他集群企业的战略姿态，集群企业进行企业间知识交换的意愿大部分由企业自身的战略姿态和集群内总体制度环境决定。在这类集群中，较高数量的、有较多合作行为的企业将导致制度化合作规则的出现，使得集群内企业间知识交换机会更容易转变成企业间知识交换的实现。然而，并不是所有的集群适用于上述情形，有些集群拥有强大的、有全球联系的、垂直集成的领导企业，这些领导企业被一些相对弱小的供应商所环绕，例如，底特律的汽车集群（Cordon，2000），在这类集群中，领导企业的级层控制作为企业间知识交换的支配性合作机制替代了制度化规则，以致领导企业控制集群的整个生产过程，管理和协调整个供应链，并集成来自它的全球伙伴网络的贡献。由于本地供应商高度依赖全球领先企业而生存，他们的战略姿态很大程度上取决于领导企业的战略。

领导企业的战略可从高竞争导向到高合作导向变化。作为一个极端领导企业，西雅图航空集群的波音公司选择内部化所有的设计工作，并把供应商局限于简单的零件制造商。这样的领导企业在管理其供应商网络时更重视成本方面的考量而非合作考量，由此，他们鼓励供应商之间的竞争，并通过引诱一个供应商反对其他供应商而获得更有利的交换条件。显然，在这样一个竞争性环境中，企业进行企业间知识交换的动机很小。丰田公司是另一个极端案例。在以丰田公司为核心的 Toyota City 集群中，丰田公司不仅与本地供应商有高的合作关系，而且还积极支持和培育供应商之间的知识共享。Dyer 和 Nobeoka（2000）详细揭示了丰田如何发展了一个成功的知识创造网络，即通过使用供应商协会、自愿学习团队和企业间员工交换等方式，与其供应商分享知识，并提供财务和其他帮助，制定和植入相关规则保证供应商从知识资产中获得收益。供应商必须使他们的知识可以被网络中的其他企业获取，否则就不能继续作为丰田网络的一部分。在这一战略中，高合作导向的领导企业通过适当动机激励及绩效回馈机制，将知识创造的回报分配给知识的创造者，并管理网络的稳定性，从而确保知识在网络内的流动性，进而操控本地和全球伙伴网络，这样的领导企业使得集群内的企业更可能抓住已有的企业间知识交换的机会。因此，具有领导企业的集群内，领导企业的合作导向程度越高，集群内企业间知识交换的机会数量与实现的企业间知识交换的数量之间的正向关系就越强。

2. 隐性知识比例

当企业需交换的知识多是隐性知识，且焦点企业可以较为容易地在集群内定位合适的交换伙伴时，集群内的其他企业比集群外的企业更可能成为知识交换伙伴。隐性知识具有个体特性，因为隐性知识很大程度上内置于主观经验、行动、承诺和卷入，因此很难编码化，这使得隐性知识的转移很困难。合作伙伴的地理接近降低了隐性知识交换的难度，因为地理接近增加了面对面交流的频率。互动促进了交换伙伴共用语言的出现，帮助企业成员观察与隐性知识相关的第一手主观经验，并由此提高它的转移效率。外显知识则很容易编码化，并很容易通过使用系统化语言转移，因此地理接近（它可以减少搜寻成本）对显性知识的转移并不重要。

当与企业间知识交换相关的知识单元多是显性知识时，集群企业不会受到仅与集群内其他企业进行知识交换的限制，因为他们可以容易地与远距离的伙伴进行知识转移。由此，尽管同样的知识在集群内也可以获得，他们仍然可能选择集群之外的企业作为知识交换的伙伴（可能出于成本原因，或他们早先与这些企业是伙伴关系）。在这一情况下，知识交换的机会确实导致了知识交换的实现，但却没有发生在集群内部。反之，当知识交换的机会更多与隐性知识相关时，集群企业更倾向于选择集群内其他企业而不是集群外企业作为他们的知识交换伙伴，因为地理接近使得隐性知识的转移变得更加容易。因此，集群内与企业间知识交换机会相关的知识的隐性部分越大，集群内企业间知识交换的机会数量与实现的企业间知识交换的数量之间的正向关系就越强。

3. 信息渠道和知识中介

在集群内确认知识交换伙伴的难易程度是另一个影响集群企业是否选择另一个集群企业作为知识交换伙伴的因素。对知识的提供方和购买方而言，彼此相互定位并不是一件十分容易的事情：第一，企业拥有的一些知识（如过程知识）类型并不内植于其产品或服务之中，因此并不能被想要购买它的另一方所看到或辨识；第二，存在购买方占有提供方的知识并减少或不返回收益的风险，这使得供应方商业化其知识时，在决定向谁以及如何出售知识时十分谨慎；第三，一个企业的知识或许可以在多种背景下应用，但是这些背景可能对提供方和潜在的接受方来说都不是显而易见的。当集群企业可以通过特定方式相互联结，关于知识提供和需要的信息在集群企业之间可以流通顺畅时，就可以减轻或避免上述问题，而企业之间的集群内企业的沟通渠道有多种，一种是地方性非正式信息中心，由地域性社区组织、非正式论坛如酒吧和餐馆等产生的集群企业成员之间的面对面互动所引起；第二种渠道是地方合作网络，企业更倾向于掌握其网络伙伴而不是不相关的企业的知识；第三个渠道是集群内员工的流动，流动的员工为新的雇主带来其先前公司的知识资产以及在不同背景下使用这些知识的可能，高的员工流动性导致集群企业之间的高联结性；第四个渠道是媒体，如地方商贸出版物、计算机交流系统等；第五个交流渠道是地方商业活动，如会展和交易会。知识中介可以是团体，如技术中介、认证咨询、代理机构及商会。这些机构帮助企业搜寻知识伙伴。企业也可以通过建立专门的知识伙伴部门作为自己的知识中介，集群内大量的具有知识伙伴部门的企业将导致集群内企业的高联结性。在一个有领导企业的集群中，领导企业也可以在伙伴网络中扮演知识中介的角色。因此，集群内出现的建立集群内企业联结的信息渠道和知识中介越多，集群内企业间知识交换的机会数量与实现的企业间知识交换的数量之间的正向关系就越强。联结可以通过建立沟通渠道和知识中介实现。

由此得到命题3：在相同的知识交换机会数量前提下，集群内促使知识交换的使能因素越多，集群内实现的知识交换也越多，这些使能因素包括：领导企业的合作战略、隐性知识比例、信息渠道和知识中介。

三、集群内知识交换的效果因素

只有当交换确有效果时，集群内知识交换才将导致集群知识创造能力的提升。影响知识交换效果的因素包括：知识交换伙伴的知识重叠程度、与集群外部企业进行知识交换的企业的数量。

1. 集群企业的知识重叠程度

如前所述，产业集群对于群内某个特定企业知识创造能力的提升效应，是通过由伙伴企业向焦点企业的知识螺旋输入隐性和显性知识的过程实现的。为使输入的知识能够在焦点企业的知识螺旋中成功放大，企业必须理解外部知识并把它和自身已有知识融合。这一双向的知识交流关系背景下的知识转移和融合过程的效果，受到焦点企业（知识接受者）与其知识交换伙伴知识重叠程度的影响。当双方的知识重叠程度很低，转移的知识与焦点企业的已有知识有太大的距离时，企业很难有吸收能力把新的知识整合到它的知识螺旋。随着知识重叠程度的增加，企业消化新的知识变得更加容易，知识交换的效果也随之提高。另一方面，如果被转移的知识技术上过于接近焦点企业已有知识，也会减少对企业的创新过程带来贡献的可能性。理想的知识重叠程度是，既足够高以便于融入企业的知识螺旋，但又不是过高以致降低企业从知识转移中获得的潜在收益。如果集群企业的知识重叠过低，意味着企业不能有效地将其他企业的知识整合到自己的知识螺旋。反之，如果过高则意味着集群内知识高度雷同，集群企业很少能从彼此交换中获得新知识。因此，集群企业的知识重叠对于集群内实现的知识交换的数量和集群的知识创造能力是一个倒U型的调节变量。

2. 集群与外部实体的知识交换

另一个影响集群内企业之间知识交换效果的因素是：集群知识库通过集群外的知识输入而被不断更新的程度。对于一个集群企业而言，从集群内伙伴企业获得的知识输入是十分有价值的，因为它提供了：①由于隐性知识的黏性作用，外部企业无法获得的隐性知识；②由于可以获得集群内补充性的隐性知识，集群企业比外部企业更方便利用的显性知识。这使得集群企业间的知识交换对于提升集群知识创造能力至关重要。对于这一效应，基于知识的集群理论把集群的形成和发展归因于提升集群内知识交换的频率和效果。但是如果集群企业的知识交换伙伴仅仅局限于集群内的其他企业，而没有集群之外的新知识进入集群内部，集群内部企业之间的知识重叠就会逐渐增加，经过一定时期之后，集群企业之间知识重叠的不断增长将削弱实现的企业间知识交换的数量与集群知识创造能力之间的正向关系。

集群企业与集群外部实体的知识交换是避免上述问题的有效途径。外部实体可能提供在集群内无法获得的知识，这些实体包括独立的外部企业或其他集群的企业，以及可能提供前沿的科学技术知识的研究机构和大学等。与这些集群外部实体的知识交换有助于为集群带来新鲜知识，然后通过集群内部的知识交换与集群内部其他企业共享。更多的集群企业与集群外部实体进行知识交换意味着大量的新知识涌入集群，这将有效遏制集群企业之间知识重叠的持续增长趋势。因此，集群内企业与外部实体的知识交换越多，集群内实现的知识交换的数量与集群的知识创造能力间的正向关系越强。

因此得到命题4：集群内实现的知识交换的数量和集群的知识创造能力的关系受下述调节变量的影响：集群企业之间知识重叠程度、集群与外部实体的知识交换。

综合上述分析，我们可以勾勒出集群知识创造力生成机制的基本框架（见图3-2）。

在这一框架中，集群企业间知识交换是集群知识创造力的核心点，而影响集群知识创造力的三个方面的前因变量是：集群企业间知识交换的机会、知识交换实现的使能因素以及影响集群企业知识交换效果的因素。按着这一分析框架的逻辑思路，可以得出结论：产业集群并不天然导致集群内企业总体创新能力的提高，而是需要相应的条件。上述讨论的知识创造力三类影响因素，也对应着集群内三种类型的知识创造失败：①企业间知识交换的机会没有出现或过少；②集群内虽然存在知识交换的机会，但是使能因素缺乏导致实际的交换难以实现；③集群企业之间知识交换没有效果。上述任何一个环节出现问题都会中断集群的知识创造过程。

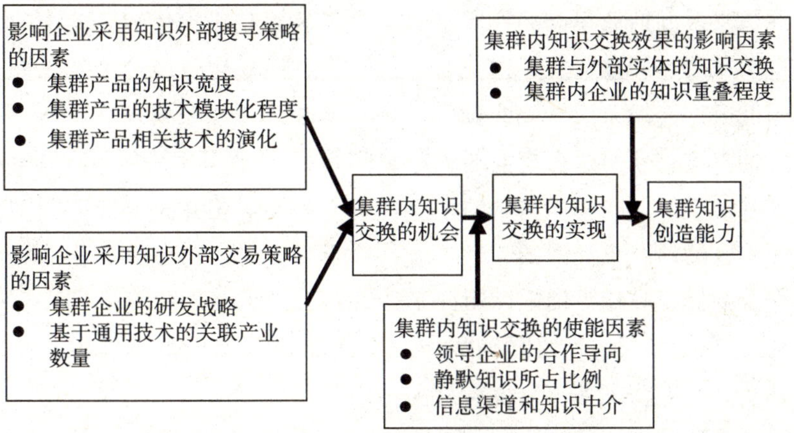

图 3-2　产业集群技术创新能力的生产机制

第三节　我国集群技术创新能力缺失的原因

本书的框架有助于解释不同的产业集群知识创造力方面的差异，并进而解释产业集群创新绩效的差异，从而为我国制造业集群创新能力的缺失提供新的认识。

1. 集群产品单一导致知识宽度过窄

基于单一种类产品的产业集群，如浙江嵊州领带集群等，由于知识密度低或集群产品所需的知识宽度窄，缺少知识交换的机会是这类产业集群的内在特性。有国外学者认为应将这类集群排除在基于知识的集群的研究范畴之外，因为二者的分析角度不同，一定的知识密度与宽度代表基于知识的集群理论的一个边界条件。然而国内的产业集群创新相关研究并没有对二者进行严格的定义，实践层面也难以对其进行有效的区分。此外，由于产业集群动态演变的特点，一个集群起初可以是一个基于知识的集群，但是知识交换的机会也可以随着时间推移而变化。例如，集群产品的市场环境可能随时间推移而变得稳定，使得企业更倾向于知识需求的自给自足，并尽力避免知识交换的不确定性与创新的风险性，或者支撑集群产品的技术随着时间的推移变得越来越模块化，减少了集群从外部获取知识的需要。

2. 过度分工抑制创新需求

我国很多制造业集群的形成是基于分工效率和成本优势，典型的是广东的电子播放器产业集群，这类产业集群依靠模块化生产带来的纵向分工效率与低廉的劳动力成本获取竞争优势，也创造了“中国制造”与“中国价格”的奇迹。然而这类集群的企业之间知识重叠少，每个企业只生产特定的零件或组件，或完成特定的工序，企业的知识相互隔离并以固定的知识界面相联结，形成知识的固化效应。单个企业无法打破标准化的界面规则，导致企业之间相互锁定，而分工效率与劳动力成本带来的利润形成的补偿效应又强化了企业的路径依赖。上述的知识固化效应、相互锁定效应、补偿效应综合起来，使得集群内的企业内无创造新知识的意愿，外无获取新知识的需求，集群内知识交换的机会很少出现，企业的乃至整个集群的创新动力枯竭。

3. 基于通用技术的关联产业少引发同质化竞争

我国部分产业集群，典型的如宁波、温州等地的服装产业集群，是基于同类产品而非基于通用技术形成的，集群内关联产业少。在集群形成的初期，企业可以利用隐性知识外溢带来的好处而快速发展，但随着集群内企业数量的增多，产品同质化现象越来越严重，早期的知识外溢效应逐渐销蚀，企业由于激烈的本地竞争而面临巨大的竞争压力，产业集群对企业创新产生的负面效应开始显现。集群为企业之间的低成本模仿提供了便利，降低了知识创新原创企业的创新收益，从而降低了知识创新激励。因此，基于通用技术的关联产业少引发同质化竞争，抑制了集群内知识交换机会的出现从而对知识创新过程产生阻滞作用。再如，我国一些高新区的高技术产业集群，其形成往往是由于政府行为，企业往往是出于追求政策福利选择进入，而不是通过基于关联产业的知识外溢而自组织形成的集群，行业庞杂而缺乏基于共同知识的关联，企业之间知识重叠过少，知识交换效果微弱，产业集群的知识外溢效应无法显现。

4. 缺乏合作导向的领导企业及制度化规则，导致合作受限

合作效应最早由制度经济学理论提出。合作效应建立于群体规则导向的行为收益，行为者越能遵守特定的制度（组织的规则或程序），他们之间的互动行为就越有效率，原因在于行为者的行动是规则导向的并因此可以预期，从而可以显著减少合作成本。然而，基于共同规则的合作在特定情形下也可能产生负面效果。合作的群体也是一个利益共同体，规则的黏性并不能总是适应环境的变化，当一个个体想要做出有益改变但这种改变可能触及群体或群体中其他个体的利益，就会受到群体的抵制，由此产生合作的限制效应，特别是当群体成员之间同时存在合作与竞争关系时，合作的限制效应表现得尤为明显。这种效应在浙江一些乡镇的中小企业集群中表现得十分典型。这些产业集群往往是在县、镇政府的主导下形成的，经过一段时间的发展演化，集群内形成了各方普遍接受的显性或隐性规则，一个试图创新的企业，其产品很可能马上会得到群内其他企业的仿冒，而这种仿冒往往会被群内企业视为一种共同的潜在规则，即便创新的企业有心维护自己的权益，也会受到政府、乡邻、熟人等多方社会关系网络的干扰，最终使得群内没有企业愿意创新，从而产生合作的限制效应。此外，我国的很多制造业集群都通过俘获式嵌入的方式进入跨国公司主导的全球产业链，而跨国公司出于降低成本和攫取利润的考量，创新的合作导向弱，集群企业的创新往往只能体现在通过生产过程创新降低成本，而这种创新带来的收益短时间内就会因为集群内其他企业的模仿与跨国公司的低成本搜寻策略而快速消散，从而抑制企业的创新动机。这一问题的实质是集群内缺乏利于合作创新的制度化环境，知识互动很容易被机会主义和自利行为所损毁。问题的解决依赖于在集群内发展利于合作的信任和规则，然而激烈的市场竞争使得发展合作规则变得极为困难，却产生足够的动因使得企业破坏建立的规则。

本章参考文献

[1] Beaudry C，Breschi S. Does "clustering" really help firms innovative activities?［R］. CESPRI working paper，2000.

[2] Cordon I R. Industrial clusters：complexes，agglomeration and social networks［J］. Urban Studies，2000，37（3）：513-532.

[3] Dyer J H，Nobeoka K. Creating and managing a high performance knowledge sharing network：the toyota case［J］. Strategic Management Journal，2000，21（3）：345-369.

[4] Nonaka I，A dynamic theory of organizational knowledge creation［J］. Organizaion Science，1994，5（1）：14-37.

[5] Porter ME. Location，competition，and economic development：local cluster in a global economy［J］. Economic Development Quarterly，2000，14（1）：15-34.

[6] Reus TH，Ranft AL，Lamont BT，Adams GL. An interpretive systems view of knowledge investments［J］. Academy of Management Review，2009，34（3）：382-400.

[7] St. John CH，Pouder R. Technology clusters versus industry clusters：resources networks and regional advantages［J］. Growth and Change，2006，37（2）：141-171.

[8] 陈畴镛，夏文青，王雷. 企业同质化对产业集群技术创新的影响与对策［J］. 科技进步与对策，2010（2）：55-58.

[9] 马歇尔. 经济学原理［M］. 北京：商务印书馆，1997.

[10] 孟浩，史忠良. 产业集群的技术创新负效应分析［J］. 河北经贸大学学报，2005（3）：43-47.

[11] 魏后凯. 我国产业集群的自主创新能力亟待提升［J］. 中国高新技术产业导报，2006：11-27.

[12] 熊彼特. 经济发展理论［M］. 北京：商务印书馆，1997.

第四章　地理邻近对集群创新的推动与阻滞

近年来，关于地理邻近与技术创新关系的大量研究成果集中于新经济地理学和创新地理学等学科中，初期的研究认为地理邻近对集群企业的技术创新具有促进作用，但是随着研究的深入部分学者发现到了地理邻近对技术创新的负效应，进而学者们认为地理邻近与集群企业的创新绩效之间的关系是非线性的，地理位置过远或过近都不利于集群创新，即地理邻近与集群创新绩效呈倒U型关系。

本研究从知识共享、拥挤效应两个方面分析了地理邻近对集群企业技术创新的正负影响，发现地理邻近是“距离产生美”，太多或太少的地理邻近都不利于集群创新。

第一节　理论框架的建立

一、地理邻近与集群创新

地理邻近是指区域创新主体间在地域或空间上的距离很近，能够保证其实现顺利交流，使其不成为障碍的特性。熊彼特（Schumpeter，1912）认为，创新不是孤立事件，不是在时间或空间上均匀分布的，而是趋于结成集群，鱼贯而出；创新不是随意地均匀分布于整个经济系统中，而是趋于在某些部门及其周围环境中聚集。

有相当多的文献表明了空间上集聚在一起的企业能够从邻近的正外部性中获益。距离缩短使主体间能更容易、更充分地进行面对面的交流信息和转移隐性知识。相反，距离越远，知识的正外部性就越弱，隐性知识的转移就变得更加困难。即使是显性知识的使用和传播上，距离也会产生重要影响，因为显性知识的解释和吸收需要隐性知识和空间的邻近。地理邻近不仅和知识有关，还与空间的其他因素有关。例如，厂商因为相互邻近，基于区域内共享的语言、规范和习惯、态度、价值、预期，产生了信任，使所有厂商之间重要的隐性的、所有人共有的知识得以流动。产业集群的研究中，对集群的效应延伸至交易成本之外，加入社会互动对传播知识的重要性来凸显地理距离的意义，称之为非贸易的相互依赖，指区域内共享的社会属性（惯例、风俗、理解）能够促进厂商间的学习，经济行为镶嵌于区域文化之中，构成维持创新和竞争性的脉络性条件。

但是，地理上过分的邻近对于学习和创新也是有负面影响的。首先，当一个区域变得过分的邻近和内向，区域内主体的学习能力会减弱到失去创新能力和不能对外部的变化作出反应的地步，这种空间的锁定状况最容易出现在那些高度专业化的地区。诸多学者的研究表明虽然地理邻近下的面对面的机制有助于隐性知识的生产和流动，但形成的知识往往也具有高度的隐性，不利于该网络和外界的交流，容易形成“知识的孤岛”，缺乏和全球知识网络相通的管道。另一方面就是集群企业的过度邻近可能导致拥挤效应，即过度的地理邻近导致土地租金和住房价格上涨、交通阻塞，除此之外，伴随地理过度邻近过程而出现的外部规模不经济还有许多种，比如：环境污染、城市犯罪行为、狭小居住空间引起的不适、人均土地占有量减少、绿地面积减少、工资成本上升等。地理邻近的拥挤效应使得集群的创新成本和创新风险增加，进而减少了创新收益、降低了创新积极性。

二、知识共享效应

关于知识共享的概念，目前学术界尚无统一的界定。对不同学者的观点进行分析，我们发现主要有以下 4 种观点：①强调沟通，该观点强调知识共享是知识拥有方与知识需求方之间的沟通，是一个双向的过程，它与认知的主体紧密相连。②强调共有，该学说强调知识拥有方可以和知识需求方共同拥有共享的知识，并认为知识共享泛指知识所有者与他人分享自己的知识，使知识从个体拥有到群体拥有的转变过程。③强调转移与学习，该学说将知识共享定义为知识转移和知识解释，事实上，接收方将接收的知识内化为自己的知识才能够称为知识共享。④强调行为，知识共享是一个交换信息或辅助他人的行为集合。

知识共享对集群创新有重要的影响，这是因为企业一般不可能拥有创新活动所需要的所有关键知识资源，它必须不断从外部获取知识以满足创新活动的知识需求。许多研究表明，技术创新所需的新知识中，来源于企业内部的约占 2/3，另外 1/3 要从外部获取。企业利用外部知识进行创新不仅缓解了内部资源的有限制约，降低研发成本并提高创新速度，同时还可避免组织只在某个路径上积累知识而导致创新能力刚性的问题，从组织外部知识共享的情形来看，企业间进行合作或交流的过程中，通过联结的渠道相互交流知识与资源，从中激荡出新的创意或想法，能进一步提高企业创新绩效。综上，将集群企业间知识共享导致的集群企业创意产生、创新成本降低的效应称为知识共享效应。

三、集群拥挤效应

拥挤效应指种群增长过程中随着密度增加而使种群增长速度降低的现象，产业集群的拥挤效应是指由于集群的规模扩展而导致的资源环境承载能力、市场规模、技术水平等条件无法满足集群持续发展的现象。产业集群的拥挤效应主要包括产品市场的拥挤、要素市场的拥挤。

产品市场的拥挤效应主要表现在两个方面，第一是集群中企业普遍陷入价格战中而不能自拔。因为集群中企业间的相互模仿会使集群内不同企业生产的产品在质量上快速趋同，买者需求的价格弹性因此会不断提高，此时集群企业之间的竞争类似囚徒困境，产品降价虽然是饮鸩止渴，但也成了“最优选择”。第二是集群企业机会主义盛行，由于集群企业从采购到生产到营销的全部活动，在很大程度上是对手可观察的、可模仿的。这意味着创新企业获得的超额利润会因大量对手的快速模仿而迅速减少，直至消失，最终导致有创新能力的企业不愿意创新，没有创新能力的企业采取降低质量、偷工减料等行为。

集群要素市场拥挤效应是指当众多企业聚集在一个狭窄的地域而形成集群时，必然会形成对各种生产要素的相对巨大的需求，而且，随着新企业的不断进入，这种需求还会不断增大。在供给不能保持同等比例增大的情况下，各种生产要素的价格一般会随着集群规模的增大而上升，尤其是那些供给缺乏弹性的生产要素，如土地和土地相关的产品如房地产等。在企业的生产效率保持不变的情况下，生产要素价格的上升将直接地反映在企业生产成本的上升中。在激烈的集群内企业与集群外企业间的市场竞争中，这种要素成本驱动的价格上升，将直接导致集群产品失去市场竞争力。

四、理论框架的确立

根据上述文献可知地理邻近对技术创新的推动作用主要表现在知识共享、交互学习等角度。即认为地理邻近有助于企业间知识的传递与吸收，我们将其称之为“知识共享效应”；而地理邻近对技术创新具有阻滞作用的表现，主要包括闭锁效应和拥挤效应，我们认为闭锁效应是关系嵌入和知识溢出的负效应，与地理邻近的关系是间接的而非直接的，而拥挤效应则与地理邻近的关系更为直接和密切，因此认为地理邻近的负效应主要是“拥挤效应”。

在地理邻近与集群创新绩效的关系中，知识共享效应和集群拥挤效应究竟哪个占据主导地位决定了地理邻近对技术创新的最终影响，因此本研究将“知识共享效应”和“集群拥挤效应”作为地理邻近对集群创新绩效的中介变量，来探索地理邻近对集群创新的影响机理，考虑到影响创新绩效的因素除了地理邻近以外还有诸如企业的自身因素、产业因素、政府因素以及与科研院所的互动因素等，为了使实证分析模型获得较好的拟合优度，将这些因素作为控制变量也考虑在内，进而得到如图 4-1 所述理论模型。

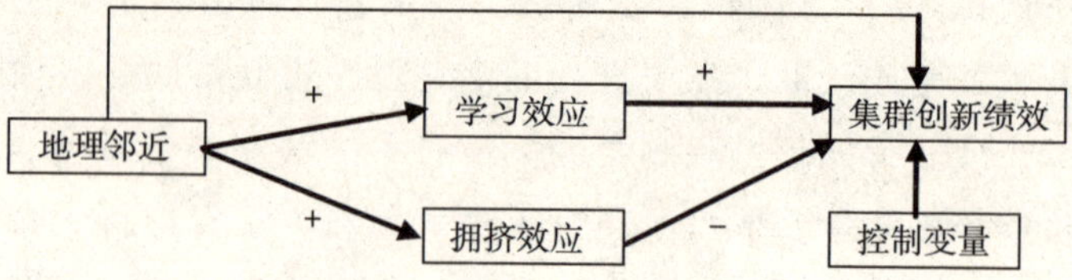

图 4-1　地理邻近对集群创新绩效的影响

第二节 数理模型[1]

一、模型假设

1. 企业的空间分布特征

假设所有 $n+1$ 个企业坐落在与邻近性相联系的“产品空间”中，n 个企业形成产业集群，每个企业只生产唯一一种产品，并且存在产品差异。$n+1$ 个企业中，除了形成产业集群的 n 个企业外，另一个企业为“中心企业”，它以集群中 n 个企业生产的产品为投入要素，生产一种综合性产品，因此，零点企业包括了所有经济部门，并且它作为经济地理模型中的“经典”企业还承担制定产业集群中所有产品的参照标准等任务。产业集群中的 n 个企业分散在半径为 d、弧长为 $l<\pi d$ 的同一个半圆上，这样假设的原因在于：企业存在外部规模经济，即企业的成本节约依赖于整个行业的产量的增加所导致的成本的降低，企业需要相互邻近来分摊固定成本，这也意味只有部分圆为企业的活动空间。曲线横坐标设定在弧长 l 的中点，例如，$x=0$ 的企业坐落在这个产业集群的中心，其边界为：$[-l/2, l/2]$。一般地，产业集群中企业 i 的曲线横坐标的边界为 $[-l/2, l/2]$，即 $x_i\in[-l/2, l/2]$。“中心企业”坐落在圆的中心，产业集群中的 n 个企业到零点企业的距离为相同的长度 d。

2. 消费者对产品的需求特征

消费者购买差异化的产品获得效用最大化。为了说明产品差异化程度，产品差异用企业之间的空间距离衡量，企业空间距离越小，即企业相互邻近时，其产品差异越小。如在曲线横坐标分别为 $x_i=-l/2, 0, l/2$ 的三个企业生产的产品中，$x_i=0$ 的企业的产品由于具有其他两个企业生产的产品的某些特征，消费者认为该企业的产品缺少新颖性，消费者不会对该产品有太大的吸引力，设消费者的效用函数为加权的固定替代弹性的效用函数，其公式为：

---

[1] 本节内容主要参考了黎振强 2011 年发表于《湖南理工学院学报（自然科学版）》中的文章“邻近性、知识溢出与企业集群创新的微观模型分析”。

$$U(q_i)=\left[\sum_{i=0}^{n}\frac{q_i^{1-\frac{1}{\sigma}}}{\left(\sum_{i=0}^{n}d(i,j)\right)^{-\frac{1}{\sigma}}}\right]^{\frac{\sigma}{\sigma-1}} \quad （式 4-1）$$

其中 q_i 为消费者购买的第 i 种产品的数量，σ 为产品的替代弹性且 $\sigma>1$，参数 d（i，j）度量产业集群中在 x_i 点的企业生产的产品相对于集群中其他企业 x_j 生产的产品的新颖性程度。$\sum_{j=0}^{n}d(i,j)$（i，$j=0$，1，…，n）为产业集群中相应企业的位置函数，通过它对消费者消费的产品进行加权，因此产业集群中外围企业的 $\sum_{j=0}^{n}d(i,j)$ 越大，产品越有吸引力，消费者消费的产品越多，设企业产品的需求函数为：

$$q_i=\frac{p_i^{-\sigma}\sum_{j=0}^{n}d(i,j)}{\sum_{j,k=0}^{n}p_k^{1-\sigma}d(j,k)}Y \quad （式 4-2）$$

其中 Y 为消费者收入，是一个外生变量，p_i 为第 i 种产品的价格。设零点企业的产品价格是用于计数的价格并且恒等于 1，即 $p_0\equiv1$ 时，由式 4-2,有：

$$q_i=\frac{nd}{(nd+d\sum_{k=1}^{n}p_k^{1-\sigma}+\sum_{j,k=1}^{n}p_k^{1-\sigma}\mid x_j-x_k\mid)}Y$$

同理，当 $i>1$ 时，由式 4-2，有：

$$q_i=\frac{p_i^{-\sigma}(d+\sum_{j=1}^{n}\mid x_i-x_j\mid)}{(nd+d\sum_{k=1}^{n}p_k^{1-\sigma}+\sum_{j,k=1}^{n}p_k^{1-\sigma}\mid x_j-x_k\mid)}Y,(i>1)$$

为了便于分析，假设产业集群的所有 n 个企业形成一个“闭联集”即产业集群是由总数量为 n 的所有企业组成的“闭联集”。因此，在圆上 x 处的企业的需求函数为：

$$q(x)=\frac{p(x)^{-\sigma}(d+\int\mid x-y\mid\rho(y)\mathrm{d}y)}{(n\mathrm{d}+\mathrm{d}\int p(y)^{1-\sigma}\rho(y)\mathrm{d}y)+\iint p(y)^{1-\sigma}\mid y-z\mid\rho(y)\rho(z)\mathrm{d}y\mathrm{d}z)}Y$$

（式 4-3）

其中 ρ（y）表示生产圆上企业的密度函数，积分符号表示沿圆弧从 x

到曲线坐标原点求积分。$\rho(y)$ 反映的是企业集聚的数量，在同一空间，企业集聚数量越多，地理越邻近，因此笔者将企业密度函数 $\rho(y)$ 视为企业的地理邻近程度。

假设，集群企业的市场结构为垄断竞争结构，根据式 4-3 和消费者需求的等弹性特征，设企业产品的价格公式为：

$$p=\frac{\sigma}{\sigma-1}c \qquad \text{（式 4-4）}$$

其中 p 为产品价格，σ 为产品的替代弹性，c 为企业的可变成本，$\frac{\sigma}{\sigma-1}$ 为价格加成比率。

3. 邻近性对企业生产成本的影响

假设产业集群中的每一个企业具有不变的边际成本和可变成本。在曲线横坐标 x 上企业的固定成本为 $f(x)$，可变成本为 c，并且可变成本是内生的，产业集群中所有企业的可变成本相等，所以在曲线横坐标 x 上企业的总成本函数为 $C(x)=f(x)+cq(x)$，其中 $q(x)$ 为企业生产的产品数量，c 为可变成本。往下利用邻近性对企业创新的正负效应说明其对企业成本的影响。

第一，集群企业由于地理邻近而产生了知识共享，共享的知识增加了整个产业集群的知识总量，从而降低所有企业的可变成本，可变成本的减少与企业的可变成本 c 的数量成正比。可变成本的减少可以表述为 $-\beta c$，其中 β 代表知识共享系数，显然 $0<\beta<1$。地理邻近性有利于企业共同地应对和解决技术问题，通过固定成本分摊的形式促进企业的过程创新，产业集群中所有企业总的固定成本为 F。因此地理邻近每个企业分摊的成本为 F/n。

第二，企业越靠近公共知识重心，企业从知识溢出中获得的好处越多，但它也必须承担一定的成本。集群中企业的接近知识的成本可以表示为 tx^2F。其中 t 为接近知识参数，$0<t<1$，x 为企业到公共知识重心的距离。另外过度的地理邻近会造成企业的拥挤，企业的谈判成本会随着地理邻近性的增加而增加。因此邻近性对企业谈判成本的影响可以表述为 $[s\int y^2\rho(y)\mathrm{d}y]F$，即谈判成本与固定成本 F、企业位置方差 $\int y^2\mathrm{d}y$、邻近强度 $\rho(y)$ 成正比，s 为谈判成本系数，$s\geqslant 0$。

二、模型建立与分析

根据上述假设，在曲线横坐标 x 上企业的固定成本 f（x）的公式为：

$$f(x)=\left[\frac{1}{n}+tx^2+s\int y^2\rho(y)\mathrm{d}y\right]F \qquad \text{（式 4-5）}$$

企业总成本公式为：

$$C(x)=f(x)+cq(x)-\beta cq(x)=$$
$$\left[\frac{1}{n}+tx^2+s\int y^2\rho(y)\mathrm{d}y\right]F+(1-\beta)cq(x) \qquad \text{（式 4-6）}$$

根据式 4-3，曲线横坐标 x 上企业的需求函数为：

$$q(x)=\frac{d+\rho\left[x^2\left(\frac{n}{2p}\right)^2\right]}{nd(p^\sigma+p)+\frac{pn^3}{3\rho}}Y \qquad \text{（式 4-7）}$$

由式 4-7 可知，企业的邻近性强度 ρ 越大，即企业都靠近产业集群中心，各企业的产品销售量越小，原因在于企业的产品对消费者没有吸引力。根据式 4-5 有：

$$f(x)=\left(\frac{1}{n}+tx^2+s\frac{n^3}{12\rho^2}\right)F \qquad \text{（式 4-8）}$$

显然，在式 4-8 中邻近强度 ρ 越大，固定成本 f（x）越低。

由式 4-3 和式 4-8，有：

$$\pi(x)=\frac{d+\rho[x^2+(n/2\rho)^2]}{nd(p^\sigma+p)+pn^3/(3\rho)}(p-c+c\beta)Y-\left(\frac{1}{n}+tx^2+s\frac{n^3}{12\rho^2}\right)F$$

（式 4-9）

由式 4-7，产业集群中 n 个企业的总产量为：

$$Q=nq(x)=\frac{3\rho d+n^2}{3\rho d(p^\sigma+p)+pn^2}Y \qquad \text{（式 4-10）}$$

在式 4-10 中，当邻近程度 ρ 增加时，集群总产量 Q 减少，当企业数量 n 增加时，产业集群总产量 Q 增加，显然，集群中总产量的最大值为 Y/p，最小的产量为 $Y/$（$p^\sigma+p$）。

假定产业集群中所有企业追求集群总体利润最大化，利用式 4-10 对所有企业在区间［$-n/2p$，$n/2p$］上积分，得到所有企业的总利润为：

$$\Pi=\frac{3\rho d+n^2}{3\rho d(p^\sigma+p)+pn^2}(p-c+\beta c)Y-\left[1+(t+ns)\frac{n^3}{12\rho^2}\right]F$$

（式 4-11）

由前面的讨论可知，产业集群中总产量的最大值为 Y/p，最小的产量为 $Y/(p^\sigma+p)$，所以产业集群中所有企业总的最大利润和总的最小利润分别为 $\frac{Y}{p}(p-c+\beta c)-F$ 和 $\frac{Y}{p^\sigma+p}(p-c+\beta c)-F$，式 4-11 对 ρ 求导数得到：

$$\frac{\partial\Pi}{\partial\rho}=\left[\frac{3dn^2p^\sigma(p-c+\beta c)}{[3\rho d(p^\sigma+p)+pn^2]^2}Y+\frac{tn^3}{6\rho^3}\right]F \quad（式 4-12）$$

令式 4-12 等于零，则有：

$$\frac{18dp^\sigma(p-c+\beta c)}{tnF}\rho^3-9d^2(p^\sigma+p)^2\rho^2-6d(p^\sigma+p)pn^2\rho-p^2n^4=0$$

（式 4-13）

三、模型结论

式 4-13 的左边是一个 ρ 的三次多项式，当 $n\to\infty$，方程的根都是形如 Ak^n 的形式，将 Ak^n 代入上式，并且选择表达式中 n 的幂最高的项，可得到

（1）当谈判成本为零时，$k=5/3$，$A=\sqrt{\frac{p^2tF}{18dp^\sigma(p-c+\beta c)}}$，这时最大的利润为 $\frac{Y}{P}(p-c+\beta c)-F$。

（2）当 $s>0$，$k=2$，最大的总利润趋向于一个常数，由式 4-12 可知，当 $\frac{\partial\Pi}{\partial\rho}>0$，总利润随着邻近程度 ρ 增加，达到最大利润点 $\frac{Y}{P}(p-c+\beta c)-F$，这时 $\frac{\partial\Pi}{\partial\rho}=0$，可得唯一的最优邻近程度 ρ^*。如果邻近强度 ρ 继续增加，则 $\frac{\partial\Pi}{\partial\rho}<0$，说明总利润随邻近程度的增加而递减，直到最小的利润 $\frac{Y}{p^\sigma+p}\cdot(p-c+\beta c)-F$，因此总利润与邻近强度之间呈现一种倒 U 型关系，如图 4-2 所示。

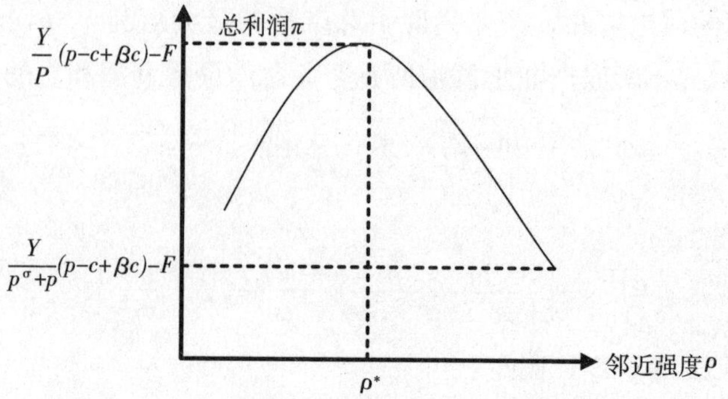

图 4-2 产业集群的总利润和邻近强度倒 U 型关系图

在上面两种情况下，知识溢出参数的引入都增加了利润，并且从地理邻近获取的利润大于 Jean-Marc Callois（2008）。不考虑知识溢出时的利润。最优邻近强度 ρ^* 是关于 n 的三次多项式，很难计算其表达式，Jean-Marc Callois（2008）用计算机模拟发现，ρ^* 与市场潜力、企业间距离、谈判成本等有关，加入知识共享参数后，因为可以减少可变成本，总利润会增加，企业会进入，最优邻近强度会增加。

上述模型分析得到如下结论：（1）地理邻近导致的知识共享，增加了企业集群的利润，吸引且能够容纳更多的企业加入，进而增加了集群的最优地理邻近程度。（2）邻近性强度与企业创新绩效（总利润）之间存在非线性的倒 U 型关系，即当地理邻近程度不明显时，增加地理邻近会显著节约集群企业的固定和变动成本，但是地理过度邻近又会导致拥挤效应，增加谈判成本。

第三节 实证分析

一、研究假设

1. 地理邻近与知识共享效应

在知识经济和学习经济的时代，知识是企业最重要的战略资源，知识共享成为获取知识的重要过程，产业集群的发展关键在于创新能力的提升，而集群的创新能力与集群内的知识传递和集群企业间的学习密切相关，而地理邻近与知识传递、组织间学习有着密切的关系。首先，根据科斯的交易成本理论，产业集群内的企业之间彼此地理邻近有助于节省企业搜寻市场信息的时间和成本，有利于克服信息的不对称，降低机会主义行为，因此可以促使企业间的知识共享和协同创新；其次，根据隐性知识的有关理论，集群企业间的彼此邻近提高了集群企业间面对面交流的机会，同时企业间的员工交流和流动更加充分，大大促进了隐性知识的传播，方便了企业间的相互学习；最后，集群企业间的地理邻近往往使得集群企业间形成共享的语言、规范、态度、价值和预期，这种区域内共享的社会属性能够促进企业间的学习和知识流动从而有利于产业集群整体创新能力的提升。相关学者的研究结论也支持了本书的观点，如 Cig（1991）指出距离知识源近的企业比远的企业有更好的创新绩效。例如，那些准备进行海外扩张的大型零售商往往首先选择与母国邻近的市场作为海外扩张的第一步；李琳（2012）指出地理邻近有利于企业近距离观察其他企业的技术和管理经验以实现模仿创新，同时地理上的聚集有助于非正式关系的形成，间接促进了集群创新的产生。因此提出如下的假设：

H1：地理邻近与集群企业间的知识共享效应正相关

H2：集群企业间的知识共享效应与集群的创新绩效正相关

2. 地理邻近与拥挤效应

随着产业集群规模、集群企业密度的不断扩大经常会出现要素市场和产出市场的过度拥挤现象，产业集群的拥挤现象往往体现在要素市场或产品市场，如表现为劳动力、原材料和生产资料等价格上升，或由于企业间成品或服务的高度雷同，导致企业间竞相降价，甚至出现恶性竞争或竞相偷工减料的“柠檬市场”。当集群出现拥挤现象时，一方面企业会将很多精力投入获取生产资料或提高产品市场占有率的竞争上，从而没有积极性进行产品创新；另一方面拥挤效应导致要素价格上升，产品价格下降，使得企业在创新方面可投入的资金和资源减少，从而无力进行技术创新；郭新燕（2008）认为集群的歧异化能力在集群规模和地理邻近性达到一定程度时，会降低产业集群的产品创新能力；李辉（2009）认为当集群规模和地理邻近性达到一定程度时，会出现产业集群的拥挤效应，此时集群内环境质量不断恶化，一方面可能导致研发人才和劳动者的流失，另一方面导致企业之间、员工之间不愿意相互交流和分享知识，从而阻碍技术创新的产生；从实证方面 Sedgley（2001）以美国制造业为实证对象分析了过度的地理集中导致的“要素拥挤效应”对专利产业具有显著的消极影响，闫逢柱（2010）运用拓展的C-D函数以中国制造业1999～2008年两位数水平的制造业数据为样本，发现中国的部分行业的聚集已经出现了拥挤效应，这种拥挤效应阻碍了产业集群的发展，因此提出如下假设：

H3：地理邻近与集群企业间的拥挤效应正相关

H4：集群企业间的拥挤效应与集群的创新绩效负相关

结合上述4个假设，并进一步验证学者提出的地理邻近与集群创新的关系的倒U型规律，则提出如下假设：

H5：地理邻近与集群创新绩效呈倒U型关系

二、研究设计

本研究的调研对象为集群企业，所需数据无法从公开资料中获得，因此采用了问卷调查的方式。研究的变量涉及自变量、控制变量、调节变量和调节变量的交互，因此选用了逐步加入控制变量、自变量、调节变量和交互项的逐步回归分析方法。

1. 样本与数据收集

调查问卷的对象是辽宁省、山东省、浙江省的一些集群企业，具体有辽宁省沈阳的装备制造集群企业、辽宁大连信息技术集群企业、山东济南的软件产业集群企业、滕州的机床集群企业、浙江诸暨的五金集群企业、海宁的家纺和皮革集群企业，抽样对象具有一定的代表性。在调研中被试者包括企业的总经理、技术经理（或技术总监）、销售经理（或销售总监）及其他一些熟悉企业经营管理、企业技术创新的工作人员。其中共当面填写回收有效问卷28份，通过其他渠道共发放问卷262份，回收184份，其中有效问卷135份。这样共计发放290份问卷，有效回收163份，有效回收率为56.2%。

2. 变量定义与问卷设计

为了保证量表的效度和信度，我们尽可能采用国内外现有文献已经证明具有较高信度和效度的量表，再根据本研究的主旨进行适当的修改。在正式发放问卷之前，邀请了几位企业高层技术管理人员进行了预填写，并根据他们的反馈，结合专家意见对问卷进行了调整。本次的问卷题项采用李克特七点量表，1表示非常不同意，7表示非常同意。

（1）被解释变量的测量

集群的创新绩效参考了杨皎平（2012a）和李庆满（2013）的调查量表，采用了“集群新产品数或申请的专利数逐年增加”“集群新产品产值占销售总额的比重日益增加”“集群新产品的开发速度逐渐加快”“集群创新产品的成功率相对提高”4个题项来测量。

（2）中介变量的测量

本研究的中介变量有“知识共享效应”和“拥挤效应”，其中对“知识共享效应”的测量参考了Visser（2007）和Sventina（2008）的调查量表，采用“公司经常与本地客户交流获得相关信息和知识”“公司经常与本地供应商交流获取相应信息”“公司与本地同行企业保持有密切的非正式的交流”“公司与本地高校、研究机构保持的交流和合作”“公司近期引进的人员多为本地人员”共5个测项；“拥挤效应”参考了杨皎平（2012b）的量表，采用“本地企业之间价格竞争激烈”“本地企业营销竞争激烈”“本地企业的利润率很低”3个题项来测量。

（3）解释变量的测量

本研究的解释变量为地理邻近，鉴于这一变量的意义很明显且容易取得客观数据，我们没有设置相关量表，而是采用了李琳（2012）的测量方法，即地理邻近（GP）＝企业数密度×交通通达度。

（4）控制变量

本研究将被调查集群企业所处的产业因素、政府因素以及与科研院所的互动因素设定为需要加以控制的因素，具体为：①产业因素由“行业的竞争程度较高”等6项问卷；②政府因素由“政府大力支持地方产业园区的建设”等3项问卷；③与科研院所的互动因素由“本地诸多企业与相关科研院所经常进行产学研合作”等5项问卷（杨皎平，2012）。

三、实证检验

1．信度与效度分析

本次调研的多题项变量有被解释变量、中介变量和控制变量，其中控制变量已经证明有良好的信度和效度，因此只考虑被解释变量和中介变量。本次研究获取的数据为横截面数据，因此只需考虑是否满足内在信度的要求，采用Cronbach的一致性系数（α 系数）来考察样本数据的内在一致性，如表 4-1 的第三列所示。

表 4-1 信度和效度分析表

指标	度量题项	Cronbach'α	KMO	内敛效度
知识共享效应 LE	LE_1	0.885	0.893	0.794
	LE_2			0.885
	LE_3			0.797
	LE_4			0.853
	LE_5			0.777
拥挤效应 CE	CE_1	0.842	0.821	0.921
	CE_2			0.925
	CE_3			0.918
创新绩效 IK	IK_1	0.878	0.868	0.947
	IK_2			0.941
	IK_3			0.947
	IK_4			0.928

从表 4-1 中可以看出所有变量的 Cronbach'α 值均大于 0.7，这说明本调查问卷获取的数据内部一致性较好，即问卷具有较高的信度。

问卷效度从内容效度和结构效度两个方面来检验，本研究在借鉴、整理国内外比较成熟的相关量表的基础上，通过专家咨询、对研究团队成员深度访谈获取建议，并通过了预调查和反复修改，因此保证了问卷的内容效度，本研究采用因子分析方法来检验结构效度，表 4-1 第四列和第五列是测量模型效度分析，从表 4-1 可以看出模型通过了效度检验，4 个变量的 KMO 值均大于 0.7，而且各观测变量的因子载荷均大于 0.5，因此问卷具有显著的结构效度。

为了使用计量经济学的回归分析方法，本书将“知识共享效应”对应 5 个指标的取值平均为一维变量 LE；类似，将“拥挤效应”对应 3 个指标降维一维变量 CE，将“技术创新绩效”对应的 4 个指标降维为一维变量 IK，对应被调查集群所处的产业因素、政府因素以及与科研院所的互动因素降维后的变量分别记为 c_1，c_2，c_3，地理邻近 GP 为一维变量，不需要处理。

2. 描述统计和相关分析

表 4-2 描述了有关自变量、因变量及控制变量的标准差，以及变量间的相关系数情况。由表 4-2 可以看出，地理邻近与知识共享效应之间存在显著的正相关性，而地理邻近与拥挤效应之间的相关系数虽然是正的，但是显著性相对较低；知识共享效应与集群创新绩效显著正相关；拥挤效应与集群创新绩效显著负相关；地理邻近与集群创新绩效存在弱相关关系。

表 4-2 相关性分析结果

	标准差	2	3	4	5	6	7
地理邻近：1	1.714	0.699**	0.767*	0.121	0.116	−0.102	−0.050
知识共享效应：2	1.690		−0.661**	0.577**	0.179*	−0.077	0.031
拥挤效应：3	1.703			−0.173**	0.046	−0.038	−0.089
集群创新绩效：4	1.321				0.277**	0.377**	0.437**
产业因素：5	1.836					0.107	−0.036
政府因素：6	1.721						−0.018
与科研院所互动：7	1.704						

注：* $p<0.05$；** $p<0.01$；*** $p<0.001$。

表 4-3 回归检验结果

解释变量	模型 1 IK	模型 2 IK	模型 3 IK	模型 4 IK	模型 5 LE	模型 6 CE
c_1	0.202**	0.194**	0.087**	0.147**		
c_2	0.233**	0.237**	0.244**	0.248**		
c_3	0.229**	0.221**	0.190**	0.185**		
GP		0.749**	0.298**	0.449**	0.469***	0.762***
GP^2		−0.088**	−0.064**	−0.070**		
LE			0.601***	0.667**		
CE				−0.166**		
Adjusted R^2	0.421	0.541	0.880	0.928	0.461	0.588
F	38.556	37.083	191.488	285.273	137.691	230.515
DW	2.047	1.972	1.878	1.983	2.048	2.049

本书采用了逐步回归分析来检验所提出的假设：表 4-3 为回归模型分

析的结果，其中共涉及 6 个模型，模型 1-4 的被解释变量为集群创新绩效，模型 5 的被解释变量为知识共享效应，模型 6 的被解释变为拥挤效应。模型 1 仅包含控制变量，验证产业因素、政府因素及与科研院所互动是否影响集群创新绩效；模型 2 至模型 4 依次增加了地理邻近及其平方、知识共享效应、拥挤效应。

3. 假设检验及解释

模型 1 只有控制变量而未加入解释变量，从表 4-3 可知模型 1 的估计结果显示模型具有显著性，后续的模型在此基础上增加了解释变量，下面分析本书的相关假设：

（1）地理邻近与集群创新绩效

模型 2 在模型 1 的基础上加入地理邻近 GP 和其二次方 GP^2 后的估计结果中 GP 一次项系数为正，且具有显著性，二次项系数为负，也具有显著性，即证实了假设 H5，说明了地理邻近倒 U 型影响集群的创新绩效。

这进一步验证了学者们所认为的“地理邻近与集群的创新绩效两者的关系是非线性、辩证的”这一观点，导致地理邻近与集群创新绩效倒 U 型关系的内在原因是地理邻近对集群创新既有正效应又有负效应，并且在集群密度较小时，地理邻近的正效应占主导地位，所以随着地理邻近的增加，集群的创新绩效也增加，在集群密度过大时，地理邻近的负效应开始占据主导地位，此时随着地理邻近的增加，集群的创新绩效将减小。通过学者们的研究成果可以看出，地理邻近的正效应主要有交通成本的降低、沟通成本的降低、知识共享效应和知识溢出效应增加，地理邻近的负效应主要有因为信息渠道的闭锁、知识溢出的负外部性以及拥挤效应，笔者认为从技术创新层面，地理邻近的正效应最直接的就是知识共享效应，而负效应中，相关学者已经证明我国当前的产业集群尚未出现信息闭锁，因此主要是知识溢出的负外部性和拥挤效应，而知识溢出负外部性的凸显与同质化、恶性竞争是分不开的，这均为拥挤效应的表现，这在当前我国部分产业集群中已有体现。

（2）知识共享效应与集群创新绩效

模型 3 在模型 2 的基础上加入知识共享效应 LE 后，LE 的系数为正，且具有显著性，即证明了假设 H2，说明集群的知识共享效应与集群创新绩效正相关。

孤立的环境是无法进行技术创新活动的，创新离不开组织内部、组织之间的交流和学习，关于知识共享效应和集群创新的关系已经被学者们广泛深入地进行了研究，国内外相关文献在论述产业集群的创新时均强调了集体学习机制，大量的实证研究也表明集群企业间的知识共享效应对于集群内的创新与整个区域的经济活力有着显著的联系。实质上集群式创新之所以具有创新优势就是因为集群网络为集群企业的技术创新提供了一个知识密集并且易于相互学习的知识平台，在集群内部知识的丰富和密集、知识的溢出与共享都促进了相互学习从而提高了集群创新绩效。

（3）拥挤效应与集群创新绩效

模型 4 在模型 3 的基础上加入拥挤效应 *CE* 后，*CE* 的系数为负，且具有显著性，即证明了假设 H4，说明集群的拥挤效应与集群创新绩效负相关。

在城市化和产业集群形成过程中存在拥挤效应和离心力，并不是什么新观点，通过对相关文献的整理发现，多数文献所指的拥挤效应包括土地租金和住房价格的上升，交通阻塞等外部规模不经济现象以及由此导致的环境污染、居住空间的狭小，绿地面积的减少和工资成本的上升等与人口生活紧密相关的问题。近年来的文献才逐渐从生产要素、市场竞争等方面对拥挤效应进行了扩展，本书从技术创新的角度所指的拥挤效应除了上述内容外，更多的是由于集群企业密度的过大、同质化的严重而导致的企业在投入要素和产品销售方面的恶性竞争。从单个企业来说，这种拥挤效应导致企业的投入成本增大、利润空间缩小，使得企业的创新投入减少，从企业间的关系来说，拥挤必然伴随恶意竞争，必然降低企业间的信任，增加相互之间的敌意，因此不利于企业间的合作创新，所以拥挤效应与集群创新绩效负相关。

（4）地理邻近与知识共享效应

模型 5 中 *GP* 的系数为正，且具有显著性，说明了地理邻近与知识共享效应是稳健的，即证明了假设 H1，说明地理邻近与集群企业间的知识共享效应正相关。

地理邻近有利于组织间的学习这一观点已被大多数文献所证实，本书认为地理邻近促进了集群企业间的学习主要有客观和主观方面，客观方面是因为地理邻近降低了知识传递的时间，地理邻近降低了知识传递的损失从而增加了知识共享效应，主观方面则由于地理邻近催生了组织邻近，从而降低了组织间交流的沟通成本，激励了企业间的相互学习。当然也有学者指出过度的地理邻近不利于组织间的学习，因为地理邻近所导致的知识溢出具有负外部性，笔者认为增加知识溢出的负外部性的罪魁不是地理邻近，而是企业间的过度竞争，企业间利益的不一致，如果集群企业间的关系是共生的而不是竞争的，地理邻近并不必然增加知识溢出的负外部性。

（5）地理邻近与拥挤效应

模型 6 中 *GP* 的系数为正，且具有显著性，说明了地理邻近与拥挤效应也是稳健的，即证明了假设 H3，说明地理邻近与集群企业间的拥挤效应正相关。

如前所述，集群规模过大，密度过大而导致的地理邻近具有拥挤效应已经被学者们所证实，这也正是一个城市存在最优规模（肖文，2011）的原因所在。基于此，笔者需要说明的是本书的地理邻近不是少数几个企业（更不是两个企业）间的地理邻近，而是从产业集群的层面众多企业之间的地理邻近，这种地理邻近与集群规模，企业密度是紧密联系的，这从本书对地理邻近变量的测量上也可以看出。因此本书所指出的地理邻近具有拥挤效应和学者们指出的集群最优规模和城市最优规模的机理是一致的。实际上已有文献证明我国南方的一些纺织产业集群由于集聚过度已经存在了较为明显的拥挤效应（唐根年，2010）。

总之，通过上面的分析，可以看出地理邻近兼具有知识共享效应和拥挤效应，所以导致了地理邻近对集群创新绩效的倒 U 型影响。

第四节　结论与管理启示

一、研究结论

首先，在对相关研究成果梳理的基础上提出了本书的研究框架，在该研究框架中，认为地理邻近同时存在学习效应和拥挤效应，学习推动了集群企业技术创新，拥挤效应阻碍了集群企业技术创新。

然后，基于本书的理论框架提出了本书的研究假设，采用了回归分析的方法对研究假设进行实证分析。实证分析以地理邻近为解释变量，以集群技术创新绩效为被解释变量，以学习效应和拥挤效应为中介变量，以集群所处的产业因素、政府因素以及与科研院所的互动因素为控制变量，选择我国部分地区的产业集群为样本，研究证明：地理邻近与技术创新之间存在倒U型影响关系。

集群企业间的地理邻近与集群企业的创新绩效两者的关系是非线性、辩证的，一方面地理邻近具有学习效应，由于地理邻近企业间人员交流和物资来往的所需交通和运输成本大大降低，由于地理邻近技术创新所需的知识特别是隐性知识传递更加容易，由于长期的地理邻近所产生的组织邻近、认知邻近使得集群企业间更愿意进行相互合作和交流；但另一方面集群的地理邻近又具有拥挤效应，地理过于邻近造成区域的生产要素价格上升，产品价格下降，地理过于邻近使得企业间的竞争更加激烈从而不利于相互信任和合作，地理邻近使得相互竞争的企业间的知识溢出负效应更加明显，不利于知识产权的保护，从而不利于技术创新。地理邻近的正效应和负效应是同时存在的，在不同产业集群生命周期的不同阶段往往出现一种效应大于另一种效应的现象，因此便会出现一些人观察到了地理邻近的正效应，一些人注意到了地理邻近的负效应（李琳，2012）。

二、管理启示

在各地的产业集群建设过程中，应该合理引进相关企业或配套企业进入，充分发挥地理邻近性的最大效应。在产业集群发展的一般阶段中，地理邻近性有利于知识溢出，降低交易成本，促进产业集群创新产生；而当产业集群处于较为成熟阶段，地理邻近性可能会出现过度现象，即“自封闭”“锁定”“拥挤”等现象，导致地理邻近对产业集群创新产生负的影响效应，阻碍创新能力。因此各地的产业集群在体制与指导建设中可以从如下几方面入手：

（1）在构建地方网络的同时加强与全球网络的融合，既保证区域内知识流动的畅通和有效的集体学习，又能充分吸收外部的知识。

（2）建立稳定而有弹性的制度、文化体系，既促进区域内企业之间的合作与诚信，降低不确定性，又能确保新企业顺利进入。

（3）加强区域内外企业的产业联系，同时避免区域内企业高度的同质化，培育区域产业集群，使其同时具备适度的地理邻近、社会邻近和行业邻近。

本章参考文献

[1] Cig. Cross-Border Retailing in Europe [R]. The Corporate Inteligence Group，London，1991.

[2] Grinnel J. Geography and evolution [J]. Ecology，1942，5 (2)：113-224.

[3] Levins R. Evolution in Changing Environmenmts [M]. New jersey，U. S. A：Princeton University Press，1986.

[4] Sedgley N，Elmslie B. Agglomeration and congestion in the economics of ideas and technological change [J]. American Journal of Economics and Sociology，2001，60 (1)：101-121.

[5] Svetina A V，Jaklic M. Collective learning channels in clusters [J]. Economic and Business Review，2008，10 (4)：289-306.

[6] Visser E J，Atzema O. Beyond cluster：Forstering innovation through a differentiated and combined network approach [D]. Utrecht Universtity，2007.

[7] 党兴华，常红锦．网络位置、地理邻近性与企业创新绩效：一个交互效应模型 [J]．科研管理，2013，34 (3)：7-30.

[8] 段晓峰，许学工．基于GIS的北京山区优势林分生态位分析 [J]．地理科学，2008，28 (5)：667-671.

[9] 郭新燕，原毅军．产业集群的密度与规模 [J]．软科学，2008，22 (4)：68-71.

[10] 李辉，白绪贵，姜军．基于规模的产业集群“集聚效应”研究 [J]．社会科学战线，2009 (12)：68-70.

[11] 李琳，熊雪梅．产业集群生命周期视角下的地理邻近对集群创新的动态影响：基于对我国汽车产业集群的实证 [J]．经济与区域发展，2012，31 (11)：2017-2029.

[12] 李庆满，杨皎平，金彦龙．集群内部竞争、技术创新力与集群企业技术创新绩效 [J]．管理学报，2013，10 (5)：1-8.

[13] 李少星，顾朝林．长江三角洲产业链地域分工的实证研究——以汽车制造产业为例 [J]．地理研究，2010，29 (12)：2132-2142.

[14] 李志强，冀丽俊．市场结构与技术创新——兼论中国企业技术创新的市场结构安排 [J]．中国软科学，2001 (10)：29-33.

[15] 李中东，王发明．产业集群风险分析：基于产业生态的视角 [J]．科学学研究，

2009，27（2）：214-219.

[16] 肖文，王平．外部规模经济、拥挤效应与城市发展：一个新经济地理学城市模型［J］．浙江大学学报·人文社会科学版，2011，41（2）：84-105.

[17] 闫逢柱，乔娟．产业集聚一定有利于产业成长吗？——基于中国制造业的实证分析［J］．经济评论，2010（5）：63-71.

[18] 杨蕙馨，刘敬慧．市场结构、技术创新与彩电企业竞争力——从国内彩电价格战谈起［J］．南开经济研究，2002（1）：45-49.

[19] 杨皎平，金彦龙，戴万亮．网络嵌入、学习空间与集群创新绩效：基于知识管理的视角［J］．科学学与科学技术管理，2012a，33（6）：51-58.

[20] 杨皎平，刘丽颖，牛似虎．集群企业竞争强度与创新绩效关系的理论与实证——基于集群企业同质化程度的视角［J］．软科学，2012b（4）：23-27.

第五章　认知邻近对集群创新的推动与阻滞

由于学者们研究目的不同、分析视角各异，出现了同一邻近概念界定不清和不同维度邻近概念交义重叠的现象，而多维邻近概念的模糊性制约了对邻近性论题的深入探讨，使得对邻近性的定量测度无从谈起。据此，笔者根据不同维度邻近概念之间的可分性和可测度性原则，从组织合作视角对多维邻近性进行重新划分和界定，将多维邻近性划分为地理邻近和认知邻近。下面讨论认知邻近与集群创新绩效的关系。

第一节　理论框架的建立

一、企业类型与企业间的强弱关系

我国的地方产业集群有两种基本形态：一是“小企业群生型”，另一个是“核心企业领导型”，实际上随着集群的发展，产业集群逐渐向“核心企业领导型”的集群形态演化。一个产业集群往往由几个占据主导地位的核心企业，以及与每个核心企业关系紧密的配套企业组成，这些企业相互竞争合作构成了一个企业群落。

在产业集群内部，同质的企业之间，如核心企业之间、配套企业之间以竞争关系占主体，核心企业与配套企业之间则以合作关系占主体（林竞君，2005）。因此，核心企业间的认知距离往往较远，而核心企业与配套企业的认知距离往往比较邻近。

核心企业之间的认知距离比较远是因为：核心企业之间往往生产或开发着同种或者同类产品，为同质性的企业，他们之间进行产品数量和技术创新的竞争，不可能建立起那种联系紧密的强关系。但是由于地理的邻近性以及乡缘、学缘等社会关系的原因，在面临与集群外部企业竞争时，或者在集群发展的转折期，这些核心企业往往会进行一定程度的合作。

核心企业与配套企业认知距离比较近是因为：为了应对快速变化的市场竞争，核心企业往往只保留具有核心竞争力的业务环节，将其他非核心业务外包给配套企业，与之形成一个环环相扣的协作系统（薛风平，2009）；反过来，中小型的配套企业也在千方百计地争取核心企业的配套订单以维持自己的发展，这两方面的原因使得核心企业与配套企业往往建立一种紧密的合作关系。

二、技术创新模式

Benner 等学者根据技术创新与企业现有知识、技术轨迹关系的不同将技术创新分为探索式创新和利用式创新两种模式（Hansen，1999）。

探索式创新是寻求新的技术发展轨迹，是对全新计划的尝试，往往伴随一系列异质性的产品创新和工艺创新，通过探索式创新所产生的知识与企业现有的知识有较大的差异，甚至之前从未被采用过。这种创新模式以发现、试验、冒险和创新为特点，倾向于脱离组织当前已有的知识，旨在探索全新的知识领域。

利用式创新是利用现有知识进行适应性的、回避性的学习以提高运作效率，是对现有成本的改进，是建立在现有技术发展轨迹基础之上的，比如，对现有产品的更新换代。这种创新以精炼、执行、效率和选择为特点，旨在全面充分利用组织已有的知识，其实质是对现有竞争力、技术和范式等的深化和延伸。

我们认为两种创新模式是互为补充的，并且是可以共存的。利用式创新增加了企业知识的积淀，为探索式创新奠定了平台基础，探索式创新吸收了异质性元素，增加了知识宽度，更利于组织内部的利用式创新，并同时启动了新一轮的利用式创新。集群创新是探索式创新和利用式创新共同作用的结果，两种创新模式在产业集群中互相促进，共同演化。

三、认知邻近与技术创新模式

探索式创新需要多样化的能力和更加全面的信息，而核心企业之间认知距离较远的优势主要体现在低信息冗余度和低成本两个方面（蔡宁，

2008)，因此探索式合作创新往往发生在核心企业之间。核心企业间的认知距离较远，且各自保持较大的独立性，各自去搜寻或试验全新的知识，从而使得每个企业技术创新轨迹相对独立。一旦核心企业之间需要进行研发合作时，由于相互之间的信息冗余度低、创新资源异质性强，便能极大促进企业的探索式创新。

当然核心企业之间的认知距离不宜过远，也不宜过近，这是因为过于邻近，相互之间过于了解，必然带来信息的冗余甚至同质化，不利于进行探索式的协作创新，相互之间的认知距离过大，又不利于知识的相互吸收，从而不利于协作创新。

利用式创新是对现有知识的深入挖掘与开发，旨在提高运作效率，对现有成本的改进，而核心企业与配套企业之间认知邻近的优势主要体现在长期互利互惠、合作稳定以及知识共享充分等方面，为利用式创新提供了稳定的外部环境。

核心企业与配套企业之间的认知邻近使得企业之间相互信任，互惠互利，减少了技术创新时的沟通和交易成本，保证了合作网络的稳定性。在需要技术创新时，合作双方会形成高质量的互动，而不需要反复地相互解释和协调，同时合作双方都会信任对方有能力并积极主动地从事技术创新活动，因而自己也会积极主动地参与到创新活动中去，减少了机会主义的产生。

四、研究框架

从上面的分析可以看出认知邻近有利于集群企业间知识的吸收，认知距离过于邻近则不利于获取新颖性知识。即集群企业间的认知邻近对技术创新既有推动力又有阻滞力，这两种力量是随着集群的演化而不断演化的，两者之间的平衡决定了认知邻近对技术创新的最终作用，但本书认为，虽然地理邻近与集群创新绩效呈倒 U 型影响，但在不同的情形下，倒 U 型曲线关系具有不同的适用程度。因此，这里区分了探索与利用两种不同的情形。在探索型关系下，认知邻近对新颖性价值的负面影响占主导，在利用型关系下，认知邻近对吸收能力的正面影响占主导，因此，这里希望区分探索与利用两种不同情形，探讨认知邻近对创新绩效的不同影响。

因此根据上面的分析建立如图 5-1 的理论框架。

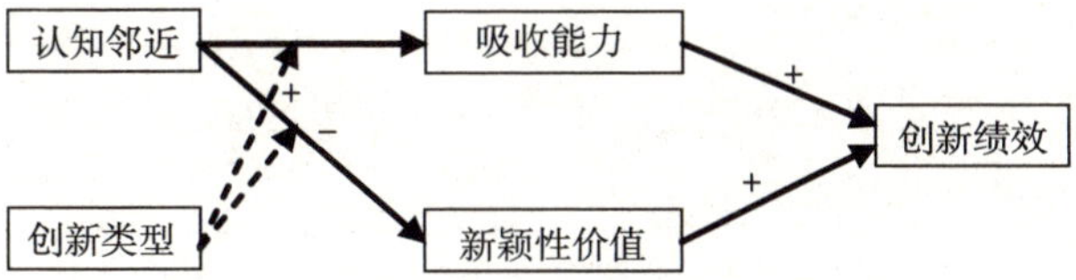

图 5-1　理论模型

第二节　博弈论模型

一、模型假设

根据前面的理论分析，为了模型分析方便，做如下假设：

（1）产业集群由两个同质的核心企业 h_1，h_2 和两个同质配套企业 n_1，n_2 组成，核心企业之间的认知邻近程度为 ρ_{out}，相互之间进行研发合作是为了探索式创新；核心企业 h_i 与其配套企业 n_i 的认知邻近程度为 ρ_{in}，企业之间的协作创新行为属于利用式创新。

（2）市场的反需求函数为线性函数 $P=a-bQ$，其中 a 和 b 为需求曲线的参数，a 代表价格的上限，b 代表价格的变化率，因此满足 $a>0$，$b>0$，其中集群的总产量 $Q=q_i+q_j$（i，$j=1$，2；$i\neq j$），P 为产品价格，特别的令 $b=1$，则 $P=a-Q$。

（3）核心企业的生产成本为 c_h，配套企业的生产成本为 c_n，两者之间中间产品的交割价格为 w，最终产品的市场价格为 p；核心企业的创新投入分探索式创新投入 x_i 和利用式创新投入 y_i^h，配套企业只进行利用式创新投入为 y_i^n。创新使得企业的生产成本降低，同时也带来创新成本，令核心企业的创新成本分别为 $0.5mx_i^2$ 和 $0.5m\,(y_i^h)^2$，配套企业的创新成本为 $0.5m\,(y_i^h)^2$（其中 $m>0$）。

（4）采用吴先华等（2008）的观点，探索式协作创新是吸收能力和新颖性价值共同作用的结果。假设核心企业之间信息吸收能力为 $f_2\,(\rho_{out})=a_2+b_2\rho_{out}$，即认知邻近程度越大，越利于知识的相互吸收；核心企业之间信息的新颖性为 $g\,(\rho_{out})=c-d\rho_{out}$，即认知邻近程度越低，异质性信息越多。对于核心企业与配套企业的利用式创新，只考虑企业之间知识共享或知识溢出的能力，设其为 $f_1\,(\rho_{in})=a_1+b_1\rho_{in}$，即认知邻近程度越大，越利于知识共享。

结合假设 3 与假设 4 令核心企业参与探索式创新和利用式创新后成本的降低值为：

$$\Delta c_{h_i} = y_i^h + f_1(\rho_{in})y_i^n + g(\rho_{out})(x_i + f_2(\rho_{out})x_j) \qquad (式 5\text{-}1)$$

配套企业参与利用式创新后成本降低值为：

$$\Delta c_{n_i} = y_i^n + f_1(\rho_{in})y_i^h \qquad (式 5\text{-}2)$$

为了使模型具有实际意义，要求式 5－1、式 5－2 中 $0 \leqslant f_1(\rho_{in}) \leqslant 1$，$0 \leqslant f_2(\rho_{out}) \leqslant 1$，$0 \leqslant g(\rho_{out}) \leqslant 1$。

核心企业和配套企业的利润函数如式 5－3 与式 5－4 所示。

$$\Pi_{hi} = (p - w - c_h + \Delta c_h)q_i - \frac{1}{2}m(y_i^h)^2 - \frac{1}{2}mx_i^2 \qquad (式 5\text{-}3)$$

$$\Pi_{ni} = (w - c_n + \Delta c_n)q_i - \frac{1}{2}m(y_i^n)^2 \qquad (式 5\text{-}4)$$

二、模型的建立及求解

集群企业之间进行以下三阶段博弈：第一阶段，两个核心企业协同探索式创新，以降低产品成本；第二阶段，两个核心企业在产品生产方面相互竞争，各自决定企业的最终产品产量；第三阶段，给定核心企业的探索式创新投入和产品产量，核心企业与配套企业协同利用式创新，优化集团利润。

整个博弈过程是一个三阶段完全信息动态博弈，存在子博弈精炼纳什均衡，可以采用逆向归纳的方法求解。

第三阶段：

核心企业 h_i 和配套企业 n_i 共同优化集团利润函数：

$$\Pi_i = \Pi_{hi} + \Pi_{ni} = [a - q_i - q_j - c_h - c_n + y_i^h + y_i^n + f_1(\rho_{in})y_i^h + f_1(\rho_{in})y_i^n + g(\rho_{out})(x_i + f_2(\rho_{out})x_j)]q_i - \frac{1}{2}m(y_i^h)^2 - \frac{1}{2}m(y_i^n)^2 - \frac{1}{2}mx_i^2 (i = 1,2)$$

(式 5-5)

根据一阶最优化条件，得到核心企业 h_i 和配套企业 n_i 的利用式创新投入为：

$$y_i^h = y_i^n = y_i^e = [1 + f_1(\rho_{in})]q_1/m = kq_1 \quad (i = 1,2) \qquad (式 5\text{-}6)$$

其中，$k = [1 + f_1(\rho_{in})]/m$。

第二阶段：

两个核心企业进行双寡头产品竞争博弈，分别决定各自企业的产品产量，以优化各自的利润函数：

$$\Pi_{hi}=[a-q_i-q_j-w-c_h+(1+f_1(\rho_{in}))kq_i+g(\rho_{out})(x_i+f_2(\rho_{out})x_j)]q_i$$
$$-\frac{1}{2}m(kq_i)^2-\frac{1}{2}mx_i^2\quad(i=1,2)\qquad(式 5\text{-}7)$$

其中 $a-w-c_h>0$。

根据一阶最优化条件：

$$\begin{cases}\partial\,\Pi_{h1}/\partial\,q_1=0\\\partial\,\Pi_{h2}/\partial\,q_2=0\end{cases}$$

求出纳什均衡下的产量为：

$$q_i=\frac{1}{\gamma^2-1}\Big\{(\gamma-1)(a-w-c_h)+g(\rho_{out})\times[(\gamma-f_2(\rho_{out}))x_i$$
$$+(\gamma f_2(\rho_{out})-1)x_j]\Big\}\quad(i=1,2)\qquad(式 5\text{-}8)$$

其中 $\gamma=mk^2+2(1-k(1+f_1(\rho_{in})))=2-mk^2=2-(1+f_1(\rho_{in}))^2/m$。

因为 $0\leqslant f_1(\rho_{in})\leqslant 1$，所以 $\gamma\in[2-4/m,\ 2-1/m]$，最优产量的二阶条件要求 $\gamma>0$，故而 $m>2$。

参照文献霍沛军（2002）的推演思路，得到此时的利润函数为：

$$\Pi_{hi}=\frac{1}{\phi}\Big\{(\gamma-1)(a-w-c_h)+g(\rho_{out})\times$$
$$[(\gamma-f_2(\rho_{out}))x_i+(\gamma f_2(\rho_{out})-1)x_j]\Big\}^2-\frac{1}{2}mx_i^2\quad(i=1,2)$$

（式 5-9）

其中 $\phi=[(\gamma^2-1)^{-2}+(2-\gamma)/2]^{-1}$。

第一阶段：

两个核心企业通过研发合作，决定各自的创新投入，以实现 max（$\Pi_{h1}+\Pi_{h2}$）最大化，将式 5-9 代入 $\Pi_{h1}+\Pi_{h2}$ 并利用一阶优化条件可以得到：

$$x_i=x_j=x^e=\frac{(a-w-c_h)\lambda}{0.5m\delta-\lambda^2}\qquad(式 5\text{-}10)$$

其中 $\lambda=g(\rho_{out})(1+f_2(\rho_{out}))$，$\delta=\dfrac{\phi}{(\gamma-1)^2}=\dfrac{2(\gamma+1)^2}{2+(2-\gamma)(\gamma^2-1)^2}$，并且满足 $0.5m\delta-\lambda^2>0$。

三、模型分析及结论

容易验证：$\frac{dx^e}{d\lambda}=\frac{[(0.5m\delta+\lambda^2)(a-w-c_h)]}{(0.5m\delta-\lambda^2)^2}>0$。

即均衡的创新投入 x^e 是 λ 的增函数，而 λ 是一个关于 ρ 开口方向朝下的二次函数：

$$\lambda(\rho_{out})=g(\rho_{out})(1+f_2(\rho_{out}))=-db_2x^2+(cb_2-da_2)x+ca_2$$

（式 5-11）

当 $\rho_{out}^*=(cb_2-da_2)/2db_2$ 时，$\lambda(\rho_{out})$ 取得最大值，当 $\rho\leqslant\rho_{out}^*$ 时，随着核心企业之间认知邻近程度增加，核心企业的探索式创新投入逐渐增加；当 $\rho\geqslant\rho_{out}^*$ 时，随着核心企业之间认知邻近程度的增加，核心企业的探索式创新投入逐渐减少；当 $\rho=\rho_{out}^*$ 时核心企业的探索式创新投入最大。

结论 1：核心企业之间的认知邻近程度保持一定的度，即保持一定的认知距离，当这种认知距离过大或过小都不利于核心企业的探索式创新。

注意到 $\frac{d\gamma}{d\rho_{in}}<0,\frac{d\delta}{d\gamma}>0,\frac{dx^e}{d\delta}<0$，所以 $\frac{dx^e}{d\rho_{in}}=\frac{dx^e}{d\delta}\times\frac{d\delta}{d\gamma}\times\frac{d\gamma}{d\rho_{in}}>0$，因此有如下结论：

结论 2：核心企业与配套企业之间的认知邻近程度越强，导致核心企业与核心企业在探索式创新合作中的创新投入也越多。

将式 5-10 代入式 5－8 得到：

$$q_i=\frac{1}{\gamma+1}\left\{(a-w-c_h)+g(\rho_{out})\times(1+f(\rho_{out}))x^e\right\}$$ （式 5-12）

因为 $\frac{d\gamma}{d\rho_{in}}<0,\frac{dx^e}{d\rho_{in}}>0$ 容易证明 $\frac{dq_i}{d\rho_{in}}>0$，结合式 5-6 可知 $\frac{dy_i^e}{\rho_{in}}>0$，因此有如下结论：

结论 3：核心企业与配套企业之间的认知邻近程度越强，核心企业与配套企业在利用式创新合作中的创新投入也越多。

同时注意到 $\frac{dy_i^e}{dq_1}=k>0,\frac{dq_1}{dx^e}>0$，因此 $\frac{dy_i^e}{dx^e}=\frac{dy_i^e}{dq_1}\times\frac{dq_1}{dx^e}>0$，进而有如下结论：

结论 4：核心企业之间的探索式创新投入增加，导致核心企业与配套企业的利用式投入也随之增加。

结论 1 和结论 3 说明，核心企业之间的适度认知邻近有利于探索式创新，核心企业与配套企业之间的强认知邻近有利于利用式创新，这与前面的理论分析是一致的。

特别值得注意的是，结合结论 2 和结论 3 可以发现，核心企业与配套企业关系认知邻近程度 ρ_{in} 的增加，不仅促进了核心企业与配套企业的利用式创新，而且促进了核心企业之间的探索式创新；结论 1 和结论 4 则说明，核心企业之间保持一定程度的认知距离，不仅促进了核心企业之间的探索式创新，也促进了核心企业与配套企业的利用式创新。这与前面提及的利用式创新与探索式创新是互为补充、可以共存的观点相一致。

第三节　实证分析

为了验证前面的结论，提出如下两个假设，并进行实证分析。

H1：核心企业与核心企业之间的认知邻近与探索式创新呈倒 U 型关系

H2：核心企业与配套企业之间的认知邻近与利用式创新呈正相关关系

一、变量的定义与问卷设计

核心企业的创新绩效分为探索式创新 NCX_1 和利用式创新 NCX_2，其中 NCX_1 用“在创新伙伴的加盟下，我们共同开发了新技术”“在创新伙伴的加盟下，我们共同开拓了新市场”“在创新伙伴的加盟下，我们共同引入了新产品”“在创新伙伴的加盟下，我们扩展了产品种类”4 个题项来测量；NCX_2 用“在合作伙伴的参与下，我们有效提升了现有产品质量”“在合作伙伴的参与下，我们显著提高了产品的通用性”“在合作伙伴的参与下，我们有效降低了产品的成本”“在合作伙伴的参与下，我们巩固了现有的市场”4 个题项来测量。

核心企业与配套企业之间的认知邻近程度用 NNQ 表示，用“合作伙伴与本企业都能信守承诺”“合作伙伴与本企业能尽可能地相互提供所需的信息”“我们为合作创新投入了大量的资金和设备”“合作伙伴与本企业共享紧密的社会关系”“我们与合作伙伴之间非正式的交流持续了很多年”5 个题项来测量。

核心企业之间的认知邻近程度用 NWQ 表示，用“我们与创新伙伴之间的非正式交流非常频繁”“我们与创新伙伴之间从公司高层到一般员工进行全面的信息共享”“我们与创新伙伴进行多项目的全面合作”“我们为双方的合作投入了大量的社会资源”共 4 个题项进行测量。

将核心企业的自身因素、产业因素、政府因素以及与科研院所的互动因素设定为需要加以控制的因素，具体为：核心企业自身因素有“企业有雄厚的资金和技术创新资源”等 4 项问卷，产业因素有“行业的竞争程度较高”等 6 项问卷，政府因素有“政府大力支持地方产业园区的建设”等 3 项问卷，与科研院所的互动因素有“贵公司与相关科研院所经常进行产学研合作”等 5 项问卷。

二、样本数据

调查对象是辽宁省、山东省、浙江省一些核心企业，这些企业多为整机型、总装型的本地集群产业链的终端企业，均在本行业具有一定竞争力和影响力，抽样对象具有一定代表性。其中共访谈 19 家目标企业，经当面填写回收有效问卷 21 份；通过其他渠道共发放问卷 59 份，回收 43 份，其中有效问卷 37 份。共计发放问卷 80 份，有效回收 58 份，有效回收率为 72.5%。

三、研究方法

用 SPSS 的因子分析功能模块，将“探索式创新绩效”对应 4 个指标作为一个因子，记为 NCX_1；将“利用式创新绩效”对应 4 个指标作为一个因子，记为 NCX_2；将核心企业之间认知邻近程度对应的 4 个指标作为一个因子 NWQ；将核心企业与配套企业之间认知邻近程度对应的 5 个指标作为一个因子 NNQ。

对应与核心企业的自身因素、产业因素、政府因素以及与科研院所的互动因素的 4 个因子分别记为 c_1，c_2，c_3，c_4。

对这 8 个因子进行信度分析，分别计算其 Cronbach’ α 值，各因子 α 值均在 0.700 以上，分别为 0.784、0.731、0.782、0.779、0.714、0.732、0.785、0.802。说明具有一定的可信度；同时 8 个因子单独或几个对各因素的累计方差总体解释率最大为 81.07%，最小的也有 64.6%，显示测量具有较好的结构效度。

分别以 NCX_1 和 NCX_2 为因变量，以 NNQ 和 NNQ^2，NWQ 和 NWQ^2 为自变量，以 c_1，c_2，c_3，c_4 为控制变量，采用分层回归方法分别对模型进行估计，回归结果如表 5-1 所示。

表 5-1　回归分析结果

	因变量		因变量	
	NCX_2		NCX_1	
解释变量	模型 1	模型 2	模型 3	模型 4
c_1	0.362***	0.392***	0.503*	0.464**
c_2	0.200**	0.160**	0.111*	0.226*
c_3	0.230**	0.222**	0.263**	0.227**
c_4	0.219**	0.199**	0.257**	0.250**
NNQ		0.299**		
NNQ^2		−0.0198		
NWQ				0.0503
NWQ^2				−0.322**
Adjusted R^2	0.460	0.567	0.502	0.552
F	13.160	13.461	15.355	12.721
DW	1.813	2.219	2.320	2.11

注：*** 表示在 0.001 水平下统计显著，** 表示在 0.05 水平下统计显著，* 表示在 0.10 水平下统计显著。

四、假设检验

以核心企业利用式创新绩效为因变量，模型 1 只有控制变量而未加入解释变量的估计结果显示模型具有显著性（$F=13.160$）；在模型 1 的基础上加入认知邻近程度 NNQ 和其二次方的模型 2 估计结果显示，NNQ 一项系数为正，且具有显著性（$\beta=0.299$，$P<0.05$），二次项的系数不显著。这说明核心企业与配套企业之间认知邻近程度与核心企业的创新绩效呈正相关。这与 Hasen（1999），Duysters（2002）等众多学者观察到的现象吻合。即证实了假设 H2，说明核心企业与配套企业认知邻近形成的信任关系利于企业的利用式创新。

以核心企业探索式创新绩效为因变量，模型 3 只有控制变量而未加入解释变量的估计结果显示模型具有显著性（$F=15.355$）；而在模型 3 的基础上加入认知邻近程度 *NWQ* 和其二次方的模型 4 估计结果显示，认知邻近程度与集群创新绩效之间的关系不显著，而其二次项的系数显著（$\beta=-0.322, P<0.05$）。这说明核心企业之间的认知邻近程度与企业的探索式创新绩效呈倒 U 型关系，这与 Uzzi（1997）等实证分析的结论一致，即证实了假设 H1，说明核心企业之间的适度的认知距离形成的异质性知识共享利于企业的探索式创新。

第四节 结论与管理启示

一、结论

集群企业之间的认知距离的远或近哪个更利于集群企业的创新，集群企业应该保持什么样的认知距离，一直是学者们争论的焦点。蔡宁（2008）等认为，认知距离应该具有动态转换的特性，针对不同的创新模式应该选择不同的认知邻近强度，本书认同该观点，对于一个企业来说，与其上下游配套企业发展强关系维持认知邻近是集群发展的选择，同时认知邻近对相互构成的创新网络进行利用式创新也是十分有利的；而与其竞争对手由于产品的竞争，不可能建立起强关系，只能通过在一定的认知距离下相互交流，同时这种保持距离的认知邻近对于各自保持异质性信息进而为探索式创新提供了有利条件。如果刻画一个理想的集群网络认知距离图，该图中节点企业之间的连线将应该是“有远有近”，集群企业不应该单纯地追求认知距离远或近，而应该选择与谁保持认知近距离，与谁保持认知远距离。

本书采用博弈论模型和实证分析均证实了这一观点，同时研究发现，探索式创新和利用式创新不是相互矛盾、相互对立的，集群企业关注一方必然牺牲另一方的观点是错误的。事实上探索式创新和利用式创新是相互促进的，利用式创新积累了前期基础，为探索式创新搭建了吸收新知识的平台；探索式创新为利用式创新提供了信息资源，探索式创新的结果需要经过利用式创新的精炼和执行。

二、管理启示

对于利用式创新来说，认知邻近主要表现为正效应；而对于探索式创新，认知邻近具有两面性。太低的认知邻近性无法营造互利共赢的信任氛围，无法高效得进行知识扩散，从而无法快速提升集群企业各自的知识水平；过度的认知邻近性造成了创新网络中的资源浪费，引发了知识扩散的锁定效应，禁锢了知识创新，不利于知识增长。

为了保持产业集群的长久竞争优势与创新能力，产业集群创新网络应当将认知邻近性控制在合理的范围内，避免极端认知邻近性带来的负面影响。从事探索式创新的高技术企业作为集群创新网络中的核心主体、创新活动的发起者，在网络社会资本匮乏时，应积极加强与其他创新主体的嵌入性关系。在合作伙伴的选择方面，针对同一项科研技术，高技术企业应与创新网络中的大学、研究院所及其他中介机构进行合作创新，共享彼此优势知识，激发创新成果的产生，这样既可以减少合作成本，又可提升创新成功的概率；在网络认知邻近性过度时，高技术应加强外部联系，从集群外部为集群引入新管理理念、新技术方法，增加集群企业的认知多样性，带动整个网络保持长久的创新能力，即寻求网络外具有互补资源的创新主体，增长自身的弱势，冲击现有认知体系，带来创新成果，保持创新活力。

本章参考文献

[1] Hagedoorn J，Duysters G. Learning in dynamic inter-firm networks：the efficicacy of multiple contacts [J]. Organization Studies，2002，23 (4)：525-548.

[2] Hansen MT. The search-transfer problem：the role of weak ties in sharin，knowledge across organization subunits [J]. Administrative Science Quarterly，1999，44：82-111.

[3] Uzzi B. Social structure and competition in interfirm network：the paradox of embeddedness [J]. Administrative Science Quarterly，1997 (6)：26-28.

[4] 蔡宁，潘松挺. 网络关系强度与企业技术创新模式的耦合性及其协同演化 [J]. 中国工业经济，2008 (4)：137-144.

[5] 林竟君．网络、嵌入性与集群生命周期研究：一个新经济社会学的视角［D］．上海：复旦大学，2005.

[6] 吴先华，郭际，胡汉辉．技术联盟企业的认知距离、吸收能力与创新绩效的关系研究［J］．科学学与科学技术管理，2008（3）：53-58.

[7] 薛风平．区域创新系统中合作、资源与产出关系的实证研究［J］．科技进步与对策，2009，26（5）：40-43.

第六章　知识溢出对集群创新的推动与阻滞

知识溢出与产业集群的内生互动性关系决定了知识溢出是影响集群技术创新的主要变量，但知识溢出对技术创新的作用是推动还是阻滞？这个问题在国内外学者当中一直存在较大的争议，关于知识溢出对产业集群创新的推动作用，学者们主要从三个方面进行了论述：(1) 知识溢出有利于集群企业之间的相互学习；(2) 知识溢出促进了知识扩散，可以促进整个集群的技术创新；(3) 知识溢出增加了集群的知识积累，有利于进一步的知识创造。关于知识溢出对技术创新的阻滞效应也表现在三个方面：(1) 主动的知识溢出所形成的共享性知识具有公共产品的性质，容易造成“搭便车”现象，从而遏制了合作创新的成功；(2) 被动的知识溢出所具有的外部性打击了知识溢出方的创新积极性；(3) 知识溢出的风险降低了合作创新的意愿。

为什么对同一问题的研究，不同学者会得到截然相反的结论呢？这与学者们的研究视角、选取的产业集群类型和发展阶段不同有密切关系，因此有必要对知识溢出影响集群创新绩效的内在作用机理进行动态的、辩证的分析。本书试图在相关研究成果的基础上，从集群整体层面出发，通过引入集群的“知识势能”这一中间变量，建立一个集群内知识溢出与集群创新绩效的分析框架，解析知识溢出对集群创新推动和阻碍的内在原因，并分别采用理论和实证两种方法研究知识溢出对集群创新绩效的影响。

第一节　理论框架的建立

借助物理学中“物体由于某一个位置而必然具有一定的势能”的理论，可以认为集群环境下进行技术创新的所有企业共同组成一个知识场，集群中的每个企业成为一个知识主体，产业集群的技术创新能力取决于该知识场的知识势能。物理学中重力势能的定义为 $E=mgh$，其中 g 为常数，m 代表物体的质量，h 代表物体的高度，从某种角度来说 m 代表了一个存量的概念，h 则代表了距离和差异性的一个概念，仿照这一定义，假定产业集群的知识势能为 $E=g\cdot KM^{\alpha}\cdot KH^{\beta}$，其中 KM 代表集群共享性知识的累积度，KH 代表集群企业间知识的差异度，这样集群知识势能的大小与集群共享性知识累积度、集群企业间知识的差异度的乘积成正比。

实质上，“知识势能”这一概念并不是本书的独创。李莉等（2007）借鉴弹性势能提出了知识位势的概念，并定义知识位势 $KP_{ij}=1/2M_{ij}\cdot[f(KW_{ij},KD_{ij})]^2$，其中 M_{ij} 为知识主体 i 在领域 j 的知识存量，KW 代表知识宽度，KD 代表知识深度，$f(KW_{ij},KD_{ij})$ 代表了知识主体之间的差异度。李莉的概念与本书的区别在于，前者从单个企业的角度定义知识位势，而本书则从集群整体的角度定义知识势能，在一个企业网络组织中，对应前者的定义，不同企业具有不同的知识位势，而本书的定义则说明由不同企业所构成的网络组织具有一个共同代表网络创新能力的知识势能。此外，杜静（2004）所提出的“知识位势”的概念则说明了不同知识主体所拥有的知识的量和质的差别，因此有高位势知识主体和低位势主体之分，并认为知识的扩散从高位势主体流向低位势主体；高勇（2010）所提出的“创新势能”则为创新动力和创新资源的乘积，其认为要提高集群创新能力除了实施创新激励外，还需要有创新资源的保证；余泳泽（2010）在研究外商投资对我国技术创新的影响时，提出了“技术势能”的假说，并指出技术势能为内外资企业间技术差距和外商投资进入程度的乘积。

本研究的理论基础主要有技术创新的知识观和知识创造模型，虽然这些理论并没有提到集群“知识势能”的概念，但为运用知识势能分析知识溢出和创新绩效的关系提供了启发和参考。

一、技术创新的知识观

基于知识的企业观，产业集群的技术创新就是产业集群的知识创造，Drucker（1993）认为创新是运用旧知识来产生新知识。Nonaka 和 Takeuchi（1994）指出，创新是在一定的知识基础之上不同知识主体之间交互学习、螺旋式上升过程；Dewar 和 Dutton（1986）进一步指出，创新的理论模型应该考虑到知识的分布：知识的深度和种类的多样性；Gambardella 和 Giarratana（2006）也指出为了提高组织的创新绩效，应该同时重视外部知识资源探寻和内部知识的积累。借鉴组织社区的概念，杨皎平等（2012）提出了“学习空间”的概念，其认为产业集群为群内的企业提高了一个学习空间，并将学习空间分解为知识深度和知识宽度两个维度，指出产业集群知识的深度积累和知识的多样性是集群创新的两个必要条件。本书将集群“知识势能”定义为集群共享性知识累积度和集群企业间知识差异度的乘积，认为集群知识势能代表了集群技术创新的潜在能力，这与上述学者的研究结果是一致的，即充分肯定了知识创造所需的知识存量和多样性。

二、知识创造模型

关于知识创造模型的研究最具代表性的是 SECI 模型（Nonaka，1994），该理论认为作为知识创造的理论架构主要有两个维度，即知识的存在维度和知识的认知维度，并认为知识创造经由共同化、表出化、联结化和内在化四个步骤螺旋形成，并指出冗余性和多样性是促进知识创新的重要条件（王培林，2005）。集群内部的知识溢出增加了集群的共同知识，奠定了集群知识创造的知识基础，正是这些对每个集群企业来说存在冗余的共同知识才能使得知识的转移、联结成为可能，但是如果没有知识的多样性，知识创造螺旋中的相互学习、汇总组合过程将被割裂，从而无法完成知识的进一步创造，因此如果产业集群内知识溢出过度，损害了集群知识的多样化，同样不利于集群技术创新。

相对于 SECI 模型中“巴”的概念，国内学者提出了知识场的概念（芮明杰，2004；王国红，2010），芮明杰详细论述了“巴”与“场”的共性与区别，共性体现在两者都是知识以及知识载体发生作用的平台，不同之处在于“巴”是知识源发散出来的知识构成的一种氛围，知识场是在知识源之间互动创造出来的过去知识的积累，并不断吸收外部知识而动态发展的。马淑文（2007）的研究认为企业知识结构所拥有的知识存量与知识场的场强正相关，企业知识互补性、企业知识结构的复杂性与知识创造正相关。

基于上述的理论基础，本书认为集群知识势能是具有一定共同知识存量的集群因集群内部存在知识差异性而具有进一步创新的潜能。由此推知，学者们从不同角度发现的知识溢出对集群技术创新绩效存在促进作用、阻滞作用抑或是倒U型影响，均具有一定的研究前提和背景。当集群的共享性知识存量不足，而集群企业间知识的差异度较大时，增加知识溢出会促进集群的技术创新；当集群的共享性知识存量比较丰富，而集群企业间知识的差异度较小、缺少知识的多样性时，增加知识溢出会阻滞集群的技术创新；而在产业集群技术创新的整个生命周期内，一味鼓励知识溢出的政策必然会导致集群技术创新的倒U型变化。

基于以上分析，认为集群的技术创新需要从集群共享性知识的累积度和集群企业间知识的差异度两个方面来加强，以提高集群的知识势能，因此提出如图6-1所示的理论框架，下面首先建立数理模型对这一理论框架进行深入的机理分析，然后提出相应假设进行实证分析。

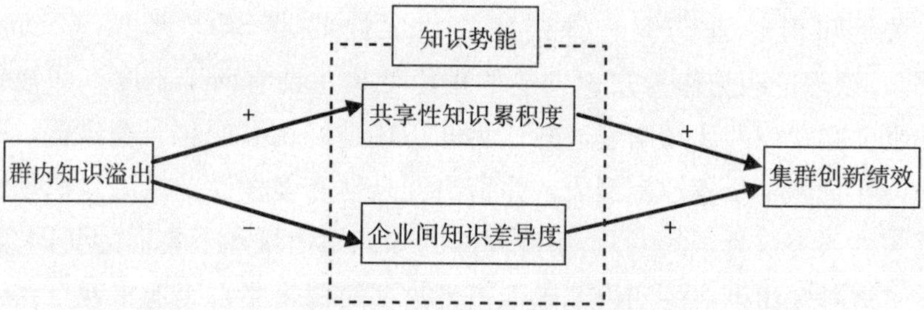

图6-1 集群内知识溢出、知识势能和创新绩效的关系

第二节 数理模型

本研究以技术创新的知识观和知识创造模型为基础，因此在数理分析时，需要建立知识创新函数。通过对国内外相关文献的整理发现，常用的生产函数有Griliches-Jaffe生产函数、Romer和Jones生产函数、基于空间计量经济学的生产函数和基于泊松模型的生产函数，这些生产函数中以Griliches-Jaffe生产函数使用最多，其函数形式采用了C-D生产函数的表示方法，根据上述集群知识势能的分析，借鉴了Griliches-Jaffe生产函数和C-D生产函数建立了集群知识创新函数，在此基础上进行分析。

一、模型假设

（1）第 t 个周期集群的知识创新函数 $IK=AKM^{\alpha}KH^{1-\alpha}$，其中 IK 代表集群的知识产出，KM 代表集群的共享性知识的存量，KH 代表集群企业间知识的差异度，A 为常数，$0<\alpha<1$ 为弹性系数。

（2）第 t 个周期集群的经济性产出 Y 为知识产出 IK 的线性增函数：$Y=\beta_0+\beta_1 IK$，即集群的经济绩效随着创新绩效的增长而增长，因而有 $Y=\beta_0+\beta_1 AKM^{\alpha}KH^{1-\alpha}$。

（3）第 t 个周期集群经济产出 Y 的用途分为三部分：产品生产投资 IN_P、鼓励集群企业间知识溢出（增加集群共有知识累积度）的投资 IN_{KM}，鼓励增加集群知识多样性的投资 IN_{KH}，因此 $Y=IN_P+IN_{KM}+IN_{KH}$，在生产性投资 IN_P 给定的情况下，$IN_{KM}+IN_{KH}=Y-IN_P$，因此 IN_{KM} 与 IN_{KH} 此消彼长，即当鼓励知识溢出时，必然降低了知识的多样性。

（4）集群共享性知识累积度 KM 的变化满足：$\mathrm{d}KM/\mathrm{d}t=IN_{KM}-\delta KM$，集群企业间知识差异度的变化满足 $\mathrm{d}KH/\mathrm{d}t=IN_{KH}-\delta KH$，其中 δ 代表知识的过时或衰减率。

（5）集群的效用函数 IU 为产品生产性投资 IN_P 的增函数 u（IN_P），根据效用函数的假定，令 u（IN_P）$=IN_P{}^{1-\theta}/$（$1-\theta$），满足 u'（IN_P）$=IN_P{}^{1-\theta}>0$，u''（IN_P）$=-\theta IN_P^{-\theta-1}<0$，令效用函数的贴现率为 ρ。

二、模型建立与分析

根据上述假设，得到产业集群的跨期目标函数为：

$$\max U=\int_0^{\infty}u(IN_P)e^{-\rho t}\mathrm{d}t=\int_0^{\infty}\frac{IN_P^{1-\theta}}{1-\theta}e^{-\rho t}\mathrm{d}t \qquad (式\ 6\text{-}1)$$

根据模型假设，需要满足约束条件式 6-2、式 6-3、式 6-4：

$$IN_P+IN_{KM}+IN_{KH}=\beta_0+\beta_1 AKM^{\alpha}KH^{1-\alpha} \qquad (式\ 6\text{-}2)$$

$$\mathrm{d}KM/\mathrm{d}t=IN_{KM}-\delta KM \qquad (式\ 6\text{-}3)$$

$$\mathrm{d}KH/\mathrm{d}t=IN_{KH}-\delta KH \qquad (式\ 6\text{-}4)$$

经过化简，得到集群经济对应的最优化问题如式 6-5 所示。

$$\max_{IN_P,IN_{KM}} U=\int_0^{\infty}\frac{IN_P^{1-\theta}}{1-\theta}e^{-\rho t}\mathrm{d}t$$

$$s.t\begin{cases}\dfrac{\mathrm{d}KH}{\mathrm{d}t}=\beta_0+\beta_1 AKM^{\alpha}KH^{1-\alpha}-IN_P-IN_{KM}-\delta KH\\ \dfrac{\mathrm{d}KM}{\mathrm{d}t}=IN_{KM}-\delta KM\end{cases} \quad (式 6\text{-}5)$$

该最优化问题的两个状态变量是集群共享性知识累积度 KM 和集群企业间知识差异度 KH，决策变量为产品生产性投资 IN_P 和鼓励集群企业间知识溢出的投资 IN_{KM}。

构建该最优化问题对应的 Hamilton 函数：

$$\overline{H}=\frac{IN_P^{1-\theta}}{1-\theta}e^{-\rho t}+\lambda_1(\beta_0+\beta_1 AKM^{\alpha}KH^{1-\alpha}-IN_P-IN_{KM}-\delta KH)+$$

$$\lambda_2(IN_{KM}-\delta KM)$$

一阶必要条件为：

$$\frac{\partial\overline{H}}{\partial IN_P}=IN_P^{1-\theta}e^{-\rho t}-\lambda_1=0\Rightarrow\lambda_1=IN_P^{1-\theta}e^{-\rho t} \quad (式 6\text{-}6)$$

$$\frac{\partial\overline{H}}{\partial IN_{KM}}=-\lambda_1+\lambda_2=0\Rightarrow\lambda_1=\lambda_2 \quad (式 6\text{-}7)$$

$$\frac{\partial\overline{H}}{\partial KH}=\lambda_1(1-\alpha)\beta_1 AKM^{\alpha}KH^{-\alpha}-\lambda_1\delta=-\dot{\lambda}_1 \quad (式 6\text{-}8)$$

$$\frac{\partial\overline{H}}{\partial KM}=\lambda_1\alpha\beta_1 AKM^{\alpha-1}KH^{1-\alpha}-\lambda_2\delta=-\dot{\lambda}_2 \quad (式 6\text{-}9)$$

式 6-6 关于 t 微分并与式 6-8 联立得到：

$$\frac{\theta IN_P^{-\theta-1}}{IN_P^{-\theta}}+\rho=(1-\alpha)\beta_1 AKM^{-\alpha}KH^{\alpha}\delta \quad (式 6\text{-}10)$$

由此得到集群的经济产出 Y 用于产品生产的投资增长率为：

$$\frac{\mathrm{d}IN_P/\mathrm{d}t}{IN_P}=\frac{1}{\theta}\left[(1-\alpha)\beta_1 A\left(\frac{KH}{KM}\right)^{\alpha}\delta-\rho\right] \quad (式 6\text{-}11)$$

联立式 6-7、式 6-8、式 6-9 得到：

$$\frac{KM}{KH}=\frac{\alpha}{1-\alpha} \quad (式 6\text{-}12)$$

结合式 6-2、式 6-3、式 6-4 以及式 6-11 可以得到：

$$\frac{\mathrm{d}IN_P/\mathrm{d}t}{IN_P}=\frac{\mathrm{d}KM/\mathrm{d}t}{KM}=\frac{\mathrm{d}KH/\mathrm{d}t}{KH}=\frac{1}{\theta}[\beta_1 A\alpha^{\alpha}(1-\alpha)^{1-\alpha}-\delta-\rho]$$

(式 6-13)

$$\frac{IN_{KM}}{IN_{KH}}=\frac{\alpha}{(1-\alpha)\theta}[\beta_1 A\alpha^{\alpha}(1-\alpha)^{1-\alpha}-\delta-\rho]+\frac{\alpha\delta}{1-\alpha} \quad (式 6\text{-}14)$$

三、模型结论

式 6-13 说明，要使得集群经济的跨期目标最大化，产业集群应该在产品生产、集群共享性知识存量增加、集群企业间知识差异度增加三个方面以相同的增长率进行投资。

式 6-12 和式 6-14 说明，产业集群应该将集群共享性知识存量和集群企业间知识差异度保持在一定的比率上，同时在每个阶段对共享性知识累积度增加（知识溢出）的投资与知识差异度增加的投资也应该维持在一定的比率上。

根据上面的模型分析，可知当知识溢出的投资速度 $IN_{KM} > \alpha IN_{KH} \cdot [\beta_1 A\alpha^{\alpha}\ (1-\alpha)^{1-\alpha} - \delta - \rho] / (\theta - \alpha\theta) + \alpha\delta IN_{KH} / (1-\alpha)$，从而使得集群共享性知识累积度大于企业间知识差异度一定倍数时（即 $KM > \alpha KH / (1-\alpha)$），集群经济无法到达跨期目标的最大化；反过来当知识溢出的速度 $IN_{KM} < \alpha IN_{KH}\ [\beta_1 A\alpha^{\alpha}\ (1-\alpha)^{1-\alpha} - \delta - \rho] / (\theta - \alpha\theta) + \alpha\delta IN_{KH} / (1-\alpha)$，从而使得集群共享性知识累积度小于企业间知识差异度一定倍数时（即 $KM < \alpha KH / (1-\alpha)$），集群经济也无法到达跨期目标的最大化，即 $IN_{KM} = \alpha IN_{KH}\ [\beta_1 A\alpha^{\alpha}\ (1-\alpha)^{1-\alpha} - \delta - \rho] / (\theta - \alpha\theta) + \alpha\delta IN_{KH} / (1-\alpha)$ 为最优的知识溢出，集群经济随知识溢出的变化呈现倒 U 型变化。同理由于 $I\dot{N}_P / IN_P = K\dot{M} / KM = K\dot{H} / KH$ 容易证明集群的知识生产函数 IK、集群经济性产出 Y 的跨期优化值也随知识溢出的变化呈现倒 U 型变化。

之所以会出现集群内知识溢出对集群生产绩效、创新绩效和经济绩效的倒 U 型影响，是因为当集群的共享性知识（集群共同知识存量）比较少时，集群企业之间进行协作创新时由于知识的冗余少、缺乏对产品研发共同的认识，从而出现沟通和协调的困难，此时集群知识创造的瓶颈为集群共享性知识累积度，而集群知识的多样化对知识创造无法完全发挥作用，此时应当增加知识溢出，将私人知识变为共同知识，减少知识的多样化，增加集群共同知识存量，必然会增加集群的创新绩效；但是如果不断地追求知识溢出，必然使得集群共同知识存量相对较多，而集群企业间知识的差异度相对较小，出现集群知识的同质化严重，此时集群知识创造的瓶颈为知识差异度，集群共享性知识积累无法完全发挥作用，知识溢出的继续增加只能减少集群的创新绩效。因此集群的创新绩效需要平衡好集群共享性知识累积度和集群企业间知识差异度，以保证集群知识势能的合理化。

上述基于数理模型的机理分析以集群共享性知识累积度和集群企业间知识差异度为状态变量分析了集群内部知识溢出对集群企业技术创新的影响，下面围绕图 6-1 和上述的分析进行实证研究。

第三节 实证分析

一、研究假设

在图 6-1 及以上的分析中用到了集群“共享性知识累积度”和集群“企业间知识差异度”的概念，为了对图 6-1 所示的关系进行实证，有必要对这两个概念进行进一步解释。

集群内部的知识溢出提升了成员企业间知识的共享水平，使集群企业在不断扩散知识的同时，又能获取其他企业的知识，从而大大增加了“集群共享性知识的累积度”，有利于集群的整体创新水平；但是知识溢出会导致创新所需要的知识多样性退化，集群降低了“企业间知识差异度”，又会降低集群的创新力。

在集群知识势能的理论框架下，定义集群共享性知识累积度为：通过集群企业间知识的溢出和扩散而形成的集群整体所共有的知识存量水平。定义集群企业间知识差异度为：由于集群内部不同企业获取知识的方式和途径不同，而导致的集群企业间知识多样性程度。

1. 知识溢出与共享性知识累积度

集群企业之间通过知识溢出、知识转移或者知识共享可以增加集群的共享性知识存量，相关学者的研究结果从侧面支持了这一结论。Hendriks (1999) 认为只有通过员工之间的知识共享，才能使得个体层面的知识上升为组织层面的知识，才有利于发挥知识的协同效应；Mowery 等 (1996) 也认为企业间的知识转移可以扩大企业的知识存量，进而使得各相关企业的竞争力得到同时提高，Kotabe 等 (2007) 也支持这一观点；杨玉秀 (2008) 认为欲使合作各方的知识变成合作创新的共有知识，就需要合作各方把各自的私有知识主动贡献出来，此时就存在一个知识的溢出过程；黄志启 (2013) 利用动态面板数据模型实证分析得出知识溢出的长期效应为产业集群中知识存量的增加；上述研究成果均认为知识溢出是增加共同知识的主要途径，因此提出如下假设：

H1：集群内知识溢出与集群共享性知识累积度的增加正相关

2. 知识溢出与企业间知识差异度

Bogenrieder 和 Nooteboom（2004）研究指出组织间知识溢出的方法可能导致手段与程序的统一性，限制了新知识发展所需要的多样性；Abrandhamson 和 Fombrun（1994）从组织学习的角度指出基于本地的学习会导致组织间的同构和锁定；吴晓波和耿帅（2003）认为集群内部企业之间过度的知识溢出会导致企业认知和行为的趋同、战略的相似；朱方文（2007）认为集群企业通过相互模仿及相互影响，往往会形成相同或类似的组织形态、组织文化及操作惯例，所以集群学习和知识共享刚性会带来集群企业战略趋同风险；实质上组织间的知识溢出和组织间知识的多样性一直以来都是一对矛盾，因为组织间知识溢出以及与之伴随的组织间学习本身在某种程度上就是关于某知识达成共识、一致的过程。基于此提出如下假设：

H2：集群内知识溢出与集群企业间知识差异度的增加负相关

3. 共享性知识累积度与创新绩效

从集群层面对知识累积度和技术创新的研究成果较少，但很多学者从微观企业的角度研究了两者之间的相互关系，Walsh 和 Ungson（1991）研究认为企业的知识存量提供企业吸收外部知识的能力基础，有利于提高企业的创新绩效；Thornhill（2006）的研究也发现企业知识存量水平越高，创新数越多；王国红（2010）基于知识场的理论在研究集群创新时指出组织的“知识能”不仅与组织的知识存量正相关，也与场源的知识存量正相关；马淑文（2007）的研究也发现当知识结构存储的知识量越多，越能促进知识结构中各层次知识的双向流通，这种良性的互动关系能缩短知识源之间的空间距离，增加相互信任，从而有利于协同创新。当然也有学者持不同的观点，如 Romer 认为现有知识存量对研发活动有重要影响，一方面，过去的发现可能提供思想和工具，从而使得将来的新发现更为容易，另一方面，最先得到的发现可能更容易，因此知识存量越大，得到新发现越难；本书认为不论对于单个企业还是多个企业构成的产业集群，整个组织的知识存量对技术创新总是存在正向影响的，而无论其边际效益是递减的或者是递增的，因此提出如下假设：

H3：集群共享性知识累积度与集群的创新绩效正相关

4. 企业间知识差异度与创新绩效

著名的知识创造模型 SECI 指出创新是一个交互学习的过程，知识的多样性是促进知识创新的重要条件之一（杨皎平，2012）；Dewar 和 Dutton（1986）也指出创新的理论模型应该考虑到知识的分布，要兼顾到知识的深度和知识种类的多样性；王培林（2005）在研究知识创造模型时认为组织学习是知识创造的基础，并指出知识创造有三种形式：知识转化、知识构建和知识结合，而无论在组织内部还是组织间知识的多样性都是组织学习和知识结合的基础；其实很多学者在其研究中均强调了知识多样性和知识创新的关系，如魏江和徐蕾（2011）认为集群企业应该同时潜入本地与超本地知识网络中，并实现两者功能的有机整合，才能为集群企业提供异质性资源与动力；杨皎平等（2012）提出学习空间的概念，认为集群企业既应该追求知识的深度也应该追求知识的宽度，以期达到共同认识和多样性的平衡；根据知识创造的螺旋规律，集群企业的共同知识基础过低，企业不能有效整合其他企业的知识到自己的知识螺旋，但如果集群内知识高度雷同，集群企业很少能从彼此交流中获得新知识，对集群的创新绩效也是不利的，基于此提出如下假设：

H4：集群知识的差异度与集群的创新绩效正相关

5. 知识溢出与创新绩效

相关学者的研究结果以及前述的理论分析指出，知识溢出使得集群内单个企业的私有知识变为集群的共有知识，增加了集群的共有知识累积度、增加了集群企业间知识的冗余，为集群企业间的协同创新提供了相互合作的基础；但正是因为知识溢出所具有的将私有知识公有化的特点，使其在增加集群共享性知识存量的同时会降低了集群企业间知识的差异度，甚至导致组织文化及操作惯例都趋于同构，从而又使得集群企业之间的互动交流、协同创新变得没有必要，因而无法发挥集群的创新优势，更有甚者会出现学者们发现的创新惰性（邬爱其，2012）和“搭便车”现象（杜伟，2004）；本书提出集群知识势能的概念，并认为知识势能与集群共享性知识累积度和知识差异度的乘积成正比，即认为集群的知识溢出应该兼顾到集群共同知识存量和知识差异度的平衡，使得知识势能最大化，才能保证集群获得最大的创新潜能。因此本书认同相关研究者提出的知识溢出与技术创新呈倒 U 型关系的论述，提出如下假设：

H5：集群内知识溢出与集群的创新绩效呈倒 U 型关系

为了验证上述假设，令集群内部的知识溢出为 KS，集群共享性知识累积度为 KM，集群企业间知识差异度为 KH，技术创新绩效为 IK，结合理论分析的内容上述假设可以用如下几个函数关系式表达。

$$KM = \gamma_0 + \gamma_1 KS + \varepsilon \quad (式 6\text{-}15)$$

$$KH = \nu_0 + \nu_1 KS + \varepsilon \quad (式 6\text{-}16)$$

$$\ln IK = \beta_0 + \beta_1 \ln KM + \beta_2 \ln KH + \varepsilon \quad (式 6\text{-}17)$$

$$IK = \alpha_0 + \alpha_1 KS + \alpha_2 KS^2 + \varepsilon \quad (式 6\text{-}18)$$

其中 H1 为 $\gamma_1 > 0$，H2 为 $\nu_1 < 0$，H3 为 $\beta_1 > 0$，H4 为 $\beta_2 > 0$，H5 为 $\alpha_2 < 0$。

二、研究设计

1. 变量定义与问卷设计

对集群内知识溢出的测度借鉴 Kesidou 和 Romijn（2008）、陶锋（2011）等文献，由“经常免费或低成本从本地获得新技术”“经常免费或低成本从本地引入新产品”“经常免费或低成本从本地获得新工艺”“经常免费或低成本从本地获取行业技术发展趋势的信息”“经常免费或低成本从本地获取管理技能和经验”5 个题项来测量；对集群共享性知识累积度的测度借鉴耿帅（2004）和朱方文（2007）等文献中“共享性资源”和“共享性资源刚性”的概念，由“长期以来贵企业的经营思路与本地同行业企业相一致”“本地企业在产品生产和技术研发方面有共同的特色”“本地的企业相互之间形成了配套与分工的合作体系”“本地企业产品生产的工艺日趋相似”4 个题项来测量；对集群个体知识差异度的测度由“本地企业获取关键技术的途径不一样”“本地企业的产品销售渠道和销售方式不一样”“贵企业能够受益于其他企业资源的多样性和异质性”“本地企业的境外合作伙伴不一样”4 个题项来测量；集群的创新绩效参考了杨皎平（2012）和李庆满（2013）的调查量表，采用了“集群新产品数或申请的专利数逐年增加”“集群新产品产值占销售总额的比重日益增加”“集群新产品的开发速度逐渐加快”“集群创新产品的成功率相对提高”4 个题项来测量。

将被调查产业集群的产业因素、政府因素以及与科研院所的互动因素设定为需要加以控制的因素，具体为：①产业因素由“行业的竞争程度较高”等6项问卷；②政府因素由“政府大力支持地方产业园区的建设”等3项问卷；③与科研院所的互动因素由“本地诸多企业与相关科研院所经常进行产学研合作”等5项问卷。另外将被调查企业的年龄、规模、行业性质、所在区位和研发投入也作为控制变量引入，其中令企业的年龄、规模和研发投入为常规变量，令行业性质和所在区域为虚拟变量。

在实际调查中，采用了七分度的李克特式量表法对变量进行定义和测量。

2. 样本

调查问卷的对象是辽宁省、山东省、浙江省的一些产业集群，具体有辽宁沈阳的装备制造产业集群、辽宁大连信息技术产业集群、山东济南的软件产业集群、山东滕州的机床产业集群、浙江诸暨的五金产业集群、浙江海宁的家纺和皮革产业集群，抽样对象具有一定的代表性。在调研中被试者包括产业集群中企业的总经理、技术经理（或技术总监）、销售经理（或销售总监）以及其他一些熟悉企业技术创新、企业经营管理的工作人员。其中共当面填写回收有效问卷28份，通过其他渠道共发放问卷262份，回收184份，其中有效问卷135份。这样共计发放290份问卷，有效回收163份，有效回收率为56.2%。

本书对127份无效问卷和163份有效问卷做了t检验，所有t值均呈现非显著性；此外根据回收渠道的不同，对两组分别为28份和135份问卷进行了t检验，结果t值也不显著，说明本书的nonresponse bias不严重。

本书利用Harman单因子法（董保宝，2011）来解决共同方法偏差问题。对整个问卷做分析，发现在未旋转的情况下，第一个因子只解释了19.21%的方差，而且因变量和自变量均负载到不同的因子上。因为单个因子未出现，也没有出现单个因子解释多数方差的现象，所以，在本书中共同方法偏差问题并不严重，对后续分析影响不大。

三、实证检验

1. 信度与效度分析

研究获取的数据为横截面数据，因此只需考虑是否满足内在信度的要求，采用 Cronbach 的一致性系数（α 系数）来考察样本数据的内在一致性，如表 6-1 的第三列所示。

表 6-1　信度和效度分析表

指标	度量题项	Cronbach'α	KMO	因子负荷
知识溢出 KS	KS_1	0.965	0.910	0.875
	KS_2			0.887
	KS_3			0.901
	KS_4			0.917
	KS_5			0.900
共享性知识累积度 KM	KM_1	0.965	0.857	0.901
	KM_2			0.919
	KM_3			0.900
	KM_4			0.911
企业间知识差异度 KH	KH_1	0.936	0.841	0.871
	KH_2			0.870
	KH_3			0.937
	KH_4			0.785
创新绩效 IK	IK_1	0.878	0.868	0.947
	IK_2			0.941
	IK_3			0.947
	IK_4			0.928

从表 6-1 中可以看出所有变量的 Cronbach'α 值均大于 0.7，这说明本调查问卷获取的数据内部一致性较好，即问卷具有较高的信度。

本研究在借鉴、整理国内外比较成熟的相关量表的基础上，通过专家咨询、对研究团队成员深度访谈获取建议，并经过了预调查和反复修改，因此保证了问卷的内容效度，本研究采用因子分析方法来检验聚合效度，表 6-1 第四列和第五列是测量模型聚合效度分析，从表 6-1 可以看出模型通过了效度检验，4 个变量的 KMO 值均大于 0.7，而且各观测变量的因子载荷均大于 0.5，因此问卷具有显著的聚合效度。

为了使用计量经济学的回归分析方法，本书首先采用 SPSS 的因子分析功能模块，将“集群内知识溢出”对应 5 个指标降维为一个因子 KS，并记录 KS 的取值；类似将“集群共享性知识累积度”对应 4 个指标降维为一个因子 KM；将“集群企业知识差异度”对应的 4 个指标降维为一个因子 KH；将“技术创新绩效”对应的 4 个指标降维为一个因子 IK；对应被调查集群所处的产业因素、政府因素以及与科研院所的互动因素的三个因子值分别记为 c_1，c_2，c_3，并记录各个因子值。

被调查企业的年龄（Ag）用成立至今的年数测度，规模（Sc）用员工数的自然对数来测度，研发投入（II）用研发投入占销售收入比重来测度，行业性质（IP_1～IP_5）用 5 个虚拟变量表示 6 个行业，所处区位（Lo_1～Lo_2）用两个虚拟变量表示 3 个区位。

然后根据函数的设定形式式 6-15、式 6-16、式 6-17、式 6-18，并将 c_1，c_2，c_3，Ag，Sc，II，IP_1～IP_5，Lo_1，Lo_2 作为控制变量，采用 Eviews 分别进行回归分析，结果如表 6-2 所示。

表 6-2　回归检验结果

		模型 1 KM	模型 2 KH	模型 3 IK	模型 4 IK	模型 5 $\ln IK$
控制变量	Ag	0.107*	0.088*	0.027	0.021	0.013
	Sc	0.082*	0.044	0.134**	0.096*	0.073*
	II	0.094*	0.165*	0.075	0.066	0.047
	IP_1（制造）	−0.106*	0.033	−0.152**	−0.132**	−0.094**
	IP_2（信息）	0.144	−0.062	0.103*	0.093*	0.068*
	IP_3（软件）	0.121**	0.004	0.085	0.067	0.051
	IP_4（机床）	−0.089	−0.035	−0.077	−0.054	−0.033
	IP_5（五金）	−0.048	−0.001	−0.033	−0.019	−0.013
	Lo_1（辽宁）	−0.184**	0.104*	−0.142*	−0.118*	−0.093*
	Lo_2（山东）	0.037	0.011	0.057	0.042	0.029
	c_1	0.204**	0.085*	0.110*	0.093*	0.061
	c_2	0.266*	0.162*	0.230**	0.208**	0.124*
	c_3	0.147*	0.219**	0.219**	0.182**	0.098**

续表

		模型 1 *KM*	模型 2 *KH*	模型 3 *IK*	模型 4 *IK*	模型 5 ln*IK*
解释变量	*KS*	0.308***	−0.213**		0.185**	0.083
	KS^2				−0.092*	−0.013
	ln*KM*					0.102*
	ln*KH*					0.187*
Adjusted R^2		0.508	0.107	0.660	0.693	0.728
F		96.743	15.845	20.155	21.067	37.012
DW		1.858	2.132	1.817	2.106	1.901

注：***表示在 0.01 水平下统计显著，**表示在 0.05 水平下统计显著，*表示在 0.1 水平下统计显著。

由于 SPSS 工具计算的因子值为归一化的数据，其均值为 0，为了回归非线性模型模型 5，将数据 *KM*，*KH*，*IK* 进行平移运算，使其最小值大于 1。然后再回归模型 5。

2. 假设检验及解释

（1）集群内知识溢出与集群共享性知识积累度

表 6-2 显示，模型 1 中参数 $\gamma_1=0.308>0$，并具有显著性，即假设 H1 得到验证，集群企业之间的知识溢出可以将单个企业的私有知识变为集群的共同知识，从而增加集群共享性知识的存量。在产业集群的发展过程中主要表现为当一个企业在产品研发、经营管理方面有行之有效的方法或技巧时，集群的知识溢出效应会使得这种方法或技巧很快传遍集群的每个角落，所谓产业集群内无秘密可言，知识成为“弥漫与空气中”的公共产品。

（2）集群内知识溢出与集群企业间知识差异度

模型 2 中参数 $\nu_1=-0.213<0$，并具有显著性，即假设 H2 得到验证，集群企业之间的知识溢出降低了集群企业间知识的差异度，会导致集群知识的同质化。在我国很多中小型产业集群中经常会看到由于知识的过度溢出导致集群企业的产品、服务均出现了严重的同质化，从经济学的角度来说，如果某企业能以较低成本获取来自其他企业的知识，则该企业便不会再去投入更多资金从事产品研发，从而导致集群企业之间的知识多样性

下降。

（3）集群内知识溢出与集群创新绩效

模型 3 只有控制变量而未加入解释变量，从表 6-2 可知模型 3 的估计结果显示模型具有显著性，模型 4 在模型 3 的基础上加入集群内知识溢出 KS 和其二次方 KS^2 后的估计结果中 KS 一次项系数 α_1 为正，具有显著性，二次项系数 α_2 为负，具有显著性，即证实了假设 H5，说明了集群内知识溢出倒 U 型影响集群的创新绩效。

任何组织的创新都是建立在已有知识的基础之上，如果没有知识溢出，集群企业之间没有共同知识，企业只能独立进行创新，但一项技术创新所需的知识基础不可能全靠自己创造，通过集群企业之间的知识溢出，将各自的私有知识转化为集群共同知识，这样随着共同知识积累水平的增加，企业之间协同创新无论从主观还是从客观上都更加容易，从集群层面来说其创新能力也就越高。集群的创新能力是集群企业构成、集群企业特质和集群企业协同作用的结果；相关研究表明创造力涉及将以往不相关的事物整合为新的事物，或借助某个领域的观点、看法或实践，使其适应于另一个不同的领域或情景；集群式创新就是地理邻近的一些企业关联他们的差异化知识和资源，探索未知领域，以期发现更好解决生产、经营和管理中出现的问题，因此集群的创新能力无可避免地与企业之间知识异质性联系在一起，但是集群内部的知识溢出降低了企业间知识的异质性，所以无法发挥集群式创新的优点，同时由于知识溢出所固有的一些负效应，随着知识溢出的加剧，反而会导致集群的创新能力下降。综上分析便会出现知识溢出与集群创新绩效的倒 U 型关系。

（4）集群知识势能与集群创新绩效

模型 4 的估计结果显示，$\beta_1>0$，$\beta_2>0$ 并且均具有显著性，即分别证实了 H3 和 H4，说明集群知识势能的两个构成要素：集群共享性知识累积度和集群企业间知识差异度对集群的技术创新均存在正向的影响。

集群共享性知识积累水平的提高，使集群协同创新突破了共有知识的限制，进而加快了集群创新的发展的速度。基于知识的创新理论认为知识积累是创新函数的重要变量之一，从集群整体的层面来说，集群共享性知识的积累水平直接影响到集群技术创新能力。

相关研究认为知识存量只是提供创新能力的基础，知识重构或整合才是知识创新的不竭源泉；另外知识积累是一个动态过程，需要通过各种知识活动而实现，其中知识的流动是关键的一环，而知识的异质性和位势差是知识流动的前提。从产业集群的角度来说，这一规律仍然适用，因为集群的创新就是在现有共享性知识基础之上进行知识的交流和整合，而只有在集群企业间知识差异度满足一定水平时这种交流和整合才能启动，因此集群企业间的知识差异度正向影响了集群技术创新能力。

第四节 结论与管理启示

一、研究结论

本章首先提出了“知识势能”的概念，并将其分解为集群“共享性知识累积度”和集群“企业间知识差异度”两个维度，认为集群共享性知识累积度和集群企业间知识差异度对集群企业的技术创新均具有促进作用，但是集群内知识溢出对集群共享性知识累积度和集群企业间知识差异度的影响却是截然相反的，因此一个合理的知识溢出需要对两者进行平衡，以达到知识势能的最大化。

接着采用数理模型分析得出集群共享性知识累积度和集群企业间知识差异度存在一个最优的比例，在此最优比例下，集群的创新产出、产品产出都会达到最优化，高于这个比例或低于这个比例都不利于集群的创新和发展，因此得出知识溢出与创新绩效存在倒 U 型关系。

然后采用了实证分析的方法以知识溢出为解释变量，集群共享性知识累积度和集群企业间知识差异度为中介变量，以集群技术创新绩效为被解释变量，以集群所处的产业因素、政府因素以及与科研院所的互动因素、被调查企业的年龄、规模、行业性质、所在区位和研发投入为控制变量，选择我国部分地区的产业集群为样本，证明了知识溢出对技术创新的倒 U 型关系。

二、管理启示

集群内部知识溢出与集群创新绩效两者的关系是非线性、辩证的，一方面产业集群内部知识溢出不足，集群的共同知识存量低，导致协同创新困难，无法真正发挥集群式创新的优势（Walsh，1991），但另一方面过度的知识溢出又会导致企业之间知识多样性的降低、同质化上升，又不利于知识的交换、整合和创新（Dewar，1986）。根据知识创造模型和知识生产函数，知识的创造、技术的创新既需要一定的知识存量又需要一定的知识多样性。对于产业集群来说，集群式创新既需要一定存量的共同知识作为协同创新的基础，又需要不同企业间的知识存在差异性，这样才能发现产品研发、经营管理的新方法和新思路。

对于不同的产业集群以及处于不同生命周期的产业集群来说，对知识溢出的鼓励以及限制应该相机而动，在产业集群建立初期，企业间沟通较少，缺乏共同知识，各个企业所拥有的知识千差万别，此时如果地方政府、中介机构通过建立相应基础设施和管理体制鼓励知识溢出，便能增加集群的共同知识，易于企业间的合作创新，此时既通过释放多余的知识差异度来解决共同知识的瓶颈，又不会损害单个企业的利益，不会导致集群企业的同质化。但是如果产业集群发展到一定程度，集群企业间管理者、普通员工的交流都比较充分，出现了“知识弥漫在空气中”的情景，此时如若再鼓励知识溢出可能就不再合理，因为此时决定集群创新绩效的短板是知识的多样性，从宏观角度来说，此时应该鼓励集群企业从多渠道获取知识，并且实施一定的知识产权保护，以期增加集群知识的差异度。

本章参考文献

[1] Abrhamson E, Fombrun C J. Macrocultures: Determinants and consequences [J]. Academy of Management Review, 1994, 19 (4): 728-755.

[2] Bogenrieder I, Nooteboom B. Learning groups: what types are there? A theoretical analysis and empirical study in a consultancy firm [J]. Organization Studies, 2004, 25 (2): 287-313.

[3] Dewar R, Dutton J E. The adoption of radical and incremental innovations: an empirical analysis [J]. Management Science, 1986, 32 (11): 1422-1433.

[4] Drucker P F. Post-capitalist Society [M]. New York: Butterworht Heineman, 1993.

[5] Gambardella A., Giarratana M. Innovation for products, innovation for licensing: patens and downstream asssets in the software security industry [R]. Working

Paper, Boccioni Univeristy, 2006.

[6] Hendriks P. Why sharing knowledge? The influence of ICT on the motivation for knowledge sharing [J]. Knowledge and Process Management, 1999, 6 (2): 91-100.

[7] Kesidou E, Henny R. Do local knowledge spillovers matter for development? An empirical study of urguay's software cluster [J]. World Development, 2008, 36 (10): 2004-2028.

[8] Kotabe M, Dunlap-Hinker D, Parente R, et al. Determinants of cross-national knowledge transfer and its effect on firm [J]. Journal of International Business Studies, 2007, 38 (2): 259-282.

[9] Mowery D D, Oxley J E, Silvemand B S. Strategic alliance and inter-firm knowledge transfer [J]. Strategic Management Journal, 1996, 17: 77-91.

[10] Nonaka, IKujiro. A dynamic theory of organizational knowledge creation [J]. Organization Science, 1994, 5 (1): 14-24.

[11] Thornhill S. Knowledge, innovation and firm performance in high and low technology regimes [J]. Journal of Business Venturing, 2006, 21 (5): 687-703.

[12] Walsh J P, Ungson G R. Organizational memory [J]. Academy of Management Review, 1991, 16 (1): 57-91.

[13] 董保宝，葛宝山，王侃．资源整合过程、动态能力与竞争优势：机理与路径 [J]．管理世界，2011 (3): 92-101.

[14] 杜静，魏江．知识存量的增长机理分析 [J]．科学学与科学技术管理，2004 (1): 24-27.

[15] 杜伟．完善R&D激励机制方略 [J]．财经问题研究，2004 (3): 47-50.

[16] 高勇．开发区企业集群创新势能研究 [J]．社会科学战线，2010 (5): 246-249.

[17] 耿帅．基于共享性资源观的集群企业竞争优势研究 [D]．浙江大学，2004: 43-63.

[18] 黄志启．高科技产业集群中知识溢出效应的模型与实证分析 [J]．科研管理，2013, 34 (1): 154-162.

[19] 李莉，党兴华，张首魁．基于知识位势的技术创新合作中的知识扩散研究 [J]．科学学与科学技术管理，2007 (4): 107-112.

[20] 李庆满，金彦龙，杨皎平．集群内部竞争对企业技术创新的双向影响 [J]．研究与发展管理，2013, 25 (2): 40-49.

[21] 马淑文．企业知识结构与知识创新关系研究 [J]．科技进步与对策，2007, 24 (12): 148-151.

[22] 芮明杰，陈娟．高技术企业知识体系概念框架及其内部互动模型［J］．上海管理科学，2004（2）：7-10.

[23] 陶锋．吸收能力、价值链类型与创新绩效——基于国际代工联盟知识溢出的视角［J］．中国工业经济，2011（1）：140-150.

[24] 王国红，邢蕊，唐丽艳．基于知识场的产业集成创新研究［J］．中国软科学，2010（9）：96-107.

[25] 王培林．知识创造模型研究［J］．情报科学，2005，25（11）：1714-1717.

[26] 魏江，徐蕾．集群企业知识网络双重嵌入演进路径研究——以正泰集团为例［J］．经济地理，2011，31（2）：247-252.

[27] 邬爱其，李生校．外部创新搜寻战略与新创集群企业产品创新［J］．科研管理，2012，33（7）：1-7.

[28] 吴晓波，耿帅．区域集群自稔性风险成因分析［J］．经济地理，2003，23（6）：726-730.

[29] 杨皎平，金彦龙，戴万亮．网络嵌入、学习空间与集群创新绩效：基于知识管理的视角［J］．科学学与科学技术管理，2012，33（6）：51-58.

[30] 杨玉秀，杨安宁．合作创新中知识溢出的双向效应［J］．工业技术经济，2008，27（8）：107-110.

[31] 余泳泽，武鹏．FDI、技术势能与技术外溢——来自我国高技术产业的实证研究［J］．金融研究，2010（11）：60-76.

[32] 朱方文．基于共享性资源刚性的集群企业风险成因分析［J］．科学学与科学技术管理，2007，12：157-161.

第七章　关系嵌入对集群创新的推动与阻滞

产业集群作为一个企业网络，集群内各主体间的频繁互动、联系就构成了集群的关系网络系统。关系嵌入性是产业集群网络的一个根本性特征，是指集群中各主体的经济行为深深地嵌入于集群本地网络之中。关系嵌入性反映的是内在于产业集群中各主体之间的关系以及这类关系的密切程度。

长期以来，嵌入性被认为是集群的突出特征之一，也是集群的竞争优势的主要来源之一。但从20世纪90年代起，国内外的学者开始注意到了集群发展中关系嵌入性的负作用。本研究认为集群的关系嵌入性对集群内企业的技术创新具有正负两个方面的影响。首先，基于沟通交流和关系锁定的视角，建立了嵌入性对技术创新双向影响的数学模型；然后，采用实证分析方法验证了嵌入性对技术创新的倒U型影响规律，并结合台州市缝制设备产业集群技术创新的情况进行了案例分析；最后，提出了研究结论与管理启示。

第一节　理论框架的建立

一、关系嵌入

关系嵌入性是由Granovetter等（1973）在美国社会学杂志第一次提出的，他认为关系嵌入性是指个人之间的联结，并且直接将联结当成关系纽带的二元交易关系问题。他将关系纽带分成了强关系和弱关系。之后，学界一致认同，关系嵌入性的理论来源是从社会学研究中的社会资本研究，并其研究的主要视角集中在互惠预期而发生的双向关系的基础上（兰建平和苗文斌，2009)。

关系嵌入性（Uzzi，1997）强调双方在合作交易过程中的质量，包括交易目的、交易双方的行为等。强烈的关系嵌入性可以带来企业之间高度的信任、信息分享以及共同解决问题等。关系嵌入性意指关系联结的紧密程度（Gulati & Gargiulo，1999）。Rindfleisch 和 Moorman（2001）对关系嵌入性做出了这样的界定：关系嵌入性是指在新的产品联盟中，参与者之间的互惠以及亲密程度。关系嵌入性不仅包含同行之间的交流合作，也包含企业与上下游企业之间的合作，比如与供应商、顾客之间所形成的一种非正式的网络。但是这种非正式的网络，对于企业之间合作支持，信息交换、解决问题是非常关键的（王家宝和陈继祥，2010）。

通过对关系嵌入性相关文献的综述，我们认为，关系嵌入性关注社会网络参与之间的耦合程度也就是联结程度，而这种联结度会影响到彼此对优质信息的交流、对不确定性的规避，相互之间信任感的增进。在强联结作用下，信息以更加积极正向的方式进行交流，而这种交流不仅再一次增进社会网络参与者之间的联结，也会促进产品生产、组织绩效。

二、关系嵌入强度与集群创新绩效

关于关系嵌入强度与集群企业技术创新的关系，学术界一直存在争议，主要存在如下两种观点。

1. 关系嵌入性对企业绩效正向影响作用

Rindfleisch 和 Moorman（2001）通过社会网络理论对企业强联结的研究中，得出了这样的结论：网络系统嵌入可以提高与合作伙伴之间的信息获取和信息利用，从而对企业的绩效产生正向的影响作用。Uzzi 和 Lancaster 在 2003 年进行对芝加哥地区银行业的实地调研，验证了在金融借贷市场中，紧密的关系嵌入性会促进组织学习，而组织学习的合理性和应用性非常广泛。研究结果表明，学习作为一个与知识转移和分享有关的社会过程，会有效地促进问题的解决。McEvily 和 Marciis（2005）通过一组案例研究以及 234 个制造商的调研发现并验证了企业可以通过在社会网络和合作同盟中的嵌入性关系获取竞争能力，而这种竞争力的获取就是外部知识交换和转移的表现。他们指出，关系嵌入性有效地促进了竞争能力的获取。从沟通交流、知识溢出的角度来看，在集群内部正是占据整个知识的绝大部分的隐性知识的溢出促进了集群的创新能力，但这种隐性知识的传播唯一途径也是非正式的个人间网络的互动。由于集群社会资本相对比较丰富，集群内各种非正式的、偶然的、面对面的以及口头的交流比较频繁，这种非正式的交流方式在一定程度营造了开放的信息交流和创新环境，这不仅加强了显性知识的传播和扩散，更重要的是这种非正式的交流加强了隐性知识的传播与扩散，促进了集群内知识的流动和沉淀，加速了不同属性知识之间的转化，最终提高了集群整体创新水平。

2. 关系嵌入性对企业绩效负向影响作用

从 20 世纪 90 年代起，国外的学者开始了对集群发展中嵌入性负作用的探讨，如 Glasmeier（1991）以 20 世纪 80 年代瑞士 Jura 地区钟表业集群的衰退为例，认为集群内部文化、制度、网络所表现出来的路径依赖，延缓了整个地区学习新技术的时机，从而导致该地区在整个 80 年代衰退的过程；Grahher（1993）对德国 Ruhr 地区钢铁集群的研究认为嵌入性对集群的负作用主要表现为功能性锁定和认知性锁定。国内学者也辩证地审视了嵌入性对集群发展的影响，王婉珍（2008）和卢杰、黄新建（2009）均认为嵌入性对产业集群既有正向效应也有负向效应，适当的嵌入性可以起到如下的作用：①有利于集群资源的有效配置；②有利于加强集群成员之间的信任；③有利于产生集群整体创新效应。而过度的嵌入性可能导致如下结果：①过度的嵌入导致信息的闭塞和排斥外来人；②过度的嵌入滋生创新惰性、阻碍创新；③过度的嵌入造成集群交易低效。

实际上集群嵌入性对创新的负作用除了功能性锁定和认知性锁定外，还表现为关系性锁定，即企业之间建立起的相互信任、相互承诺、相互扶持的社会关系一方面降低了企业之间协作创新的交易成本，但另一方面当企业网络面临市场变化而需要调整相互之间利益分割时，企业之间往往为了“不伤和气”而错过了创新的时机。

三、理论框架的建立

本研究认为单方面关注正面或负面影响不利于对产业集群客观认识和评价关系嵌入，因为关系嵌入性对企业绩效的影响并非单向的、非直线型的。

基于资源依赖理论，有价值的资源是企业获得竞争优势的保证，集群企业间的关系嵌入带来的各种社会资源特别是信息资源为企业成功奠定了基础，社会支持孕育在关系嵌入中，是企业从集群网络中摄取的积极资源，这种资源有利于帮助企业提高创新绩效；基于组织间学习的理论，通过集群企业间的相互学习，企业可以协调与组织内外部环境之间的关系，保持它们之间的动态相宜性，从而可以达到降低危机、把握机会的功效。而集群企业间的嵌入性是组织间成功合作交流的重要因素。谢洪明（2003）认为潜在合作伙伴的信息很大程度上掌握在以前所建立的“关系”之中，这些“关系”极大地影响了建立联盟的目标取向，并降低了建立成本，可见，嵌入性关系是合作伙伴间有效沟通交流的重要保障。

然而，关系嵌入在促进创新绩效的同时，其带来的负面影响也不容忽视，特别是关系嵌入会导致集群企业间的关系锁定。首先，表现为创新思想受束缚，这是因为强关系虽然有利于知识和信息的分享，然而却阻碍了新进成员的吸纳，关系嵌入带来的商业友谊，导致行动者过度嵌入当前社会关系中，进而阻碍新思想的进入。其次，表现为决策自由受限制，关系嵌入有利于知识转移，但默认的社会规范容易限制个体自由，因此企业从关系嵌入中获益是以牺牲和限制个人自由为代价，这主要源于报答的思想，当成员企业接受了帮助后，便形成了对帮助提供方的潜在承诺，社会连带往往导致成员对集群其他成员的责任感，从而降低从集群网络外部获得新信息和开发新机会的可能。

综上，可以看出，集群企业间的嵌入性为集群企业带来创新支持的同时也带来创新的成本。现有研究多关注嵌入性对绩效的直接促进作用，对社会资本影响绩效的中介机制讨论较少。本书从嵌入性促进集群组织间学习和导致企业间的关系锁定来分析关系嵌入的优势和劣势两个方面，提出如图 7-1 所示的理论模型。

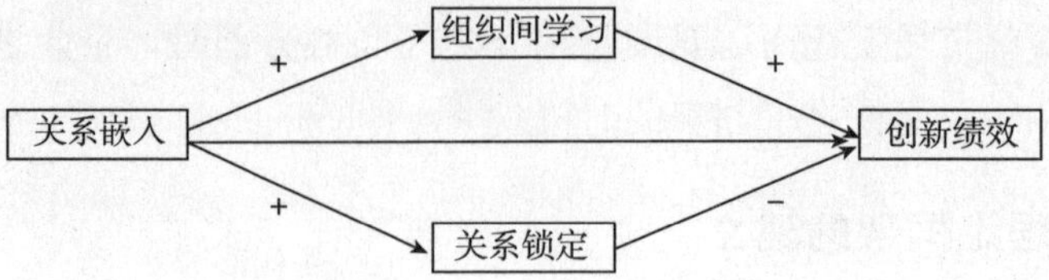

图 7-1 关系嵌入与集群创新绩效的关系

下面首先建立数理模型对这一理论框架进行深入的机理分析，然后提出相应假设进行实证分析。

第二节　数理模型

一、模型假设

(1) A企业为上游企业（中间产品供应商），B企业为下游企业（最终产品制造商），B企业发现一个未来市场需求导向，即需要对某产品进行创新，这种创新需要A企业配合协作进行，即需要A提供满足某种创新性能的中间产品。

(2) e_1 代表A企业进行协作创新研发所投入的研发费用，$T_1(e_1)$ 代表协作创新时A企业的交易成本，令 $T_1(0)=0$，$T'_1(\cdot)>0$，$T''_1(\cdot)>0$，为简单分析，假设企业A在一个周期内的生产成本为 C_0。p_0 为创新前A企业提供产品给B企业的交割价格，创新后A企业的产品价值上升 $W_1(e_1)$，令 $W_1(0)=0$，$W'_1(\cdot)>0$，$W''_1(\cdot)<0$。

(3) e_2 代表B企业进行协作创新研发所投入的研发费用，$T_2(e_2)$ 代表协作创新时的B企业的交易成本，令 $T_2(0)=0$，$T'_2(\cdot)>0$，$T''_2(\cdot)>0$，创新后B企业产品（即最终产品）价值在 V_0 的基础上增加 $W_2(e_1\times e_2)$，令 $W_2(0)=0$，$W'_2(\cdot)>0$，$W''_2(\cdot)<0$。

(4) 用 $\rho(\rho\geqslant 1)$ 度量嵌入性的大小，根据前述观点，嵌入性 ρ 增加了交流和沟通，故节省了交易成本，可令协作创新后两个企业的成本分别为：

$$C_1=\frac{T_1(e_1)}{\rho^2}+C_0+e_1\qquad C_2=\frac{T_2(e_2)}{\rho^2}+p+e_2$$

其中 p 代表企业A与B之间的交割价格。

(5) 随着嵌入性增大，即集群企业间的“乡缘”“亲缘”关系联系日益密切，环境变革后，企业间需要进行利润协调或者讨价还价，但是由于“不愿伤和气”而使得这种协调变得困难。故假设产品交割价格的实现值为：

$$p=\frac{W_1(e)}{\rho}+p_0$$

对于企业 B 来说，其产品能实现的价值则为：$V=W_2(e_1\times e_2)+V_0$

二、模型分析

在创新前，两个企业的单位产品利润分别为：$\Pi_A=p_0-C_0$，$\Pi_B=V_0-p_0$，并假设 $\Pi_A=\Pi_B$ 即 $P_0=\dfrac{V_0+C_0}{2}$。

为了分析求解方便并不妨一般性，假设：

$$T_1(e_1)=k_1(e_1+1)^2-k_1,\ T_2(e_2)=k_2(e_2+1)^2-k_2,$$

$$W_1(e_1)=h_1\ln(e_1+1),\ W_2(e_2)=h_2\ln(e_1\times e_2+1)。$$

假设企业 A 和 B 联合为一个整体，此时的集群整体利益函数为：

$$\Pi_S=(V-C_2)+(p-C_1)=h_2\ln(e_1\times e_2+1)+$$

$$V_0-\frac{k_2(e_2+1)^2+k_1(e_1+1)^2-(k_1+k_2)}{\rho^2}-C_0-e_2-e_1$$

根据一阶最优化条件可以得到此时集群最优的创新研发水平为：

$$\begin{cases}\dfrac{\partial\,\Pi_S}{\partial\,e_1}=0\\[2ex]\dfrac{\partial\,\Pi_S}{\partial\,e_2}=0\end{cases}$$

即满足如式 7-1 所示的条件

$$\begin{cases}e_1=\dfrac{\sqrt{(2k_1+2k_1e_2+\rho^2e_2)^2+8k_1e_2(h_2-1)\rho^2-16k_1^2e_2}-(2k_1+2k_1e_2+\rho^2e_2)}{8k_1e_2}\\[2ex]e_2=\dfrac{\sqrt{(2k_2+2k_2e_1+\rho^2e_1)^2+8k_2e_1(h_2-1)\rho^2-16k_2^2e_1}-(2k_2+2k_2e_1+\rho^2e_1)}{8k_2e_1}\end{cases}$$

（式 7-1）

容易证明，随着嵌入性 ρ 的加深，集群企业创新的努力水平也逐渐增加。

并且给定 k_1，k_2，h_1，h_2 的取值后，可以得到 e_1，e_2 随 ρ 的变化而变化的规律如图 7-2 所示。

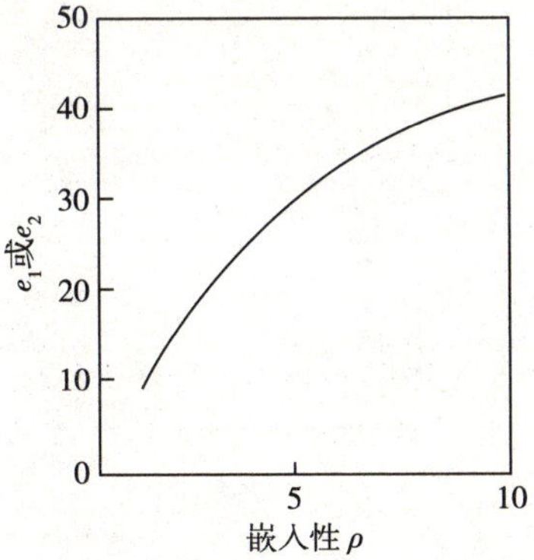

图 7-2　e_1，e_2 随 ρ 的变化规律

但是产业集群内的企业都是独立经营的，企业之间的关系只是相互交流合作，因而企业之间的协作创新分为两个阶段，第一阶段企业 A 决定其创新投入水平，即企业 A 选择 e_1 最优化其利润函数，其利润函数为式7-2。

$$\Pi_1^N = P - C_1 = \frac{h_1 \ln(e_1 + 1)}{\rho} + p_0 - \frac{k_1(e_1 + 1)^2 - k_1}{\rho^2} - C_0 - e_1$$

（式 7-2）

三、模型结论

根据一阶最优化条件可得，企业 A 创新投入 e_1 满足如式 7-3 所示关系：

$$e_1^N = \frac{\sqrt{\rho^4 + 8k_1h_1\rho} - \rho^2}{8k_1} - 1 \qquad \text{（式 7-3）}$$

可以证明存在 $\rho^* \in [1, \rho_{\max}]$ 使得 $e_1^N(\rho)$ 取得最大值，即 $\rho^* = \arg\max(e_1^N(\rho))$。当 $\rho < \rho^*$ 时 $e_1^N(\rho) < e_1^N(\rho^*)$，当 $\rho > \rho^*$ 时 $e_1^N(\rho) < e_1^N(\rho^*)$；特别当 $\rho = \rho_{\max} = \dfrac{8h_1 + \sqrt{16 + 2048h}}{32}$ 时，$e_1^N(\rho) = 0$。给定 k_1，h_1 的取值后，可以得到 e_1 随 ρ 的变化而变化的规律如图 7-3 所示。

结论 1： 企业 A 在技术创新方面的努力 e_1 与集群的嵌入性 ρ 呈倒 U 型的变化规律。

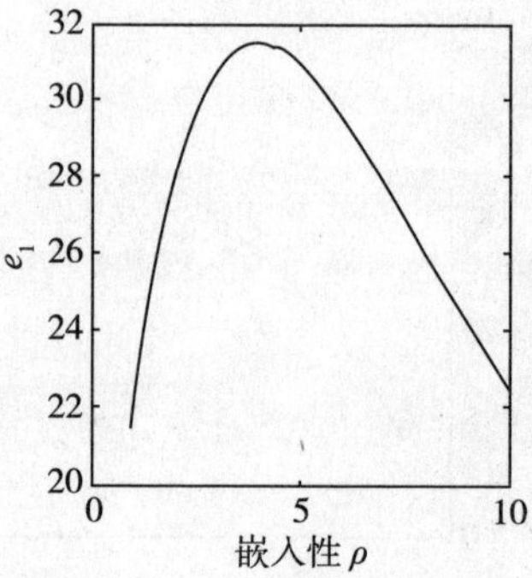

图 7-3 e_1 随 ρ 的变化规律

第二阶段，企业 B 决定自身的努力水平，此时企业 B 的最优化函数如式 7-4 所示：

$$\Pi_B^N = V_2 - C_2 = h_2 \ln(e_1^N \times e_2 + 1) + V_0 - \left[\frac{h_1 \ln(e_1^N + 1)}{\rho} + p_0 + \frac{k_2(e_2+1)^2 - k_2}{\rho^2} + e_2\right] \quad (\text{式 7-4})$$

此时企业 B 的最优努力水平 e_2 与式 7-1 相同，

$$e_2^N = \frac{\sqrt{(2k_2 + 2k_2 e_1^N + \rho^2 e_1^N)^2 + 8k_2 e_1^N (h_2 - 1)\rho^2 - 16k_2^2 e_1^N}}{8k_2 e_1^N} - \frac{(2k_2 + 2k_2 e_1^N + \rho^2 e_1^N)}{8k_2 e_1^N}$$

当 $\rho < \rho^*$ 时，随着 ρ 的增加，进而 e_1^N 的增加，此时 e_2 也逐渐增加。

当 $\rho \to \rho_{\max}$，进而 $e_1^N(\rho) \to 0, \ln(e_1^N \times e_2 + 1) \approx e_1^N \times e_2$，此时企业 B 对应的一阶最优性条件为：

$$\frac{\partial \Pi_B^N}{\partial e_2} = 0 \Rightarrow e_2^N = \frac{(e_1^N h_2 - 1)\rho^2}{2k_2} - 1 \quad (\text{式 7-5})$$

从式 7-5 可以看出 e_2^N 随着 e_1^N 的增大而增大，减小而减小。

特别地，从式 7-4 可以看出，当 $e_1^N = 0$ 时，Π_B^N 为 e_2 的减函数，显然企业 B 最优的努力水平 $e_2^N = 0$；

结论 2：当 $\rho < \rho^*$ 时，企业 B 的创新努力水平 e_2 随着 ρ 的增加以及 e_1^N 的增加而逐渐增加，当 $\rho > \rho^*$ 并且 $\rho \to \rho_{\max}$ 时，由于企业 A 在技术创新方面的努力 e_1 非常小并接近于 0 时，此时企业 B 在技术创新方面的努力 e_2 也随着 e_1 的减小而减小，并且也接近于零。即企业 B 的创新努力水平 e_2 也与集群的嵌入性 ρ 呈倒 U 型的变化规律。

假设当企业 A 与企业 B 协调价格困难时，企业 A 可以选择与集群外部的企业交易，即企业 A 不被企业 *B* 锁定，而是具有外部交易机会。此时说明集群具有一定程度的开放性。

一般来说，企业 A 不倾向于完全信任集群外的企业，令企业 A 信任企业 C 的概率为 γ。此时不妨假设企业 A 选择与企业 B 交易的概率为 $1-\gamma$，与企业 C 交易的概率为 γ，此时企业 A 的利润函数为式 7-6 所示：

$$\Pi_A^{\gamma}==\left[(1-\gamma)\frac{h_1\ln(e_1+1)}{\rho}+\gamma h_1\ln(e_1+1)\right]+p_0-\frac{k_1(e_1+1)^2-k_1}{\rho^2}-C_0-e_1 \quad \text{（式 7-6）}$$

此时，企业 A 的最优努力水平为式 7-7 所示：

$$e_1^{\gamma}=\frac{\sqrt{\rho^4+8k_1\gamma h_1\rho^2+8k_1h_1(1-\gamma)\rho}-\rho^2}{8k_1}-1 \quad \text{（式 7-7）}$$

容易证明，$\rho\geqslant 1$ 时，$e_1^{\gamma}>e_1^{N}$；说明当企业 A 适当信任外部交易机会时会增加创新研发投入，特别是随着 γ 的增大，e^{γ} 逐渐增大，企业 A 的创新研发投入达到最大。

以上模型的分析说明，适度的嵌入性能够增加集群的创新投入；但是当集群内部存在过度的嵌入性时，企业往往只愿意信任集群内部的企业，甚至不愿意因为一点经济利益损害与对方的“特殊关系”，此时只能通过其他途径如减少创新来维护集群内部的“一团和气”。因此欲使产业集群保持持续的创新优势，适度的开放从而防止过度的嵌入性是十分必要的。

第三节 实证分析

一、研究假设

1. 关系嵌入与组织间学习

嵌入性关系是一种基于信任、互惠互利、长期合作的观点，能够抑制行动者的短视行为，起到维系合作、实现共同获利的作用。嵌入性关系意味着组织之间更高频率的交流和更多知识的共享，在发展嵌入性关系的过程中，组织间伙伴能够逐渐增加彼此间的相互了解和依赖性，从而有利于加深彼此间的相互认同感和信任，其关系的维持需要更高频率的交流和资源的承诺，共同参与计划、目标的建立可以减少合作关系中可能出现的模糊性，明确学习目标。所以嵌入性关系意味着合作者之间的交流是高频率的、深入的，知识传递的数量也很丰富，其嵌入性关系越是紧密，他们之间的组织学习行动就越是默契，这将有利于组织之间的学习和模仿，减少不确定性所造成的风险，进而影响其组织创新绩效。因此提出如下假设：

H1：集群企业间的关系嵌入与集群企业的组织间学习正相关

2. 关系嵌入与关系锁定

渠道关系研究文献中，专项投资指企业为了特定的交易伙伴或关系所做出的高度专业化的持久性投资，这种投资是一种沉没成本，一旦关系破裂，投入方将遭受巨大损失（Willianson，1985）。而社会资本是构成专项投资的一个重要因素（Blumberg，2001），一旦行动者与他人关系破裂，行动者也会遭受巨大的沉没成本。因为做出专项投资的一方增加了对另一方的依赖，同时被锁定在特定的关系中，减少了对关系方行为的控制，增加了另一方的机会主义行为倾向（Berthon，2003）。集群企业间强连带关系破裂导致的成本属于此类，因此当创新决策受到网络中相关合作伙伴的反对时，创新决策的执行就受到阻碍。其次，在集群企业社会网络中，强连带往往给集群企业获得网络中资源的优先权，而获得资源的同时也形成了对资源提供方的承诺（Adhikari，2010），因此强连带带来资源的同时，也增加了集群企业对网络成员的承诺，往往使得未来企业家做决策时不得不考虑网络其他成员的利益，这将阻碍创新决策的执行。据此提出如下假设：

H2：集群企业间的关系嵌入与集群企业间的关系锁定正相关

3. 组织间学习与创新绩效

组织间学习对技术创新存在重要影响。集群企业间的相互学习可以促进企业创新，尤其是在知识密集型产业中。集群企业间的学习不仅影响到创新的初始阶段，也影响到创新的执行阶段，是企业维持创新的主要因素。李正卫等（2005）认为，技术创新活动本质上是学习活动，学习活动嵌入在企业的产品创新过程中。企业竞争的优势来自知识的整合，知识整合能够促进产品创新和提供产品创新所需要的技术，较高的学习倾向将促进较高的企业创新绩效（Powell，1999）。同一个集群网络内的企业可以充分利用集群的知识溢出，进行相互学习来提高企业的技术创新能力。在动态的环境中，组织对内外部知识的获取、积累和应用及整合能够产生更多的创新观念（Smir，2009）。知识的解码、获取、积累和应用不仅是影响组织创新能力的关键要素，也会进一步促进产品和工艺的不断创新，从而维持企业的竞争优势。可见，集群企业的组织间学习对企业的技术创新有很大影响。基于此提出以下拟验证的假设：

H3：集群企业组织间学习与集群创新绩效正相关

4. 关系锁定与创新绩效

新产品开发过程被广泛认为包括创意产生、创意筛选、产品开发、产品测试和产品推广等阶段。创意产生作为新产品开发源头，其作用至关重要，直接影响新产品开发的后续步骤并对创新绩效产生重要影响。创建一个开放的信息、思想交流平台有利于企业家扩大经营范围、提高创新绩效（Troy，2001）。然而，网络成员间的强连带关系、舒适方便的内部网络信息的获取渠道，往往导致企业家获取信息和思想的内部导向，不利于异质性的外部信息和思想的获得，从而可能束缚企业家创新思想的产生，最终影响到创新绩效。

同时创新绩效的提高不仅依赖于创意产生的数量，后续创意筛选、产品开发到产品推广等执行阶段都将影响到最终的创新绩效。集群企业即使拥有创新思想，但由于受到网络其他成员的偏好和利益的限制，这些创新思想被执行的难度增加。因为创新往往意味着打破常规，重新建构利益格局，当社会网络成员之间利益关系紧密时，一方的创新往往会改变关系对方的利益，当双方不能很好协调一致时，关系一方的创新决策将可能遭遇巨大的执行障碍，甚至遭到利益相关方的干扰和阻挠，从而降低创新绩效。

据此，笔者提出以下假设：

H4：集群企业间的关系锁定与集群创新绩效负相关

5. 关系嵌入与集群创新绩效

既有学者关注了关系嵌入对集群创新的正向影响，也有学者发现了关系嵌入对集群创新的负向影响，本书认为关系嵌入与集群创新之间的关系是复杂的，非线性的。Uzzi（1996）通过对纽约23家服装公司进行的研究得出，关系嵌入性的程度对组织绩效的影响具体表现为：当关系嵌入性特别弱或者特别强的时候，会阻碍组织绩效的提高；而当维持一个适当程度的关系嵌入性，组织绩效会达到最优，这也是倒U型的体现。Nell和Andersson在2012年的跨国企业子公司的研究中，也得到了同样的倒U

型结果。因此本书需要验证如下假设：

H5：集群企业间的关系嵌入与创新绩效呈倒U型关系

二、研究设计

1. 变量定义与问卷设计

关于变量的操作化定义和测量，我们通过对多篇国内外相关文献的全面梳理，同时结合本书的研究目的设计了变量的测量量表。其中：关系嵌入强度的测量问题参考了Canner（2007）等的研究成果，共6个题项。组织间学习主要借鉴赵林捷（2007）的研究成果，主要从组织间匹配度、组织间信任与互动程度两个方面6个题目加以测量。关系锁定参考白璇（2012）的研究成果，从创新思想受限、决策自由受限两个角度出发共涉及9个题目。集群企业的创新绩效参考了杨皎平（2012）和李庆满（2013）的调查量表，共4个题目。

另外将被调查集群企业所处的产业因素、政府因素以及与科研院所的互动因素设定为需要加以控制的因素，具体为：①产业因素由“行业的竞争程度较高”等6项问卷测量；②政府因素由“政府大力支持地方产业园区的建设”等3项问卷测量；③与科研院所的互动因素由“本地诸多企业与相关科研院所经常进行产学研合作”等5项问卷测量。

在实际调查中，采用了七分度的李克特式量表法对变量进行定义和测量。

2. 样本与数据检验

调查问卷的对象是辽宁省、山东省、浙江省的一些集群企业，具体有辽宁沈阳的装备制造集群企业、辽宁大连信息技术集群企业、山东济南的软件产业集群企业、山东滕州的机床集群企业、浙江诸暨的五金集群企业、浙江海宁的家纺和皮革集群企业，抽样对象具有一定的代表性。在调研中被试者包括企业的总经理、技术经理（或技术总监）、销售经理（或销售总监）以及其他一些熟悉企业技术创新、企业经营管理的工作人员。其中共当面填写回收有效问卷28份，通过其他渠道共发放问卷262份，回收184份，其中有效问卷135份。这样共计发放290份问卷，有效回收163份，有效回收率为56.2%。

研究获取的数据为横截面数据，因此只需考虑是否满足内在信度的要求，采用 Cronbach 的一致性系数（α 系数）来考察样本数据的内在一致性，如表 7-1 的第四列所示。

表 7-1　信度和效度分析表

指标	维度	度量题项	Cronbach'α	KMO	内敛效度
关系嵌入 *RE*	关系嵌入 *RE*	RE_1	0.714	0.705	0.719
		CE_2			0.735
		CE_3			0.758
		CE_4			0.754
		CE_5			0.707
		CE_6			0.768
组织间学习 *OI*	组织匹配程度 *OIA*	OI_1	0.835	0.853	0.902
		OI_2			0.716
	组织信任和互动度 *OIB*	OI_3	0.791	0.800	0.802
		OI_4			0.802
		OI_5			0.775
		OI_6			0.734
关系锁定 *RL*	创新思想限制 *RLA*	RL_1	0.852	0.811	0.709
		RL_2			0.889
		RL_3			0.826
	决策自由限制 *RLB*	RL_4	0.897	0.797	0.793
		RL_5			0.770
		RL_6			0.761
		RL_7			0.791
		RL_8			0.698
		RL_9			0.805
创新绩效 *IK*	创新绩效 *IK*	IK_1	0.878	0.868	0.947
		IK_2			0.941
		IK_3			0.947
		IK_4			0.928

从表 7-1 中看出所有变量的 Cronbach'α 值均大于 0.7，说明此次问卷调查所获取的数据具有良好的内部一致性，即问卷的信度较高。

问卷效度从内容效度和结构效度两个方面来检验，本研究在借鉴、整理国内外相关量表的基础上，通过专家咨询、对研究团队成员深度访谈获取建议，并通过了预调查和反复修改，因此保证了问卷的内容效度，本研究采用因子分析方法来检验结构效度，表 7-1 第五列和第六列是测量模型效度分析，从表 7-1 可以看出模型通过了效度检验，4 个变量的 KMO 值均大于 0.6，而且各观测变量的因子载荷均大于 0.5，因此问卷具有显著的结构效度。

为了使用计量经济学的回归分析方法，本书首先采用 SPSS 的因子分析功能模块，将各变量维度对应的指标值降维为一维变量；对应被调查集群所处的产业因素、政府因素以及与科研院所的互动因素的三个因子值分别记为 c_1，c_2，c_3，并记录各个因子值。用 Eviews 分别进行回归分析，结果如表 7-2 所示。

表 7-2 回归检验结果

解释变量	模型 1 *OIA*	模型 2 *OIB*	模型 3 *RIA*	模型 4 *RIB*	模型 5 *IK*	模型 6 *IK*	模型 7 *IK*	模型 8 *IK*
c_1					0.20**	0.19**	0.09*	0.11*
c_2					0.23**	0.26**	0.12**	0.19**
c_3					0.22**	0.21**	0.10**	0.14**
RE	0.27**	0.36**	0.13*	0.19*		0.41**	0.29**	0.33**
RE^2						−0.18*	−0.25*	−0.09
OIA							0.22*	0.25*
OIB							0.33*	0.37*
RIA								−0.21*
RIB								−0.13*
Adjusted R^2	0.41	0.49	0.29	0.37	0.46	0.59	0.66	0.69
F	107.8	129.2	98.02	106.07	34.16	35.49	49.25	41.33
DW	1.92	2.22	2.15	2.03	1.99	1.94	2.04	2.36

注：*** 表示在 0.01 水平下统计显著，** 表示在 0.05 水平下统计显著，* 表示在 0.1 水平下统计显著。

三、假设检验及解释

1. 关系嵌入程度与组织间学习

表 7-2 显示，模型 1 和模型 2 中关系嵌入 *RE* 前的系数 0.27 和 0.36 均为正，并具有显著性，即假设 H1 得到验证。这说明集群企业间的关系网络越紧密，企业间的关系联系越频繁、关系强度越强，越利于集群企业的组织间学习，这是因为嵌入性可以为集群企业之间建立信任环境，双方在交互沟通的过程中，如果都注重“诚信合作”，建立良好的信任基础，将有效推动双方资源的共享和建立更深入的、密切合作关系，在相互信任的联盟关系中，双方才会有较强的知识传递动机和较强的学习能力。

2. 关系嵌入程度与关系锁定

模型 3 和模型 4 中关系嵌入 *RE* 前的系数 0.13 和 0.19 均为正，也具有显著性，即假设 H2 得到证实。说明集群企业间过强的关系连接会导致关系锁定。一方面，在集群内部因为关系嵌入而导致的相似价值观和共享规范和程序将对企业家的创新能力和决策自由产生影响，同时共享规范会导致成员搭便车的现象以及企业家对网络成员的过度责任感。另一方面，连带强度越强，企业为维系关系嵌入付出的社会成本也就越高，高度嵌入特定社会关系中，不但不利于新思想的进入，同时社会资本这一专项资产投入带来的沉没成本，容易限制企业家决策自由。

3. 关系嵌入程度与集群创新绩效

模型 6 在模型 5 的基础上，增加了关系嵌入 *RE* 及其平方项，模型显示 *RE* 前的系数为正，*RE* 平方项前的系数为负，并均具有显著性，说明集群企业间的关系嵌入与集群企业创新绩效呈倒 U 型关系，假设 H5 被验证。这一研究与近期诸多学者的研究结论相吻合。如张钰（2013）的研究认为社会资本对利用式创新和探索式创新均具有倒 U 型影响，该研究指出社会资本对技术创新的正效应表现在，一方面有利于资源的交换和重组，带来更高水平的整合和深入思考，促进利用式创新的展开，另一方面，提高了伙伴提出新想法和新建议的意愿，有利于探索式创新；但是过高的关系资本会让合作者感觉自己的利益能够得到保证，创造的积极性因而降低，此时过高的关系资本让企业疏于监管，为机会主义提供可趁之机，其次，关系“情面”和避免冲突带来的不愉快会阻碍挑战性观点的产生，并且企业在发现合作伙伴有不当行为时，也不会直接及时地指出，缺少及时准确的回馈限制了企业间学习和创新活动。

4. 组织间学习的中介作用

模型 7 在模型 6 的基础上增加了变量组织间学习 OIA 和 OIB，模型显示 OIA 和 OIB 前的系数均为正且具有显著性，假设 H3 得到证明，说明组织间学习对集群创新绩效具有显著正向影响，这与诸多学者的研究结论是一致的。同时模型 7 中 RE 前的系数比模型 6 对应系数要小，说明组织学习充当了关系嵌入与集群创新绩效正效应的部分中介作用。

5. 关系锁定的中介作用

模型 8 在模型 7 的基础上增加了关系锁定 RIA 和 RIB，模型显示 RIA 和 RIB 前的系数为负也具有显著性，说明关系锁定对集群创新绩效具有负向影响，与预期假设 H4 一致，同时可以看出模型 8 中 RE 平方项之前的系数由模型 6、模型 7 中的显著为负，变得不再显著。说明关系锁定在关系嵌入对集群创新负效应中介作用占总负效应的比重很大，几乎起了完全中介的作用。

四、案例佐证

浙江台州市的缝制设备行业是世界缝制设备的主要产地之一，仅在下陈街道，就集中了 3 家中国缝制设备行业前十位的企业和 200 多家中小型整机及零配件生产企业，以及数以千计的家庭作坊式小工厂。从地域聚集和行业依存度来看，台州已经形成了缝制设备制造产业集群（李祯业，2008）。

但是它却始终没有体现出作为世界主要产地之一的创新优势，比如，目前世界上长年生产的缝制设备产品有 4000 余种，而台州却只能生产其中的 300 余种大众化产品，一些高、精、尖的缝纫设备台州根本无法生产。是什么原因导致台州缝制设备产业集群的创新水平低下呢？周霖（2004）、邱士明（2006）等认为出现这一问题的原因在于：台州缝制行业企业规模过小、重复投入严重，加上人才储备不足和公共服务欠缺等。而李祯业（2008）认为集群中上下游企业之间的特殊关系可能成为集群创新的“绊脚石”。

以下陈街道缝纫机生产协作链上的上下连接的 2 道工序为例进行说明，

位于上道工序的企业 A 与下道工序的企业 B 长期以来形成了互相信赖、合作默契的特殊协作关系。

现在，B 企业为了实施一项减少缝纫机噪声的创新计划，除了自身的产品研发外还需要 A 企业按照 B 企业要求，迅速投入资金开发轻质材料及其表面涂层技术。对于 A 企业来说，在新产品研发方面最担心的问题就是，在因特殊协作关系而无法提高新产品售价情况下如何消化因研发新产品而发生的费用增加问题。一般来说，消化这一费用最直接有效的途径就是提升新产品售价。但是，A 企业在考虑到提价会损伤同 B 企业的特殊协作关系之后，一般决定不提高产品价格，而是选择了千方百计抵制 B 企业的创新计划，或者为了应付下道工序的产品创新，只进行用料和样式的简单革新，而不进行性能和技术结构方面的创新，这势必影响了最终产品的创新水平。

台州集群企业之间这种带有浓厚的“同乡同族”的特殊的生产协作关系实际上是一种“闭关自守”倾向的闭锁性质的生产协作体系，是集群过度嵌入性的表现。这种过度的嵌入性不仅限制了外地企业自由进入，也导致企业缺乏创新动力和竞争压力从而延迟技术创新过程。

第四节　结论与管理启示

一、研究结论

基于资源基础、组织间学习和社会网络理论，从组织间学习和关系锁定的视角探索了关系嵌入强度对集群创新绩效的整合影响，主要结论如下：

第一，关系嵌入带来创新支持的同时，对集群创新的阻碍不容忽视，但关系嵌入对集群创新的正效应大于负效应，但当前大多数研究过度关注了关系嵌入的积极作用，忽视了嵌入性的社会成本。

第二，对于集群内部的创新网络来说，较弱的嵌入关系导致交易成本上升、代理问题的出现等一系列问题。而有效的创新是与企业间的强关系息息相关的，强关系可以使知识传递和分享更有效率，因此这就要求集群中企业积极地与其他企业建立基于信任的联系，政府和相关机构建立健全法律法规，保证嵌入关系的产生和发展。

第三，过度的嵌入使得企业处于一个紧密的社会关系中，紧密的社会关系催生了各企业的共同认知，这种共同认知的出现一方面使得网络成员对外界的信息有选择地接收，另一方面使得网络成员对信息的认知趋同，从而导致“锁定”现象的出现。过度嵌入的情况下，嵌入关系演变为企业的一种“负债”。

二、管理启示

第一，强连带关系有利于集群成员企业形成相似的价值观和行为规范，从而加强关系成员之间的信任，然而强连带会直接限制集群企业做决策的自由，鉴于企业的成功需要多方的支持，因此集群企业在发展强连带关系同时，不能忽视弱连带的发展，努力在强连带关系中增强成员之间的相互信任，这样更有利于提高创新绩效。

第二，关系嵌入虽然有利于促进沟通，然而过度的关系嵌入，容易导致价值观僵化，从而限制企业家决策和创新思想的产生。在维系社会网络关系中，企业家要注重把握认知相似性的度，避免价值观和行为规范的僵化。

因此集群企业有必要采取如下的一些措施来应对这种情况：（1）适当减弱与其他企业的嵌入性关系，增强企业灵活性；（2）积极与群外或网络外的企业建立联系，以增加信息的异质性，将封闭系统转变为开放系统生产网络中；（3）适当引入纯粹的交易关系，以改善企业效益。

本章参考文献

[1] Adhikari K P，Goldey P. Social capital and its “Downside”：the impact on sustainability of induced commutiy based organizations in Nepal [J]. World Development，2010，38 (1)：184-194.

[2] Berthon P，Pitt L F，et al. Norms and power in marketing relationships：alternative theories and empirical evidence [J]. Journal of Business Research，2003，56 (1)：699-709.

[3] Blumberg BF. Cooperation contracts between embendded firms [J]. Organization

Studies，2001，22（1）：825-852.

[4] Caner T. Geographical cluster，aliiance network structure and innovation in the US biopharmaceutical industry [D] . Unpublished Doctoral Dissertation Paper of University of Pitts Burgh，2007.

[5] Glasmeier A. Technological discontinuities and flexible production networks：the case of Switzerland and the world watch industry [J] . Research Policy，1991，20（5）：469-485.

[6] Grabher G. The Embedded Firms On the Social-economics of Industrial Networks [M] . London：New York Routlesge，1993.

[7] Granovetter，Mark. The Strenth of Weak Ties [J] . American Journal of Sociology，1973，78（6）：1360-1373.

[8] Gulati R，Gargiulo M. Where do interorganizational networks come from? [J] . American Journal of Sociology，1999，104（5）：1439-1493.

[9] Krackhardt D. The strength of strong ties：The importance of philos in organizations [M] . Cambridge：Harvard Business School Press，1992.

[10] McEvily W，Marcus A. Embeddedness and the acquisition of competitive capabilities [J] . Strategic Management Journal，2005，26（11）：1033-1055.

[11] Nell PC，Andersson U. The complexity of the business network context and itsefect on subsidiary relational（over）embeddedness [J] . International Business Review，2012，21（6）：1087-1098.

[12] Powell W W，Koput K W，et al. Network position and firm performance：organizaional returns to collaboration in the biotechnology industry [J] . Research in the Sociology of Organizations，1999，16（1）：129-159.

[13] Rindfleisch A，Moorman C. The acquisition and utilization of information in new-product alliances：A strength-of-ties perspective [J] . Journal of Marketing，2001，65（2）：1-18.

[14] Smir gupta，Arch woodside，Chris Dubelaar，Don Bradmore. Diffusing knowledge based core comletencies for leveraging innovation strategies：modelling outsourcing to knowledge process organizaions in phamaceutical networks [J] . Industrial Marketing Management，2009，38（2）：219-227.

[15] Troy L C Szymanski D M，et al. Generatind new product ideas：an initial investigation of the role or market information and organizaional characteristics [J] . Journal of the Academy of Marketin Science，2001，29（1）：89-101.

[16] Uzzi，B，Lancaster R. Relational embeddedness and learning：The case of bank

loanmanagers and their clients [J]. Management Science, 2003, 49 (4): 383-399.

[17] Uzzi. B, Social structure and competition in interfirm network: the paradox of embeddedness [J]. Administrative Science Quarterly, 1997 (6): 26-28.

[18] Willianson O E. The economic institutions of capitalism [M]. New York: the Free Press, 1985.

[19] 白璇，李永强，赵冬阳. 企业家社会资本的两面性：一项整合研究 [J]. 科研管理，2012，33 (3)：27-35.

[20] 兰建平，苗文斌. 嵌入性理论研究综述 [J]. 技术经济，2009，28 (1)：104-108.

[21] 李祯业. 特殊协作关系上的创新阻碍与外部机会研究：浙江台州缝制设备产业集群创新案例解析 [J]. 科研管理，2008，29 (6)：10-16.

[22] 李正卫，池仁勇，刘慧. 集群网络学习与企业创新绩效：基于嵊州领带生产企业集群的实证分析 [J]. 经济地理，2005，25 (5)：612-615.

[23] 卢杰，黄新建. 社会网络嵌入性对产业集群竞争力的影响分析 [J]. 江西社会科学，2009 (5)：108-111.

[24] 邱士明. 对下陈缝纫机产业发展的思考 [N]. 台州日报，2006-10-11.

[25] 王家宝，陈继祥. 企业网络化与服务创新研究：基于关系镶嵌的视角 [J]. 太平洋学报，2010，18 (11)：78-86.

[26] 王婉珍. 网络嵌入性与产业集群竞争力 [J]. 哈尔滨商业大学学报·社会科学版，2008 (6)：69-73.

[27] 谢洪明，蓝海林. 战略网络中嵌入性关系的决定因素及其特征和影响 [J]. 管理科学，2003 (4)：41-46.

[28] 赵林捷. 企业创新网络中组织间学习研究 [D]. 中国科技大学，2007.

[29] 周霖. 区域产业集群的地域依赖与内生机制研究——浙江台州缝纫机产业群的案例研究 [J]. 浙江经济，2004，8 (2)：23-25.

第八章　文化嵌入对集群创新的推动与阻滞

与学者们的研究视角不同，本书不试图分析哪种区域文化对技术创新的推动作用更大以及不同文化对技术创新的不同影响，而是从更一般性的角度来分析一个地区的企业、人员对该地区共同文化的认知程度，企业间的各种经济活动嵌入区域共同文化的深度（文化嵌入深度）对集群创新绩效存在什么样的影响，其影响机理是什么？关于文化嵌入深度与集群创新绩效的关系，学者们尚未取得一致的研究结果，部分学者认为较强的文化嵌入有利于降低集群企业之间的交易成本（Isaksen，2007），有利于企业之间的相互交流和学习（Cooke，2005）；但也有学者认为强的文化嵌入可能会使得集群企业之间形成小群体和圈子（Sorensen，2002），往往将新奇和变异行为视为异端，从而阻碍了集群的创新（James，2007）。文化嵌入深度与集群创新绩效之间的关系是辩证的，其作用机理也是复杂的，本书从组织间学习的角度来分析文化嵌入与集群创新绩效的作用路径，通过引入集群企业的“二元学习”这一中间变量，建立一个文化嵌入深度与集群创新绩效的分析框架，并分别采用理论和实证两种方法研究文化嵌入对集群创新绩效的影响。

第一节　理论框架的建立

一、文化嵌入

文化嵌入指经济活动嵌入在文化环境之中，从而导致经济行为和效率受到诸如民族文化心理和区域文化传统的社会文化的影响。从当前关于文化嵌入与区域经济之间关系的研究中可以发现，文化嵌入可以分为三个层次，即个人层次的文化嵌入性、组织层次的文化嵌入性和产业层次（或区域层次）的文化嵌入性（向永胜，2012），但不同层次的嵌入是存在相互关系的，个人的文化嵌入受组织文化嵌入的影响，组织文化嵌入又受产业或区域文化嵌入的影响。基于集群创新研究的文献既有集群内企业文化嵌入对企业创新影响的研究（James，2005），也有从集群整体层面研究区域文化嵌入性对集群整体创新能力的影响（Capello，2005），显然本书的研究属于后者。

文化嵌入与集群技术创新绩效存在密切的关系，夏保华（2006）认为技术创新既是社会文化的实践也是社会文化实践的创新，即认为在一定层面上技术创新的本质就是社会文化的实践和创新。这一论断或许过分强调了区域文化的作用，但总体来说，区域文化影响集群主体的行为价值判断，进而影响决定行为的意愿取向、行为方式的选择和努力程度（渠爱雪，2004）。文化嵌入为合作交流、共同解决技术创新过程中遇到的问题奠定了基础，较强的文化嵌入有助于集群企业之间的交互学习和知识的传递。Asheim（2002）的研究发现区域文化的嵌入可以为集群企业取得有经济用途的知识提供良好的氛围。然而，也有学者认为文化嵌入对集群技术创新也存在阻碍作用，James（2007）认为文化嵌入过强会导致集群企业对集群外的思想和行为视为异端，不利于对集群外部知识的学习，从而对技术创新有不利影响。实质上在很多学者的研究成果中（Glasmeier，1991；Grahher，1993；卢杰，2009；杨皎平，2012）均提及过强的文化嵌入、社会关系嵌入或结构嵌入会导致集群企业放弃对区域外部知识的学习，使集群被锁定在现有的技术或产业路径上，最终导致集群创新能力的丧失。

二、集群内学习与集群外学习

技术创新的知识观认为学习的知识是企业的主要战略资源，学习有利于增加企业的创新能力和竞争优势（Mabey，1995；张春宁，2006；邬爱其，2009）。学习与集群企业的创新能力之间的关系也引起了诸多学者的关注，很多学者在论述产业集群的竞争优势时指出产业集群之所以具有竞争优势，其本质就是促成企业之间的相互学习。对相关文献的整理发现：根据学习的目的，集群企业的学习通常被分为利用式学习和探索式学习

(Visser，2007；徐蕾，2013)；根据学习的对象，集群企业的学习通常被分为本地学习和超本地学习（Hendry，2000；Amin，2004；邬爱其，2009)。按照本书的研究逻辑，我们采用第二种划分方式，并将其称为集群内学习和集群外学习。

集群内学习促进了集群企业之间的合作和知识转移，成为集群企业创立和成长的重要动力，特别是当技术创新面临不确定性风险时。集群企业之间的学习能够凭借集群内学习实现能力互补与整合，在知识共享的基础上共同应对环境变化，降低创新的不确定性（Camagni，2002；Capello，2005)，但也有学者指出尽管很多产业集群非常重视集群内学习，但是还是出现了很多产业集群出现创新锁定甚至衰退的后果（Eriksson，2008)。因此，近年来与集群学习相关的研究日益向开放视角倾斜，并指出长期以来人们过分关注了集群内学习，而忽视了集群外学习（Visser，2004；Belussi，2009；周泯非，2011)。与集群内学习相比，集群外学习是开放式学习，这种学习的学习空间更大，更加重视整合异质的、多元的市场和技术知识，因此集群外学习为集群企业的创新尤其是探索式创新提供了关键性知识，同时还可以进一步地促进集群内学习（Oerlemans，2005；杨皎平，2012)，但我们不能在肯定集群外学习的同时而否定集群内学习，因为两者的作用是互补的而非替代的（邬爱其，2009)。

三、理论框架的确立

通过上述相关文献的研究结论可以发现，文化嵌入对集群的创新具有双重影响。一方面，文化嵌入有助于集群内企业之间的相互交流和学习；另一方面，如果文化嵌入程度过强，将会导致集群内企业过于重视集群内学习而忽视了集群外学习，进而导致技术创新的锁定效应。集群内学习和集群外学习是集群企业的两种学习途径，两者对集群企业的创新是互补的，过分重视其一而忽视另一对集群企业的创新绩效都是不利的，集群企业应该追求集群内学习和集群外学习“二元学习”的平衡，因此本书提出如图 8-1 所示的理论框架。

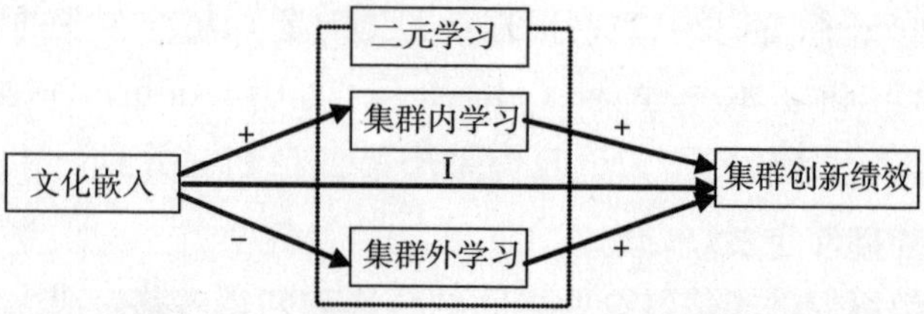

图 8-1 集群内文化嵌入、二元学习与集群创新绩效

在图 8-1 所示的理论框架中，涉及文化嵌入、集群内学习、集群外学习和集群创新绩效几个概念，其中集群创新绩效在诸多文献具有详细的论述，不再赘述。为了保证下面实证分析中变量测定的明确性，有必要对另外三个概念进行进一步的说明。

当前关于集群文化嵌入的研究主要从两个角度开展研究，第一是文化嵌入的特质（内容），第二是文化嵌入的程度。书中所指的文化嵌入是文化嵌入的程度，即隐藏不同集群的文化差异，而考虑集群所在区域的文化在集群企业间的共享程度，其价值观和假设在区域企业经济活动中的内化程度、渗透程度和稳定程度，也可以简单地理解为经济活动受区域文化的影响程度。

对应于本书的集群内学习，相关文献也称为集群学习、本地学习等，本书的集群内学习主要强调本地学习，而不考虑企业在产业链所处的位置以及企业之间在产业链上的竞合关系，在现实中主要表现为基于分工协作的正式的本地合作模式和基于人际关系的非正式的本地合作模式。对应于本书的集群外学习，相关文献也称为非本地学习、跨本地学习、超本地学习、跨集群学习和超集群学习。本书的集群外学习主要强调向集群所在区域之外的企业和组织学习，而不考虑这些企业或组织在产业链上是否与本企业相关或不相关。

第二节 数理模型

在创新的理解方面，基于知识管理的企业观认为创新活动的实质是知识创造。Drucker（1993）认为创新是运用旧知识来产生新知识的过程，基于这一理论，我们定义集群的创新绩效是集群内知识和集群外知识的函数，并且这一函数具有 Griliches-Jaffe 生产函数和 C-D 生产函数的性质，在此基础上进行如下数理分析。

一、模型假设

（1）集群企业的学习分集群内学习和集群外学习，集群企业获得的知识为集群内知识与集群外知识，集群内学习增加了集群内知识的积累，集群外学习增加了集群外知识的积累。

（2）第 t 个周期集群的技术创新函数 $IK=IK(CI, CO)=ACI^{\alpha}CO^{\beta}$，其中 IK 代表集群的技术创新绩效，CI 代表集群内知识的累积，CO 代表集群外知识的累积，A 为常数，$0<\alpha$，$\beta<1$ 表示集群内知识和集群外知识对技术创新的贡献程度。α 较大表示相应技术需要的知识范围不广，但是需要组织间的密切沟通、深入合作；β 较大表示相应技术需要的知识范围比较广，需要不同领域的交叉知识。

（3）令 $x=x(\rho, t)$ 表示第 t 个周期集群内的即时学习效应，$y=y(\rho, t)$ 表示第 t 个周期集群外的即时学习效应，其中 ρ 表示集群的特色文化嵌入性。$x(\rho, t)$ 是 ρ 的增函数，即集群内共同的文化基础促进了集群内企业间的学习；$y(\rho, t)$ 是 ρ 的减函数，集群的特色文化越明显、嵌入性程度越深，与集群外的企业学习交流越困难。

（4）令集群内与集群外学习的成本分别为 c_1x^2 和 c_2y^2。

（5）由于文化嵌入具有排外性，甚至对“亲外者”也有排斥性，假定 $\mathrm{d}CI/\mathrm{d}t=x(\rho, t)-ky(\rho, t)-\delta CI$，$k$ 为常数；同时假定 $\mathrm{d}CO/\mathrm{d}t=y(\rho, t)-\delta CO$。

二、模型建立与分析

根据上述假设，可以得到产业集群创新的最优控制模型为：

$$\max U=\int_0^T\{TI(CI, CO)-c_1x^2(\rho,t)-c_2y^2(\rho,t)\}\mathrm{d}t \quad (式 8\text{-}1)$$

$$IK(CI, CO)=ACI(t)^{\alpha}CO^{\beta}(t) \quad (式 8\text{-}2)$$

$$\mathrm{d}CI/\mathrm{d}t=x(\rho,t)-ky(\rho,t)-\delta CI \quad (式 8\text{-}3)$$

$$\mathrm{d}CO/\mathrm{d}t=y(\rho,t)-\delta CO \quad (式 8\text{-}4)$$

构建该最优化问题对应的 Hamilton 函数：

$$\overline{H}=A\times CI^{\alpha}\times CO^{\beta}-c_1x^2-c_2y^2+\lambda_1(x-ky-\delta CI)+\lambda_2(y-\delta CO)$$

一阶必要条件为：

$$\frac{\partial \overline{H}}{\partial x} = -2c_1 x + \lambda_1 = 0 \quad \text{（式 8-5）}$$

$$\frac{\partial \overline{H}}{\partial y} = -2c_2 y - k\lambda_1 + \lambda_2 = 0 \quad \text{（式 8-6）}$$

$$\frac{\partial \overline{H}}{\partial CI} = \alpha \frac{TC}{CI} - \lambda_1 \delta = \dot{\lambda}_1 \quad \text{（式 8-7）}$$

$$\frac{\partial \overline{H}}{\partial CO} = \beta \frac{TC}{CO} - \lambda_2 \delta = \dot{\lambda}_2 \quad \text{（式 8-8）}$$

根据式 8-5 和式 8-6 可知，集群内的最优学习和集群外的最优学习分别为：$x=\lambda_1/2c_1$ 和 $y=(\lambda_2-k\lambda_1)/2c_2$。根据式 8-7 和式 8-8 通过求解微分方程可知：

$$\lambda_1 = \alpha\int_0^t \frac{TI}{CI} e^{\delta x}\,\mathrm{d}x \times e^{-\delta t} \quad \text{（式 8-9）}$$

$$\lambda_2 = \beta\int_0^t \frac{TI}{CO} e^{\delta x}\,\mathrm{d}x \times e^{-\delta t} \quad \text{（式 8-10）}$$

进而得到

$$x = \frac{e^{-\delta t}}{2c_1} \times \int_0^t \frac{\alpha TI}{CI} e^{\delta x}\,\mathrm{d}x \quad \text{（式 8-11）}$$

$$y = \frac{e^{-\delta t}}{2c_2} \times \int_0^t \frac{TI}{COCI}[\beta CI - \alpha k CO] e^{\delta x}\,\mathrm{d}t \quad \text{（式 8-12）}$$

三、模型结论

式 8-5 和式 8-6 说明，集群企业向内学习和向外学习的最优水平应该在各自边际成本与边际收益相等的时候取得。$x=\lambda_1/2c_1$ 说明集群企业向内学习的速率与向内学习的边际收益正相关，与边际成本负相关；$y=(\lambda_2-k\lambda_1)/2c_2$ 说明对集群外学习速率的影响包含两个方面，一方面是向外学习的边际收益，另一方面是向内学习的边际收益，向外学习的边际收益促进了集群的外部学习，向内学习的边际收益则降低了集群的外部学习。因此，集群是更多地向内学习还是向外学习取决于两个边际收益的综合考虑，同时集群向外学习的速率与向外学习的边际成本负相关。

式 8-11 说明，随着集群内的知识累积 CI 的增加，集群应该适当降低集群内学习的速率；式 8-12 说明随着集群内知识累积的增加，集群应该增加向外学习的速率，而随着集群外部累积知识的增加，集群应该降低向外学习的速率，这两者说明了集群企业应该追求向内学习和向外学习“二元学习”的平衡，

在模型假设中提及集群内学习速率 $x(\rho, t)$ 是文化嵌入 ρ 的增函数，集群外学习速率 $y=y(\rho, t)$ 是文化嵌入 ρ 的减函数，文化嵌入 ρ 过小时不利于集群内部企业之间的学习，文化嵌入 ρ 过大时不利于集群企业向外部学习，欲使集群企业保持向内学习和向外学习的平衡，就需要一个适度的文化嵌入，过度嵌入或嵌入不足都不利于集群企业技术创新。因此集群的创新绩效与文化嵌入往往呈现一种倒 U 型的依赖关系。

之所以会出现集群内文化嵌入对集群创新绩效的倒 U 型影响，原因也许是复杂多样的，但有一个原因是可以肯定的，当集群对研发某产品的共享性知识（集群内共同知识存量）比较少时，集群企业之间进行协作创新时需要增加相互之间知识的冗余性、增加对产品研发共同的认识，如果集群企业之间具有共同的文化基础，地域的特色文化较强地嵌入相互之间的经济关系之中时，企业之间沟通和协调将比较容易，此时的文化嵌入有利于集群内部企业之间的相互学习，将私人知识变为共同知识，减少知识的多样化，增加集群共同知识存量，必然会增加集群的创新绩效；但是如果随着集群内部企业之间不断地相互学习，知识溢出不断增加，必然使得集群共同知识存量相对较多，而集群企业间知识的多样性相对较小，出现集群知识的同质化严重，此时集群知识创造的瓶颈为知识多样性，此时如果存在高度的文化嵌入，集群企业不愿意信任集群外的企业或组织，甚至出现不允许集群内合作伙伴与集群外企业建立紧密的联系，此时的文化嵌入因为降低了向集群外学习的速率而导致集群知识多样性降低，从而不利于集群企业的技术创新。

上文以集群内部学习和集群外部学习为决策变量建立了数理模型，分析了集群文化嵌入对集群企业技术创新的影响，下面将围绕图 8-1 和上述的机理分析进行实证研究。

第三节 实证分析

一、研究假设

1. 文化嵌入与群内学习

产业集群能够在某个区域形成并取得发展，相同的或近似的区域社会文化因子起了重要的作用，因为共同的文化认知和价值观有助于资源交换和组合、有助于集群企业之间的交流学习和共同解决问题；从组织间学习的角度来看，集群内的学习过程被共同的社会和文化环境所提供，文化嵌入不但可以促使本地企业间的非正式学习交流，也有助于企业间的正式交流和合作创新。不同学者从不同角度论述了文化嵌入与集群内学习的关系，James（2003）认为文化嵌入性使得集群企业形成强烈的“本地身份认同”，从而倾向于本地学习和企业间结网合作；Capello（2005）认为文化邻近是关系资本存在的前提和基础，而关系资本有助于集体学习。但对国内学者的研究成果进行整理后发现，在促进集群内企业间学习方面均强调了社会关系嵌入、结构嵌入以及社会资本的重要性，而忽视了区域文化的作用，只有聂正安（2008）、魏江和向永胜（2012）等几位学者进行了关注，那么国内的产业集群中文化嵌入与集群学习是否存在着上述所提及的联系呢？因此本书需要验证如下假设：

H1：文化嵌入程度与集群内学习存在正相关关系

2. 文化嵌入与群外学习

文化作为一个环境变量，对置于其中的经济活动既具有激励和导向功能，也具有约束和限制功能。在某一项经济活动过程中，文化的作用是激励还是约束并不会依赖该经济活动是有利或有害的，更多地取决于该经济活动与文化的导向是否一致。在产业集群内部，当区域文化深深地渗透于人们的经济活动之中，当人们对区域文化高度认同甚至出现排外时，就出现了文化的过度嵌入，此时集群企业习惯在集群内部寻找知识源，而放弃更多的外部知识源（魏江，2001），从而限制了集群的学习空间，导致集群知识的同质化；学者 James（2007）也认为文化嵌入在鼓励价值规范一致行为的同时，也将其他行为视为异端，这将阻碍新奇和变异行为的产生，从而不利于技术创新，特别是突破性创新；文化嵌入与社会关系嵌入一样，强的文化嵌入会使得企业之间形成集群群体和集群圈子现象，从而导致排外和封闭，使集群的发展锁定在既有的技术和产业路径上；从二元学习的角度来说，强的文化嵌入性是一把“双刃剑”，一方面提升了集群企业间认知的一致性，但另一方面也导致了排外与封闭现象，在利于集群内学习的同时，限制了集群外学习（Sorensen，2002）。因此提出如下假设：

H2：文化嵌入程度与集群外学习存在负相关关系

3. 群内学习与创新绩效

集群企业通过集群内部学习，促进了集群内部知识的共享和积累，集群拥有这些积累的内部知识，集群企业以较廉价的成本将科研成果应用到技术创新活动中，此举对创新的产出有重要的影响（江旭，2010）；Gibbons（1994）认为内部积累的新知识是企业技术创新的重要来源；Adams（1998）也指出企业所需的知识很大程度上直接来源于内部积累创造的新知识，这种以内部的协同效应获得知识的方法有助于创新，是卓有成效的，对于集群这个整体组织来说，这些观点也是适用的。一般来说，通过集群内学习增加了内部的知识积累，使企业在有关领域的知识搜索和选择的效率得到了相应的提高，有利于企业清晰地认识到市场问题的关键所在，深刻认识到顾客市场的需求并提出行之有效的方法。基于上述，提出如下假设：

H3：集群内部学习与集群企业的创新绩效正相关

4. 群外学习与创新绩效

与集群内学习相比，集群外学习拓宽了学习的边界，属于开放式学习，其更加重视整合多种地域、多种情景下的有关产品、市场方面的新奇的知识，因此其增加了学习的空间和范围。集群企业的知识来源分集群内部和集群外部，Cohen & Levinthal（1997）认为外部知识的丰富程度很大程度上影响着技术创新需要的知识和技术的获得；March（1991）的研究指出，外部知识网络的宽度有利于企业新的知识的增加，使得企业的“知识池”得到扩充；通过集群内学习获得的集群内部知识对技术创新的作用有限，通过引入外部知识，增加知识源的类别，促进了不同知识的有机整合，从而提高了创新的可能性；集群创新能力提升和产业集群的升级是集群内外部知识结构互动的过程，也是一个跨集群边界学习的过程，外部知识是集群创新能力提升的关键，很多地区创新能力的不足与不重视集群外学习有重要的关系，因此提出如下假设：

H4：集群外部学习与集群企业的创新绩效正相关

5. 文化嵌入与创新绩效

如前所述，较强的文化嵌入在促进集群内学习的同时，在一定程度上阻碍了集群外学习，集群创新能力提升是集群内外部知识结构互动的过程，因此文化嵌入对集群创新绩效的影响既存在促进作用也存在阻碍作用。杨皎平（2012）认为过强的嵌入性使集群内部知识共享和外部信息的获取不可兼得；吴先华（2008）从认知距离的角度认为，对技术联盟的创新绩效来说，认知距离既不是越大越好，也不是越小越好，而应该存在一个临界点，认知距离过小虽然利于知识的吸收但不利于获得新颖性知识，认知距离过大虽然容易获得新颖性知识但又不利于知识吸收，因此认知距离与创新绩效存在倒U型影响，因此提出如下假设：

H5：集群的文化嵌入程度与集群企业的创新绩效呈倒U型关系

为了证实数理模型的合理性以及验证上述假设是否成立，令集群文化嵌入程度为CE，集群内学习为CI（集群内学习增加了集群内知识积累，因此两者用一个变量），集群外学习为CO（采用集群外知识的变量标识），技术创新绩效为IK，结合理论分析的内容上述假设可以用如下几个函数关系式表达：

$$CI = \gamma_0 + \gamma_1 CE + \varepsilon \quad \text{（式 8-13）}$$

$$CO = \nu_0 + \nu_1 CE + \varepsilon \quad \text{（式 8-14）}$$

$$\ln IK = \beta_0 + \beta_1 \ln CI + \beta_2 \ln CO + \varepsilon \quad \text{（式 8-15）}$$

$$IK = \alpha_0 + \alpha_1 CE + \alpha_2 CE^2 + \varepsilon \quad \text{（式 8-16）}$$

其中H1对应$\gamma_1>0$，H2为$\nu_1<0$，H3为$\beta_1>0$，H4为$\beta_2>0$，H5为$\alpha_2<0$。

二、研究设计

1. 变量定义与问卷设计

集群企业的创新绩效参考了杨皎平（2012）和李庆满（2013）的调查量表，采用了“集群新产品数或申请的专利数逐年增加”“集群新产品产值占销售总额的比重日益增加”“集群新产品的开发速度逐渐加快”“集群创新产品的成功率相对提高”4个题项来测量；文化嵌入是崭新的构念，尚未成熟的量表，本书对集群的文化嵌入的测度借鉴了Xavier（2009）、Zahra（2004）和向永胜（2012）的研究成果，由“相对于外地企业，本公司更愿意与本地企业做生意”“本地企业有共同的文化和价值观”“与本地人交往和沟通更加亲切和可信”“外地的管理和技术人员在本地公司较难得到重用和提拔”“外地的很多经营理念和体制不适用于本地企业”共5个题项来测量；对集群内学习的测量参考了Visser（2007）和Sventina（2008）的调查量表，采用“公司经常与本地客户交流获得相关信息和知识”“公司经常与本地供应商交流获取相应信息”“公司与本地同行企业保持有密切的非正式的交流”“公司与本地高校、研究机构保持着交流和合作”“公司近期引进的人员多为本地人员”共5个测项；对集群外学习的测量参考了Visser（2007）和邬爱其（2009）的调查量表，设置了“公司经常与外地客户交流来获取信息和知识”“公司经常与外地供应商交流获取信息”“公司积极与外地同行企业开展技术合作”“公司积极从外地引进技术和管理人才”“公司经常通过多种渠道获取外部信息和知识”共5个测项。

另外将被调查集群企业所处的产业因素、政府因素以及与科研院所的互动因素设定为需要加以控制的因素，具体为：①产业因素由“行业的竞争程度较高”等6项问卷；②政府因素由“政府大力支持地方产业园区的建设”等3项问卷；③与科研院所的互动因素由“本地诸多企业与相关科研院所经常进行产学研合作”等5项问卷。

在实际调查中，采用了七分度的李克特式量表法对变量进行定义和测量。

2. 样本与数据检验

调查问卷的对象是辽宁省、山东省、浙江省的一些集群企业，具体有辽宁沈阳的装备制造集群企业、辽宁大连信息技术集群企业、山东济南的软件产业集群企业、山东滕州的机床集群企业、浙江诸暨的五金集群企业、浙江海宁的家纺和皮革集群企业，抽样对象具有一定的代表性。在调研中被试者包括企业的总经理、技术经理（或技术总监）、销售经理（或销售总监）以及其他一些熟悉企业技术创新、企业经营管理的工作人员。其中共当面填写回收有效问卷28份，通过其他渠道共发放问卷262份，回收 184 份，其中有效问卷 135 份。这样共计发放 290 份问卷，有效回收 163 份，有效回收率为 56.2%。

表 8-1 信度和效度分析表

指标	度量题项	Cronbach'α	KMO	内敛效度
文化嵌入程度 CE	CE_1	0.937	0.895	0.839
	CE_2			0.855
	CE_3			0.878
	CE_4			0.874
	CE_5			0.788
集群内学习 CI	CI_1	0.885	0.893	0.794
	CI_2			0.885
	CI_3			0.797
	CI_4			0.853
	CI_5			0.777
集群外学习 CO	CO_1	0.911	0.892	0.810
	CO_2			0.882
	CO_3			0.788
	CO_4			0.761
	CO_5			0.747
创新绩效 IK	IK_1	0.878	0.868	0.947
	IK_2			0.941
	IK_3			0.947
	IK_4			0.928

研究获取的数据为横截面数据，因此只需考虑是否满足内在信度的要求，采用 Cronbach 的一致性系数（α 系数）来考察样本数据的内在一致性，如表 8-1 的第三列所示。

从表 8-1 中看出所有变量的 Cronbach'α 值均大于 0.7，说明此次问卷调查所获取的数据具有良好的内部一致性，即问卷的信度较高。

问卷效度从内容效度和结构效度两个方面来检验，本研究在借鉴、整理国内外相关量表的基础上，通过专家咨询、对研究团队成员深度访谈获取建议，并通过了预调查和反复修改，因此保证了问卷的内容效度，本研究采用因子分析方法来检验结构效度，表 8-1 第四列和第五列是测量模型效度分析，从表 8-1 可以看出模型通过了效度检验，4 个变量的 *KMO* 值均大于 0.7，而且各观测变量的因子载荷均大于 0.5，因此问卷具有显著的结构效度。

为了便于计量经济学的回归分析的使用，本书首先利用 SPSS 的因子分析功能模块，将“文化嵌入程度”对应 5 个指标降维为一个因子 *CE*，并记录 *CE* 的取值；类似将“集群内学习”对应 5 个指标降维为一个因子 *CI*；将“集群外学习”对应的 5 个指标降维为一个因子 *CO*；将“技术创新绩效”对应的 4 个指标降维为一个因子 *IK*，对应被调查集群所处的产业因素、政府因素以及与科研院所的互动因素的三个因子值分别记为 c_1，c_2，c_3，并记录各个因子值。然后根据函数的设定形式式 8-13、式 8-14、式 8-15、式 8-16，并将 c_1，c_2，c_3 作为控制变量，采用 Eviews 分别进行回归分析，结果如表 8-2 所示。

由于 SPSS 工具计算的因子值为归一化的数据，其均值为 0，为了回归非线性模型 5，将数据 *KM*，*KH*，*IK* 进行平移运算，使其最小值大于 1。然后再回归模型 5。

表 8-2　回归检验结果

解释变量	模型 1 *CI*	模型 2 *CO*	模型 3 *IK*	模型 4 *IK*	模型 5 ln*IK*
c_1			0.20**	0.19**	0.01**
c_2			0.23**	0.26**	0.02**
c_3			0.22**	0.21**	0.01**
CE	0.43**	−0.64**		0.29	
CE^2				−0.11*	
ln*CI*					0.157***
ln*CO*					0.222***
Adjusted R^2	0.42	0.35	0.46	0.53	0.59
F	118.7	86.01	34.16	25.88	35.71
DW	2.17	2.04	1.91	1.9	1.89

注：*** 表示在 0.01 水平下统计显著，** 表示在 0.05 水平下统计显著，* 表示在 0.1 水平下统计显著。

三、假设检验及解释

1. 集群文化嵌入程度与集群内学习

如表 8-2 显示，模型 1 中参数 $\gamma_1=0.43>0$，并具有显著性，即假设 H1 得到验证，组织间的学习往往发生在相互信任、相互依赖的组织之间，这一学习过程往往伴随人员的交流、业务的合作。组织间关系的密切程度、相互信任和依赖程度，以及是否存在共同的理念和价值观决定了学习的深度和学习的绩效，在产业集群内部，如果当地的文化被集群企业高度认同，经济活动和文化导向紧紧耦合在一起时，集群企业更加愿意信赖集群内的企业，更加愿意雇用本地的管理和技术人员，更加愿意与集群内的结构合作，因此集群内企业之间的学习将更加深入充分。

2. 集群文化嵌入程度与集群外学习

模型 2 中参数 $\nu_1=-0.64<0$，并具有显著性，即假设 H2 得到验证，一般来说集群外学习是与区域外的主体建立联系或搜索异质性信息，其搜索、沟通和协调的困难程度和付出的成本本身就比集群内学习要大，而当集群的文化嵌入程度过深时，对集群外学习就更加不利，具体表现为：（1）集群企业更加愿意信任群内企业而不是群外企业，因此群外学习的积极性不高；（2）过强的文化嵌入必然对外部文化有所抵触，此时群外学习的沟通和协调成本便很大；（3）过强的文化嵌入导致与外部企业的认知距离大，知识间的共性和冗余少，此时不利于知识的吸收和整合，因此学习的效果也不好。

3. 集群的二元学习与技术创新绩效

模型 5 的估计结果显示，$\beta_1>0$，$\beta_2>0$ 并且均具有显著性，即分别证实了 H3 和 H4，说明无论是集群内学习还是集群外学习对集群的技术创新均存在正向的影响。根据新熊彼特学派的观点认为，新知识的产生是本地的隐性知识和外部的显性知识的互补知识组合和相互作用的结果，即集群内学习获得的本地知识和集群外学习获得的外地知识的组合有助于新知识的产生；如果将创新分为利用式创新和探索式创新，则群内学习加深了集群共有知识的深度，因此有利于集群利用式创新，集群外学习加深了集群知识的宽度，因此更有利于探索式创新，因此不论群内学习还是集群外学习都有利于提高集群的创新绩效。

4. 集群文化嵌入程度与集群创新绩效

模型 3 只有控制变量而未加入解释变量，从表 8-2 可知模型 3 的估计结果显示模型具有显著性，模型 4 在模型 3 的基础上加入文化嵌入 CE 和其二次方 CE^2 后的估计结果中 CE 一次项系数 α_1 为正，且具有显著性，二次项系数 α_2 为负，也具有显著性，即证实了假设 H5，说明了集群文化嵌入倒 U 型影响集群的创新绩效。

从知识创造的角度理解技术创新，集群知识创造既需要本地知识也需要外部知识，既要有知识的冗余型也要有知识的多样性，两者缺一不可。如果集群文化的区域认同感过强，企业的经济活动深深嵌入于该文化当中，虽然有助于集群内部主体的交流和合作，从而增加了本地知识，增加了知识的冗余，但是也导致排外严重，阻碍外部人才的进入，降低了与外部机构合作的可能性和成功率，从而不利于获取外部的异质性知识，降低了集群知识的多样性。因此集群文化的嵌入性在一定范围内会促进集群的技术创新，当超出这个范围时反而会阻碍技术创新。从技术创新的形式来看，虽然较强的文化嵌入有利于集群内学习，从而有利于利用式创新，较弱的文化嵌入有利于群外学习，从而有利于探索式创新，似乎文化嵌入弱或强都有各自的优点，但是实质上利用式创新与探索式创新往往是互相耦合、互为前提的，不重视利用式创新一味追求探索式创新，将缺乏创新基础也会增加创新成本，不重视探索式创新只追求利用式创新，将没有创新动力和前景，因此需要两种创新形式的平衡，自然也需要对文化嵌入程度的平衡。

第四节　结论与管理启示

一、研究结论

本章首先在对相关研究成果梳理的基础上提出了研究框架和相关概念，在该研究框架中，提出了“二元学习”的概念，并将其分解为“集群内学习”和“集群外学习”两个方面，认为集群内学习和集群外学习对集群企业的技术创新均具有促进作用，但是集群文化嵌入程度对集群内学习和集群外学习的影响却是截然相反的，因此一个合理的文化嵌入程度需要满足两者的相对平衡，以达到集群创新绩效的最大化。

接着在理论框架的指导下，本书借鉴了 Griliches-Jaffe 生产函数和 *C-D* 生产函数建立了集群创新生产函数，并利用相应数理模型分析了文化嵌入对技术创新的影响，认为集群内知识和集群外知识存在一个最优的比例，在此最优比例下，集群的创新绩效都会达到最优化，高于这个比例或低于这个比例都不利于集群的创新和发展，因此得出集群的文化嵌入程度应该保证集群内学习和集群外学习的相对平衡。

然后基于本书的理论框架和数理模型的分析结果，本章采用了实证分析的方法对研究假设进行验证。实证分析以文化嵌入程度为解释变量，集群内学习和集群外学习为中介变量，以集群技术创新绩效为被解释变量，以集群所处的产业因素、政府因素以及与科研院所的互动因素为控制变量，选择我国部分地区的产业集群为样本，证明了文化嵌入对技术创新存在倒 U 型关系。

二、管理启示

集群的文化嵌入程度与集群的创新绩效两者的关系是非线性、辩证的，基于身份认同和文化邻近而形成的文化嵌入性有助于集群企业间网络关系的发展，有利于减少交易成本和学习成本，有利于企业间共同知识的积累和集群整体能力的提升，但是过强的文化嵌入性也使得集群企业不愿意与群外企业合作，不认同外部的技术模式和管理经验，从而放弃了获取外部知识的机会，出现技术路径依赖和创新锁定。根据知识创造模型和知识生产函数，知识的创造、技术的创新既需要一定的知识冗余性又需要一定的知识多样性。对于产业集群来说，其创新绩效是集群内部知识和外部知识的整合，由于文化嵌入程度对集群内学习和集群外学习的影响是截然相反的，因此过弱或过强的文化嵌入对集群的创新绩效都是不利的。

文化的过度嵌入来自文化功能和性质形成的路径依赖导致的锁定。在集群发展过程中必须寻求路径依赖与路径突破的平衡和转变，无法根据集群发展阶段的竞争优势需求实现文化嵌入与集群发展的协同演进，将导致企业、个体网络和整个集群的衰落和灭亡。文化嵌入不是预先给定的，固有的或静态的，而是由连续变化的导因机制和实践连续重构的过程（James，2007），即便是一个集群整体的文化演进具有刚性特征，但是从集群内每个企业的层面来看，改变文化嵌入的现状，进行相应变革还是比较容易的，集群文化作为一种非正式的制度安排，实现其模式改革的方式与其他制度具有相似之处，因此企业可以采取恰当的方式实现文化嵌入模式的变革。

本章参考文献

[1] Adams M E，Day G S，Dougherty D. Enhancing new product dvelopment performance：an organizational learning perspective [J] . Journal of Product Innovation Management，1998，15 (5)：403-422.

[2] Amin A. ，Cohendet P. Architecutre of Knowledge：Firms Capabilities and Community [M] . New York：Oxford University Press，2004.

[3] Asheim B T，Isaksen A. Regional Innovation Systems，The Integration of Local "Sticky" and Global "Ubiquitous" Knowledge [J] . Journal of Technology Transfer，2002，27 (1)：77-86.

[4] Belussi F，Sedita S R. Life cycle vs multiple path dependency in industrial districts [J] . European Planning Studies，2009，17 (4)：505-528.

[5] Camagni R. On the concept of territorial competitiveness：sound or misleading [J] . Urban studies，2002，39 (13)：2395-2411.

[6] Capello R，Faggian A. Collective learning and relational capital in local innovation process [J] . Regional Studies，2005，39 (1)：75-87.

[7] Cohen W M，Levinthal D A. Fortune favors the prepared firm-reply [J] . Mangement Science，1997，43 (10)：1463-1468.

[8] Cooke P，Clifton N，Oleaga M. Social captial，firm embeddedness and regional development [J] . Regional Studies，2005，39 (8)：1065-1077.

[9] Drucker P F. Post-capitalist society [M] . New York：Butterworht Heineman，1993.

[10] Eriksson R，Lindgren U. and Malmberg G. Agglomeration mobility：effects of localization，urbanization and scale on job change [J] . Environment and Plannig，2008，40 (10)：2419-2434.

[11] Gibbons M，Linoges C，Nowotny H，et al. The new production of knowledge：the dynamics of science and research in contemporary society [M] . London：London Sage，1994.

[12] Glasmeier A. Technological discontinuities and flexible production networks：the

case of Switzerland and the world watch industry [J] . Research Policy, 1991, 20 (5): 469-485.

[13] Grabher G. The Embedded Firms On the Social-economics of Industrial Networks [M] . London: New York Routlesge, 1993.

[14] Hendry C, Brown J, Defillippi R. Regional Clustering of High Technology Based Firms: Opto-Electronics in Three Countries [J] . Regional Studies, 2000, 34 (2): 129-144.

[15] Iasksen A. Clusters, innovation and the local learning paradox [J] . International Journal of Entrepreneurship and Innovation Management, 2007, 7 (2): 366-384.

[16] James A. Everyday effects, practices and causal mechanisms of "cultural embeddedness", learning from utah's high tech regional economy [J] . Geoforum, 2007, 38 (2): 393-413.

[17] James A. Demystifying the role of culture in innovative regional economies [J] . Regional Studies, 2005, 39 (9): 1197-1216.

[18] James A. Regional Culture, Corporate Strategy and High Tech Innovation, Salt Lake City [D] . Department of Geography & Fitzwilliam College University of Cambridge. 2003.

[19] Mabey C, Salaman G. Strategic Human Resource Management [M] . Oxford: Blackwell, 1995.

[20] March J G. Exploration and exploitation in organizational learning [J] . Organizaiton Science, 1991, 2 (1): 71-87.

[21] Oerlemans L A, Meeus M T. Do organizational and spatial proximity impact on firm performance [J] . Regional Studies, 2005, 39 (1): 89-104.

[22] Sorensen J B. The Strength of corporate culture and the reliability of firm performance [J] . Administrative Science Quarterly, 2002, 47 (1): 70-91.

[23] Svetina A V, Jaklic M. Collective learning channels in clusters [J] . Economic and Business Review, 2008, 10 (4): 289-306.

[24] Visser E J, Boschma R. Learning in districts: novelty and lock-in in a regional context [J] . European Planning Strudies, 2004, 12 (6): 793-808.

[25] Visser E J, Atzema O. Beyond cluster: Forstering innovation through a differentiated and combined network approach [D] . Utrecht universtity, 2007.

[26] Xavier F, Molina M, Teresa M, Martinez F. Too much love in the neghborhood can hurt: how an excess of inrensity and trust in relationship may produce megative effects on firms [J] . Strategic Management Journal, 2009, 30 (9): 1013-1023.

[27] Zahra S A, Hayton J C, Salvato C. Entrepreneurship in family vs non-family firms: a resource-based analysisi of the effect of organizaitonal culture [J]. Entrepreneurship Theory and Practice, 2004, 28 (4): 363-381.

[28] 江旭，高山行．知识积累与获取对企业创新的交互作用研究［J］．2010，22（6）：8-13.

[29] 李庆满，杨皎平，金彦龙．集群内部竞争、技术创新力与集群企业技术创新绩效［J］．管理学报，2013，10（5）：1-8.

[30] 卢杰，黄新建．社会网络嵌入性对产业集群竞争力的影响分析［J］．江西社会科学，2009（5）：108-111.

[31] 聂正安．企业组织学习的文化嵌入性分析［J］．求索，2008（2）：16-19.

[32] 渠爱雪，孟召宜．区域文化递进创新与区域经济持续发展［J］．经济地理，2004，24（2），149-153.

[33] 魏江，向永胜．文化嵌入与集群发展的共演机制研究［J］．自然辩证法研究，2012，28（3）：114-118.

[34] 魏江，叶波．文化视野内的小产业集群技术学习研究［J］．科学学研究，2001，19（4）：66-71.

[35] 邬爱其．超集群学习与集群企业转型成长：基于浙江卡森的案例研究［J］．管理世界，2009（8）：141-156.

[36] 吴先华，郭际，胡汉辉．技术联盟企业的认知距离、吸收能力与创新绩效的关系研究［J］．科学学与科学技术管理，2008（3）：53-58.

[37] 向永胜．文化嵌入对集群企业创新能力的作用机制及协同演进研究［D］．浙江大学，2012.

[38] 徐蕾，魏江，石俊娜．双重社会资本、组织学习与突破式创新关系研究［J］．科研管理，2013，34（5）：39-47.

[39] 杨皎平，金彦龙，戴万亮．网络嵌入、学习空间与集群创新绩效：基于知识管理的视角［J］．科学学与科学技术管理，2012，33（6）：51-58.

[40] 杨皎平，刘馨阳，任海芝．集群嵌入性对企业技术创新的双向影响：基于沟通交流和关系锁定的视角［J］．科技进步与对策，2012，29（11）：90-95.

[41] 张春宁，谢恩，李垣．企业间合作学习、控制方式、创新的关系研究［J］．科学学研究，2006，24（5）：791-797.

[42] 周泯非．集群治理与集群学习间关系及共同演化研究［D］．浙江大学，2011.

第九章 内部竞争对集群创新的推动与阻滞

集群企业之间的竞争和合作是影响集群企业技术创新的两个重要因素。那么到底是竞争还是合作促进了集群创新？或者是竞争关系更利于创新，还是合作关系更利于创新，学术界尚未定论。

本书将相同参与者在不同的价值链范围内分别进行竞争和合作而构成的关系为称第一类竞合关系，称在相同的价值链范围内不同的参与者分别进行竞争与合作而构成的竞合关系为第二类竞合关系。本章以第二类竞合关系为研究对象，通过建立数学模型和实证分析探索竞争与合作的辩证关系。

第一节 理论框架的建立

一、产业集群内的竞争与合作

Porter 指出空间集群的一个重要效应就是它会产生大量的本地竞争，而这会成为一个国家或区域创新和竞争优势的重要来源；Power 和 Hallencrentz（2002）发现竞争和资源稀缺会促使当地企业加快生产速度，加速创新和知识转化；我国学者周浩（2003）认为正是集群内部大批的本地企业彼此的激烈竞争，促进专业基础建设、加速市场信息流通、带动相关科技与专业人力资源的积累，激发技术的改良和创新；祝福云（2009）指出随着企业间竞争强度的增加，效率高的企业成为创新领导者，技术呈现加速趋势，并认为如果政府实施了促进竞争的某些政策措施，这些措施在使企业间竞争变得更加激烈的同时，会增加效率企业的创新动机。

但是正如项后军（2010）所说，几乎绝大多数集群方面的文献均凸显了“合作”重于“竞争”的作用，例如，集群企业“合作发展”“合作创新”“合作演化”等方面的研究几近汗牛充栋，“合作”一词几乎成了集群的标志性特征，反过来，“竞争”尤其是竞争的正面影响在集群主流研究中几乎很难看到踪影。此外，一些集群供应链方面的研究，也认为合作关系占企业间关系的主体，竞争只是作为合作的伴随物而产生，对于任何企业而言保持合作是最好的策略，要尽可能避免采用竞争策略（张睿等，2009）。吴结兵、蔡宁（2007）在其总结性研究中指出：“集群理论研究中尽管波特的理论更强调了竞争，但后来占据了主流位置的新产业区理论、社会资本理论等则更注重合作关系。”

事实上竞争与合作往往是共存的，并且之间有着复杂的辩证关系，很难分清到底是竞争促进了创新还是合作促进了创新。因此“竞合关系”或“合争关系”越来越多地出现在战略管理方面的研究文献中。Brandenburger（1995）指出竞合关系是指在市场中不是只有竞争或者只有合作，不是合作与竞争交替出现，而是竞争与合作同时存在。Bengtsson（2000）指出公司层面的合作竞争是两个公司在一些活动中合作，而在另一些活动中却相互竞争的战略，即两个企业之间的“竞争”和“合作”分别处于不同的价值链范围。该“竞合关系”框架的基本逻辑是与强劲的竞争对手合作更利于获取创新所需要的信息。这种竞争合作关系发生在同一对企业之间，但分别处于不同价值链或处于不同时期。并且同一对企业之间的竞争程度正向影响着两者之间的合作关系。笔者认为在产业集群中除了这种竞合关系外，更多的是在某一个时期或者同一价值链内，某一企业与一部分企业发生竞争关系，而与另一些企业发生合作关系，即竞争、合作关系发生在不同的参与者之间。

我们不妨称相同参与者在不同的价值链范围内分别进行竞争和合作而构成的关系为第一类竞合关系，称在相同的价值链范围内不同的参与者分别进行竞争与合作而构成的竞合关系为第二类竞合关系，从企业群落的整体层面看，这两类竞合关系在产业集群内部都存在。关于第一类竞合关系中，竞争和合作的辩证关系，很多文献进行了研究，本书以第二类竞合关系为研究对象，探索竞争与合作的辩证关系。

二、竞争对合作的影响

在产业集群内部，对于第二类竞合关系而言，由于竞争与合作分别处于不同的参与者之间，这里以某一合作联盟为视角，将集群企业之间的竞争称为外部竞争，将联盟之间的合作称为内部合作，来分析外部竞争与内部合作的关系。

1. 外部竞争对内部合作的促进

很多文献从团队治理、联盟治理的角度研究了企业之间的合作关系，并提出了诸多关于企业联盟的治理机制。企业之间为了技术创新构成了创新联盟，但是联盟成员的机会主义、搭便车行为严重阻碍了创新联盟的有效合作，Holmstorm（1982）指出要想摆脱“搭便车”困境，必须打破“平衡预算”，杨皎平（2009）通过建立博弈论模型得出，团队之间的激励竞争，特别是具有锦标赛性质的竞争促进了团队内部成员之间的密切合作。随着集群企业数量的增加，企业之间的竞争日趋激烈，特别是当激烈的竞争使得失败者代价惨重时，企业便会纷纷寻求成功之道，而企业之间的合作所产生的1＋1＞2的效应无疑增加了成功的机会，成为企业的战略选择。同时面对激烈的竞争，在合作团队内部实施机会主义必将是“损人不利己”的，激烈的竞争充当了合作剩余的索取者，打破了合作团队的平衡预算。

关于供应链管理的研究文献指出，随着供应链之间的竞争的激烈，供应链内部企业的合作越来越密切，柯颖和王述英（2007）、张治栋和韩康（2006）在研究模块化生产网络中也指出了模块化供应商之间的“背对背”竞争、“允许浪费”的“淘汰赛”使得模块供应商与系统设计商合作创新的积极性越来越强。

诸多学者从不同侧面论述了外部竞争对内部合作的促进作用，翁君奕（2002）以硅谷为代表的创新网络为研究原型，通过建立复合实物期权合作创新模型得到外部的竞争压力是企业间结网合作的必要条件，这说明在激烈的市场竞争环境下，各个企业为了抢占市场、成为行业标准，为了防止创新落后或失败而使得前期研发前功尽弃，企业更愿意加入创新网络与其他企业实施合作。同时陈畴镛等（2010）认为集群企业的高同质化更利于形成标准联盟。

2. 外部竞争对内部合作的阻碍

锦标赛理论认为薪酬差距与对个体激励的效果呈正相关关系（张长征、李怀祖，2007），实际上团队之间的薪酬差距、团队合作成功与失败之间的报酬差距也与团队成员合作的激烈效果正相关（邱伟年，2006；鲁伟，2008）。随着集群同质性企业的增加，竞争的加剧，每个企业的利润都迅速下降，合作带来的收益与非合作带来的收益差距相差无极，锦标赛竞争带来的激励效果越来越不明显，特别是随着不确定性的增加，企业之间出现了恶性竞争，即使出现合作团队，团队内部也会机会主义盛行，因而过度的竞争使得企业合作变得不可能。

陈畴镛等（2010）对浙江产业集群的研究发现，浙江中小企业的过度同质化，恶性竞争严重，中小企业的行业组织化程度低下，基本上没有行业性组织机构，导致同类中小企业低层次的重复建设和相互排挤，企业之间合作十分困难。

在集群内部，由于环境变化的动态性，现在的合作者可能成为未来的竞争对手。为了防止未来的对手战胜自己，合作成员必然会封锁关键知识、制造假象，在这种情况下，创新团队中所需要的团队精神将会受到极大的削弱，合作性、凝聚力将会大大下降（孟昭勤、王一多，2004）。

三、竞争对集群创新绩效的影响

1. 竞争对创新的正向影响

在科学技术日新月异的今天，企业之间的竞争逐渐表现为“技术”上的竞争，谁掌握了先进的技术，谁就拥有了竞争优势。这种围绕技术创新的竞争，就好比多家企业在进行“创新竞标”或者进行一场“锦标赛”，因为诸多现实案例告诉我们谁在技术创新上赢得了优势谁就会获得超额的垄断利润，而失败者很有可能一无所获，即所谓的赢家通吃现象，因此为了赢得这场比赛，随着参与方的增加，竞争的加剧，集群企业在创新方面的投入比例（创新强度）将不断增加（杨皎平，2009）。著名学者 Porter（1990）认为竞争会迫使企业为了生存而去研发，Dasgupta（1980）通过博弈论模型分析得出竞争企业数目的增加会使企业用于技术创新的均衡投资率上升到较高的水平。Schere（1967）则从反面说明了竞争程度的缺失会导致经理人的懒惰而降低研发投入。我国学者刘友金和黄鲁成（2001）认为产业集群之所以具有技术创新优势，其主要原因是集群企业之间的知识溢出效应以及集群内相互竞争导致的“追赶效应”和“拉拨效应”，而这种“追赶效应”和“拉拨效应”的直接表现就是相关企业加大了在技术创新方面的投入比例。

2. 竞争对创新的负向影响

集群内部企业之间出现激烈的竞争，往往是因为生产同类产品的企业过多。在这种情况下，为了应对其他企业的竞争，几乎所有企业都不约而同地选择了产品降价，使得产品的价格一降再降，近年来，从生产商不断降价到商业企业不分淡旺季的打折让利销售越演越烈，都是竞争过度的表现（杨皎平，2012）。这种竞争的市场结构对产业的技术创新能力是极为不利的，主要表现在两个方面，第一，激烈竞争诱发的价格战导致企业利润下降或亏损，进而没有足够的资金成本和精力投入技术创新，制约了集群内部的产品升级和更新换代；第二，随着企业之间竞争的加剧，企业往往穷于应付当前的竞争，把资金与精力全部投入眼前的市场竞争和扩大宣传上，而不是通过技术进步降低成本获得竞争优势。即便是从事技术创新，也是追求能快速见效的项目，不愿或者无力从事长期研究开发（张习宁，2009）。Hemmasi（1990）也指出，在垄断竞争的产业集群中，价格竞争会导致企业的收益水平下降，即激烈的竞争使得企业的技术创新潜能下降。

四、合作对集群创新绩效的影响

如前所述，合作创新几乎成了集群创新的标志性特征，在产业集群内部合作优势来源于双方在寻求共同利益的合作过程中产生利他主义、信任以及互惠等（Kanter，1994），Cullen 等（2000）将这种产生合作优势的社会心理因素称为联盟关系资本，包含信任和承诺两个重要内容。Luo（2004）亦认为合作建立在组织双边的承诺与信任上。信任是联盟各方相信对方愿意而且能够完成他们的义务和作出的承诺，相信任何一方都不会利用另一方易受攻击的弱点来牟取私利（宝贡敏，2004）。承诺在心理学种是“一种个人对与其有联系的组织的态度或定位”（汪丽，2006），体现了联盟企业继续联盟关系的目的和意愿。关系资本能够使伙伴间形成开放而密切的合作关系，从而促进企业的技术创新绩效：开放的合作使企业资源互补，学习“隐性”知识，在产品开发过程中分担成本与风险；而密切的合作关系使双方在产品和工艺开发的过程中相互适应，从而进一步加强了双方长期合作关系的稳定性；稳定的合作关系有利于伙伴之间更加开放，从而促进技术创新绩效。公司之间的合作关系是网络理论的关键要素（Garcia，2004），产业集群和区域创新体系中的组织通过合作实现创新要素的流动和共享，从而提高区域内各组织的整体创新绩效。

五、理论框架提出

如上分析，集群企业间的竞争对创新具有正负两个方面影响，这样就可能出现如下两种情况：第一，当集群内部竞争不激烈时，引入竞争机制可以使得各个企业大幅度增加技术创新强度，而短期内的技术创新潜能下降比较慢，从而技术创新绩效增加；第二，当群内竞争十分激烈时，如果竞争再进一步加剧，虽然各个企业的技术创新强度还会增加，但是增加的幅度很小，而此时各个企业的技术创新潜能却迅速下降，最终导致技术创新绩效减少。最终可能会表现为竞争与创新的倒U型关系。

另外，竞争对合作也具有推动和组织作用，有效的外部竞争会导致合作团队的合作更稳定、更有效，而恶性竞争则会导致合作的低效、降低合作的必要，以及对合作对象的猜疑，因此也会出现竞争与合作的倒U型关系。

同时合作作为集群创新的特征，合作的效果直接影响了集群的创新绩效，因此合作可能会充当竞争与集群创新的中介变量，实际上，学者也从不同角度揭示了这一机理，如徐亮（2008）通过对重庆市116家企业与竞争者建立战略联盟的有效样本实证分析发现：企业间竞争与合作对技术创新都有显著的直接影响，而合作的促进作用更加显著；竞争企业通过合作的中介效应间接地促进创新绩效。

因此，我们提出如图9-1所示的理论框架。

图9-1　竞争、合作与创新关系图

基于以上的分析，提出如图9-1所示的理论框架。下面首先建立博弈论模型对这一理论框架进行深入的机理分析，然后再对该理论框架进行实证检验。

第二节 博弈论模型

在本研究中主要探索竞争与合作的关系、竞争与集群创新绩效的关系，因此下面通过建立两个模型予以说明。

一、模型假设

（1）假定集群内有 n 个同质企业，每个企业的产量为 q_i，产品的需求函数为 $Q(p)=a-bp$。

（2）用 $q_i\in[0,\infty)$ 代表第 i 个企业的产量，$C_i(q_i)$ 代表第 i 个企业的成本函数，$p=p(q_1+\cdots+q_n)$ 代表逆需求函数。

（3）令第 i 个企业的生产成本函数 $C_i(q_i)$ 为线性函数：$C_i(q_i)=cq_i$，为了赢得市场竞争，每个企业投入技术创新的成本为 u_i，创新投入 u_i 是其销售收入的函数。

（4）n 个企业之间进行创新竞争，这种竞争具有“锦标赛”的性质，只有 k 个创新成功的企业才能实现其销售利润，即集群可以容纳的同质性企业的数量的阈值为 k，故而每个企业独立创新时，创新成功的概率为 k/n。同时 k/n 也可表示竞争激烈的程度（金彦龙，2012），n 越大，竞争越激烈，k 越小，竞争越激烈。

（5）假设企业的利润还受其他方面因素的影响，令 e_i 为随机扰动因素，并服从 $[0,1]$ 的均匀分布，并假设 e_i 对企业的利润影响是乘法意义下的，即企业的毛利润可以表示为：$V_{i0}=[q_i\,p(q_1+\cdots+q_n)-cq_i]\cdot e_i$。

（6）为了赢得市场竞争，企业之间可以进行合作创新，合作创新大大增加了创新成功的概率，为了分析简单，假定合作创新成功的概率为 1，进而可以实现其销售利润。同时合作创新需要增加合作创新成本，假定对所有企业来说合作创新成本为 D。

（7）不失一般性，假设每个合作创新的团队由两个企业组成，在具体的合作中，每个企业可以选择积极合作，也可以选择消极合作，以创新团队 E 为例，该团队由企业 E_1 和企业 E_2 组成，令 x 和 $1-x$ 表示企业 E_1 选择合作和不合作的概率，y 和 $1-y$ 表示企业 E_2 选择合作和不合作的概率。

二、竞争-合作模型建立与分析

根据假设 1 和假设 2，企业创新成功后的销售利润为：

$$V_i^0 = q_i p(q_1 + \cdots + q_n) - C_i(q_i), i = 1, 2, \cdots, n \qquad (式 9\text{-}1)$$

考察一个典型的企业 i 的行为，假设集群中企业具有相同的成本函数且为线性函数 $C_i(q_i) = cq_i$，企业 i 选择 q_i 的产量以求达到利润函数式 9-1 达到最大化。

利润最大化的一阶条件为：$q_i = (a - c - b\sum_{j\neq i}^{n} q_j)/2b$

均衡时所有企业具有相同的成本函数，所以 $q_1 = q_2 = \cdots = q_n = q^e$；因此得到每个企业的均衡产量为：

$$q^e = (a - c)/(1 + n)b \qquad (式 9\text{-}2)$$

将 $q_1 = q_2 = \cdots = q_n = q^e$ 代入需求函数得到集群的均衡价格为：

$$p = (a + nc)/(1 + n) \qquad (式 9\text{-}3)$$

根据式 9-2、式 9-3 可知，若企业 i 创新成功，则可以实现的销售利润为：

$$V_i^c = \frac{(a - c)^2}{b(n + 1)^2} \qquad (式 9\text{-}4)$$

当企业 i 创新成功的概率为 k/n，可以实现的销售利润的期望值为：

$$V_i^n = \frac{(a - c)^2}{b(n + 1)^2} \times \frac{k}{n}$$

根据假设可以建立创新团队 E 的博弈支付矩阵如表 9-1 所示。

表 9-1　创新团队 E 的博弈支付矩阵

		企业 E_2	
		合作 C	不合作 N
企业 E_1	合作 C	$\frac{(a-c)^2}{b(n+1)^2} - D$； $\frac{(a-c)^2}{b(n+1)^2} - D$	$\frac{(a-c)^2}{b(n+1)^2} \times \frac{k}{n} - D$， $\frac{(a-c)^2}{b(n+1)^2} \times \frac{k}{n}$
	不合作 N	$\frac{(a-c)^2}{b(n+1)^2} \times \frac{k}{n}$， $\frac{(a-c)^2}{b(n+1)^2} \times \frac{k}{n} - D$	$\frac{(a-c)^2}{b(n+1)^2} \times \frac{k}{n}$， $\frac{(a-c)^2}{b(n+1)^2} \times \frac{k}{n}$

对于企业 E_1 选择合作时的收益为：

$$E_{1C}=y\left[\frac{(a-c)^2}{b(n+1)^2}-D\right]+(1-y)\left[\frac{(a-c)^2}{b(n+1)^2}\times\frac{k}{n}-D\right]$$
$$=y\frac{(a-c)^2}{b(n+1)^2}\times\frac{n-k}{n}+\frac{(a-c)^2}{b(n+1)^2}\times\frac{k}{n}-D$$

企业 E_1 不合作时的收益为：

$$E_{1n}=\frac{(a-c)^2}{b(n+1)^2}\times\frac{k}{n}$$

企业 E_1 的平均期望收益为：

$$\overline{E}_1=x\times E_{1c}+(1-x)\times E_{1n}=\frac{(a-c)^2}{b(n+1)^2}\times\frac{k}{n}-xD$$
$$+xy\frac{(a-c)^2}{b(n+1)^2}\times\frac{n-k}{n}$$

类似地，企业 E_2 的纯策略收益和平均期望收益为：

$$E_{2C}=x\frac{(a-c)^2}{b(n+1)^2}\times\frac{n-k}{n}+\frac{(a-c)^2}{b(n+1)^2}\times\frac{k}{n}-D$$
$$E_{2n}=\frac{(a-c)^2}{b(n+1)^2}\times\frac{k}{n}$$
$$\overline{E}_2=\frac{(a-c)^2}{b(n+1)^2}\times\frac{k}{n}-yD+xy\frac{(a-c)^2}{b(n+1)^2}\times\frac{n-k}{n}$$

进而得到企业 E_1 和 E_2 策略演化的复制动态方程为：

$$\begin{cases}\dfrac{\mathrm{d}x}{\mathrm{d}t}=x(1-x)(y\dfrac{(a-c)^2}{b(n+1)^2}\times\dfrac{n-k}{n}-D)\\ \dfrac{\mathrm{d}y}{\mathrm{d}t}=y(1-y)(x\dfrac{(a-c)^2}{b(n+1)^2}\times\dfrac{n-k}{n}-D)\end{cases}$$

对企业 E_1 的动态方程进行分析，当 $y=D\times\left(\frac{(a-c)^2}{b(n+1)^2}\times\frac{n-k}{n}\right)^{-1}$ 时，$\frac{\mathrm{d}x}{\mathrm{d}t}=0$，即所有的 x 都是平衡状态；当 $y\neq D\times\left(\frac{(a-c)^2}{b(n+1)^2}\times\frac{n-k}{n}\right)^{-1}$ 时，$x=0$ 和 $x=1$ 是两个平衡点。同样地，对于企业 E_2，当 $x=D\times\left(\frac{(a-c)^2}{b(n+1)^2}\times\frac{n-k}{n}\right)^{-1}$ 时，$\frac{\mathrm{d}y}{\mathrm{d}t}=0$，所有 y 均为平衡状态，当 $x\neq D\times\left(\frac{(a-c)^2}{b(n+1)^2}\times\frac{n-k}{n}\right)^{-1}$ 时，$y=0$ 和 $y=1$ 是两个平衡点，因此合作创新系统共有 5 个局部平衡点。

根据该系统的雅可比矩阵可以得到表 9-2 所示的局部稳定性分析结果。

表 9-2　局部稳定性分析结果

均衡点	稳定性
$x=0$，$y=0$	*ESS*
$x=0$，$y=1$	不稳定
$x=1$，$y=0$	不稳定
$x=1$，$y=1$	*ESS*
$x^a=y^a=D\times\left(\frac{(a-c)^2}{b(n+1)^2}\times\frac{n-k}{n}\right)^{-1}$	鞍点

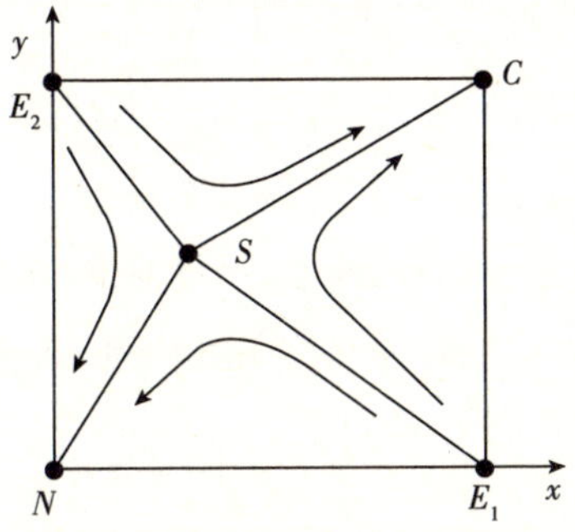

图 9-2　动态合作关系演化图

图 9-2 描述了团队合作创新的动态过程，(0，0) 和 (1，1) 是博弈的两个进化稳定策略（*ESS*）；两个不稳定的均衡点（1，0）和（0，1）以及鞍点 S（x^a，y^a）连成的折线为系统收敛于两个稳态的临界线，即在折线的右上方（E_1SE_2C 部分）系统将收敛于合作创新，在折线的左下方（E_1SE_2N 部分）系统将收敛于不合作。

对于系统的鞍点：

$$x^a=y^a=D\times\left(\frac{(a-c)^2}{b(n+1)^2}\times\frac{n-k}{n}\right)^{-1}$$

令 $T(n)=(n-k)/n(n+1)^2$，可知当 $n>k$ 时，$T(n)$ 先是随着 n 的增加而增加，然后又随着 n 的增加而减少。即系统的鞍点 S（x^a，y^a）与集群企业的数量（即企业之间的竞争程度）存在如图 9-3 所示的关系。

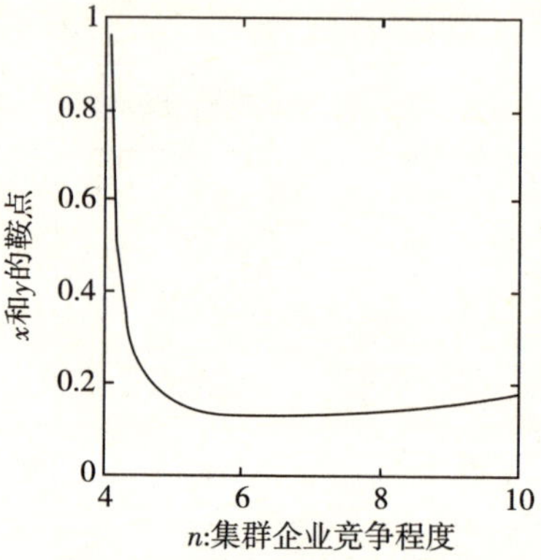

图 9-3　竞争环境与合作系统的鞍点的关系

三、竞争-创新模型建立与分析

根据上述假设，短期内企业的纯利润函数为：

$$V_i = [q_i p(q_1 + \cdots + q_n) - c_i(q_i)]e_i - u_i \qquad \text{（式 9-5）}$$

对集群内部的任意企业 i 来说，其产量 q_i 的选择以求达到利润函数式 9-5 的最大化。利润最大化的一阶条件为：$q^e = (a-c)/(1+n)b$。

由于 n 个企业为同质的企业，所以 $q_1 = q_2 = \cdots = q_n = q^e$，可知每个企业的均衡产量为：

$$q^e = (a-c)/(1+n)b \qquad \text{（式 9-6）}$$

将 $q_1 = q_2 = \cdots = q_n = q^e$ 代入需求函数得到集群的均衡价格为：

$$p = (a+nc)/(1+n) \qquad \text{（式 9-7）}$$

根据式 9-6、式 9-7 可知，企业 i 的营业毛利润为：$V_i^0 = \left[\frac{(a-c)^2}{b(n+1)^2}\right] \times e_i$，令 $\bar{V}_i^0 = \frac{(a-c)^2}{b(n+1)^2}$，则 V_{i0} 服从 $[0, \bar{V}_i^0]$ 的均匀分布。

假定企业的技术创新成本为企业营业利润的线性函数 $u_i = \beta_{0i} + \beta_{1i} \times V_{i0}$，鉴于 n 个企业为同质企业，各企业的均衡技术创新投入可表示为：$u = \beta_0 + \beta_1 \times V_{i0}$。

企业 i 与企业 j 相比，成功的概率为：

$$Prob(u_j < u_i) = Prob\left(V_j^0 < \frac{u_i - \beta_0}{\beta_1}\right) = \frac{(u_i - \beta_0)/\beta_1}{\bar{V}_i^0} = \Phi(u_i)$$

（式 9-8）

由于企业 i 欲获得企业利润，必须在技术创新竞争中获得进入前 k 名，这是一个二项式分布问题（金彦龙，2012）。为了分析简单起见，先令 $k=1$，故而集群企业 i 可实现的利润为：

$$\Pi_i=(V_i^0-u_i)\times\Phi^{n-1}(u_i)\quad i=1,2,\cdots,n \qquad (式 9\text{-}9)$$

最优化一阶条件为 $-\Phi^{n-1}(u_i)+(V_i^0-u_i)(n-1)\Phi^{n-2}(u_i)\times\Phi'(u_i)=0$

或

$$-\Phi(u_i)+(V_i^0-u_i)(n-1)\times\Phi'(u_i)=0 \qquad (式 9\text{-}10)$$

将式 9-8 代入式 9-10 得到：$\beta_1=\dfrac{n-1}{n},\beta_0=0$

$$即\ u_i=(n-1)/n\times V_{i0} \qquad (式 9\text{-}11)$$

因此每个集群企业的期望技术创新投入为：$E(u_i)=\dfrac{n-1}{2n}\times\dfrac{(a-c)^2}{b(n+1)^2}$。

整个集群的期望技术创新投入为：

$$E(U)=nE(u_i)=\frac{(n-1)}{(n+1)^2}\times\frac{(a-c)^2}{2b} \qquad (式 9\text{-}12)$$

经过简单计算可以发现：$\dfrac{\partial^2E(U)}{\partial n^2}>0$，且当 $n<3$ 时 $\dfrac{\partial E(U)}{\partial n}>0$，当 $n>3$ 时 $\dfrac{\partial E(U)}{\partial n}<0$，进而得到如下结论：

结论：集群的期望创新投入随着 n 的增加表现为先增加后减少，即集群的技术创新力与竞争程度（集群同质企业的个数）呈倒 U 型的关系。

当 $k>1$ 时，集群可以实现利润为：

$$\Pi_i=(V_i^0-u_i)\times\sum_{s=n-k}^{n-1}C_{n-1}^s\Phi^s(u_i)(1-\Phi(u_i))^{n-1-s}$$

根据泊松分布与二项式分布相近似的规律，令 $\lambda=(n-1)\Phi$，则

$$\sum_{s=n-k}^{n-1}C_{n-1}^s\Phi^s(u_i)(1-\Phi(u_i))^{n-1-s}=\sum_{s=n-k}^{n-1}\frac{\lambda^se^{-\lambda}}{s!}$$

进而集群可以实现的利润为 $\Pi_i=(V_i^0-u_i)\times\sum\limits_{s=0}^{k-1}\dfrac{\lambda^se^{-\lambda}}{s!}$，最优化一阶条件为：

$$-\Phi(u)\sum_{s=n-k}^{n-1}\frac{\lambda^{s-1}}{s!}+(V_i^0-u_i)\left(\sum_{s=n-k}^{n-1}\frac{(s-\lambda)\lambda^{s-1}}{s!}\right)\times\Phi'(u_i) \qquad (式 9\text{-}13)$$

根据式 9-10 可知均衡条件下 $\lambda^e \to 0$，结合连续函数的中值定理，可以推出式 9-13 可以转化为：

$$-\Phi(u)+(V_i^0-u_i)[n-(\alpha k+1-\alpha)]\times\Phi'(u_i) \qquad (式\ 9\text{-}14)$$

其中 $0<\alpha<1$，可以看出当 $k=1$ 时，式 9-14 退化为式 9-10。

将式 9-8 代入式 9-14 得到：

$$u_i=\frac{n-(\alpha k+1-\alpha)}{[n-(\alpha k+1-\alpha)+1]}\times V_i{}^0 \qquad (式\ 9\text{-}15)$$

进而有：$E(u_i)=\dfrac{n-(\alpha k+1-\alpha)}{2[n-(\alpha k+1-\alpha)+1]}\times\dfrac{(a-c)^2}{b(n+1)^2}$，整个集群的期望技术创新投入为：

$$E(U)=nE(u_i)=\frac{n[n-(\alpha k+1-\alpha)]}{[n-(\alpha k+1-\alpha)+1](n+1)^2}\times\frac{(a-c)^2}{2b}$$

(式 9-16)

四、模型结论

1. 竞争与合作的关系

从图 9-2 可以看出，随着 n 的增加，即集群竞争环境的加剧，鞍点首先满足关系：

$$dx^a/dn<0, dy^a/dn<0$$

即随着竞争压力的增加，系统的鞍点逐渐向 N（0，0）靠近，即折线上方的 E_1SE_2C 部分的面积增大，创新团队系统收敛于均衡点 C 即纯策略（合作，合作）的概率增加，也表示集群中越来越多的企业选择合作创新。

但是随着 n 的进一步增加，由于同质性企业的增加而导致过度竞争的发生，此时鞍点转向满足如下关系：

$$dx^a/dn>0, dy^a/dn>0$$

此时系统的鞍点出现逆转，逐渐向 C（1，1）靠近，即折线上方的 E_1SE_2C 部分的面积逐渐减小，创新团队系统收敛于均衡点 N 即纯策略（不合作，不合作）的概率增加，也表示集群中越来越多的企业放弃合作。

根据前面的分析可以看出，当集群企业之间的竞争不足时，即 n 小于 k 时，产业集群中的企业数量少于产业集群的可容纳企业的阈值时，企业之间合作的积极性很小，这时企业竞合的逻辑是“无须合作”，即便组成创新联盟，也容易出现“囚徒困境”。当 n 稍微大于 k 时，由于合作对每个企业来说是帕累托最优的，并且任何一个企业的单边机会主义都是“损人不利己”的，此时集群企业会选择积极参与合作创新，并且随着竞争压力的增大，合作的动机也越强烈，此时企业竞合的逻辑是“合作势在必行”。但是随着 n 的继续增加，超过集群企业规模阈值 k 很多时，竞争的负效应迅速增加，集群的积极效应逐渐缩小，在竞合博弈中，企业选择合作的好处很小，甚至合作的效应无法弥补合作的成本时，企业便转向低成本的恶性竞争，此时企业的竞合逻辑为：“无法合作”。

2. 竞争与创新的关系

根据式 9-16 可以发现 $\frac{\partial^2 E(U)}{\partial n^2} > 0$，且 $\exists n = n^*$，当 $n < n^*$ 时 $\frac{\partial E(U)}{\partial n} > 0$，当 $n > n^*$ 时 $\frac{\partial E(U)}{\partial n} < 0$。即集群的创新能力与竞争程度（集群同质企业的个数）呈倒 U 型的关系。

根据上述分析可知，集群企业 i 的平均营业利润为 $V_i^0 = 0.5(a-c)^2/b(n+1)^2$，整个集群的营业利润为 $nV^0 = 0.5(a-c)^2 n/b(n+1)^2$。可以看出，随着集群企业间竞争的加剧（表现为同质企业数量 n 的增加），无论是每个集群企业，还是整个产业集群来说，营业利润都迅速下降，这充分说明了集群内部企业之间的竞争减少和分散了技术创新资金，导致集群企业的技术创新潜能下降，这正是前面所说的集群竞争的负效应，并且这种负效应随着竞争的加剧越来越严重。

从公式 9-11：$u_i =（n-1）/n \times V_{i0}$ 和公式 9-11：$u_i = [n-（\alpha k+1-\alpha）/[n-（\alpha k+1-\alpha）+1] \times V_{i0}$，可以看出随着集群企业数量的增加，进而引致的集群企业竞争程度的日趋激烈，每个企业技术创新投入占销售收入的比例逐渐增加，并最终趋于用全部销售收入进行技术创新，即技术创新强度逐渐增加，这正好说明了集群内部竞争对技术创新的正效应，即集群企业之间类似锦标竞赛的竞争激励了企业的技术创新。但也可以看出，随着竞争的加剧（同质企业 n 的数量趋于无穷）集群企业强度增加的速度越来越小。

第三节 实证分析

一、研究假设

集群企业之间的竞争和合作是影响集群创新绩效的重要变量，前面的分析得出集群企业的竞争环境对集群内部的创新合作、集群企业的创新绩效均具有促进和阻碍的双向影响，下面采用实证的分析方法分析竞争环境对集群创新的影响、集群企业的合作对集群创新的影响、集群竞争环境对合作团队合作绩效的影响，并进而探索合作对竞争与创新的中介效应。即提出如下假设：

H1：集群内的竞争程度与集群企业间的合作呈倒 U 型关系

H2：集群内的竞争程度与集群创新绩效呈倒 U 型关系

H3：集群企业间的合作对集群创新绩效具有正向影响

二、变量定义与问卷设计

集群企业之间的竞争程度“*CM*”，参考 handwalla（1981）、Chaganti（1989）、徐亮（2008）、刘海潮（2008）对竞争程度的衡量指标，本书选择“产品或服务同质”“价格竞争”“营销竞争”“群内同质企业数量”四个指标进行测量。集群企业之间的合作关系“*CP*”用“合作双方都信任对方将遵守合同”“合作双方都相信对方的决策对合作有益”“合作双方均能投入所需的人力和物力资源”“合作双方均认真履行其义务和承诺”四个指标测量；集群的创新绩效“*IK*”由“新产品数”“申请的专利数”“新产品产值占销售总额的比重”“新产品的开发速度”“创新产品的成功率”5 个题项来测量。在实际调查中，采用了七分度的李克特式量表法对变量进行定义和测量。

将被调查企业的自身因素、产业因素、政府因素以及与科研院所的互动因素设定为需要加以控制的因素，具体为：①核心企业自身因素由“企业有雄厚的资金和技术创新资源”等 4 项问卷；②产业因素由“行业的竞争程度较高”等 6 项问卷；③政府因素由“政府大力支持地方产业园区的建设”等 3 项问卷；④与科研院所的互动因素由“贵公司与相关科研院所经常进行产学研合作”等 5 项问卷。

三、样本与数据检验

调查问卷的对象是辽宁省、山东省、浙江省的一些集群企业，具体有辽宁沈阳的装备制造集群企业、辽宁大连信息技术集群企业、山东济南的软件产业集群企业、山东滕州的机床集群企业、浙江诸暨的五金集群企业、浙江海宁的家纺和皮革集群企业，抽样对象具有一定的代表性。在调研中被试者包括企业的总经理、技术经理（或技术总监）、销售经理（或销售总监）、财务经理（或财务总监）以及其他一些熟悉企业技术创新、市场和财务的工作人员。其中共当面填写回收有效问卷 28 份，通过其他渠道共发放问卷 262 份，回收 184 份，其中有效问卷 135 份。这样共计发放 290 份问卷，有效回收 163 份，有效回收率为 56.2%。

本研究采用的是横截面数据，因此只需做内在信度分析，本研究采用 Cronbach 的一致性系数（α 系数）来考察样本数据的内在一致性，表 9-3 是测量模型的信度分析。

表 9-3　问卷信度分析结果

潜变量	代号	Cronbach'α
竞争程度	*CM*	0.866
合作水平	*CP*	0.836
创新绩效	*IK*	0.878

从表 9-3 中可以看出所有变量的 Cronbach 的 α 值都大于 0.7，这说明问卷的内部一致性较好，即问卷信度较高。

表 9-4 是测量模型效度分析，从表 9-4 可以看出模型通过了效度检验，并且可以做因子分析。

另外控制变量中各因子的 Cronbach'α 值也均在 0.7 以上，并且具有良好的效度。

表 9-4 问卷效度分析

潜变量	问项	内敛效度
CM	CM_1	0.967
	CM_2	0.937
	CM_3	0.942
	CM_4	0.915
	KMO：0.856	
CP	CP_1	0.832
	CP_2	0.905
	CP_3	0.865
	CP_4	0.892
	KMO：0.837	
IK	IK_1	0.947
	IK_2	0.941
	IK_3	0.947
	IK_4	0.928
	KMO：0.868	

四、假设检验及解释

将“竞争程度”对应 4 个指标作为一个因子，记为 *CM*；将“合作水平”对应 4 个指标作为一个因子，记为 *CP*。将集群企业的“创新绩效”对应的四个指标作为一个因子，记为“*IK*”。对应与被调查企业的自身因素、产业因素、政府因素以及与科研院所的互动因素的四个因子分别记为 c_1，c_2，c_3，c_4。

分别将“*IK*”和“*CP*”作为被解释变量，将“*CM*”“*CP*”作为解释变量，将 c_1，c_2，c_3，c_4 作为控制变量。为了检验竞争对合作以及对创新的正负影响，将竞争因子值的二次项也作为解释变量之一。

采用分层回归方法和中介效益模型对竞争程度、合作水平和创新绩效之间的作用机制的检验结果如表 9-5 所示，从模型 1 到模型 5，各方程的 *F* 值均显著，表明各模型均有意义。

表 9-5　分层回归检验结果

解释变量	模型 1 创新绩效	模型 2 创新绩效	模型 3 创新绩效	模型 4 创新绩效	模型 5 合作水平
c_1	0.362***	0.392***	0.374***	0.382***	
c_2	0.200**	0.160**	0.182**	0.177**	
c_3	0.230**	0.222**	0.216**	0.242**	
c_4	0.219**	0.199**	0.187**	0.207**	
CP		0.409***		0.359**	
CM			0.352**	0.283*	0.184**
CM^2			−0.198**	−0.106*	−0.237**
Adjusted R^2	0.460	0.587	0.536	0.692	0.157
F	13.160	15.482	16.355	14.721	9.238
DW	1.813	2.258	2.317	2.130	2.254

注：*** 表示在 0.001 水平下统计显著，** 表示在 0.05 水平下统计显著，* 表示在 0.1 水平下统计显著。

以创新绩效为因变量，模型 1 只有控制变量而未加入解释变量的估计结果显示模型具有显著性。

在模型 1 的基础上加入合作水平 CP 得到模型 2，估计结果表明，合作水平对于创新绩效 IK 具有显著的正向影响，H3 得到验证。

在模型 1 的基础上加入竞争 CM 和其二次方 CM^2 得到模型 3、估计结果显示，CM 一次项系数为正，且具有显著性，二次项的系数为负，也具有显著性，这说明竞争程度与创新绩效之间存在一种倒 U 型的非线性关系，H2 得到验证。这与项后军（2011）的研究结果一致，回归结果显示尽管竞争程度对集群企业创新绩效具有正向关系，但当这种竞争达到一定的程度之后，集群企业的同质性进一步增加，竞争进一步加剧，则会对集群的创新绩效起负作用。

同时发现模型 2 与模型 3 相比较，模型 2 中的 R^2 值与解释变量前的系数均比模型 3 中相应的值要大，且更具有显著性，这说明企业的合作行为对技术创新的直接影响与竞争相比更加显著。

模型 4 考察了集群企业之间的合作水平，以及集群内部企业的竞争压力同时存在所产生的混合效应，与模型 2 和模型 3 相比，竞争和合作对创新的影响显著性水平均有下降，但合作对创新的影响仍然相对更显著。

模型 5 只考虑了竞争 CM 及其二次项对合作 CP 的影响，其中 CM 一次项系数为正，且具有显著性，二次项的系数为负，也具有显著性，这说明竞争程度与合作水平之间也存在一种倒 U 型的非线性关系，H1 得到验证，同时也正好验证了前面模型推演的结论。

根据温忠麟（2004）的结论，并结合模型 3、模型 4 和模型 5，可以发现合作对竞争与集群创新的关系具有中介效应，前面的数学模型和这里的回归模型揭示了“合作”作为中介变量使得竞争对创新绩效的影响一部分通过合作发生作用的微观机制。

另外竞争对创新绩效的倒 U 型关系同时具有直接影响和间接影响，这说明过度的竞争除了减少企业之间的合作机会，还存在其他原因使得集群企业的创新绩效下降，如陈畴镛（2010）和曹裕（2008）所说，过度的竞争分散了集群企业的创新资源，在过度竞争行业中，企业一般都会缺乏资金进行研发投入，从而降低了企业长期绩效，另外过度的竞争提高了企业未来的失败率，容易导致管理者对未来失去信心，从而出现了短期性行为，进而降低了企业绩效水平。我国珠三角和长三角地区中小企业面临的诸多困境，本质上是一种竞争环境的恶化，过度的竞争使得中小企业无力从事技术创新和产业升级。

第四节 结论与管理启示

一、研究结论

本书将集群企业之间的竞合关系分为两类，其中相同参与者在不同的价值链范围内分别进行竞争和合作而构成的关系为第一类竞合关系，在相同的价值链范围内不同的参与者分别进行竞争与合作而构成的关系为第二类竞合关系。

以第二类竞合关系为研究对象，通过建立数学模型和实证分析得出：集群的合作关系为中介变量，联系公司间的竞争程度对技术创新的影响，目的在于分析集群的竞争环境、集群企业的合作竞争战略对技术创新的影响。

研究发现：（1）集群企业之间的有效竞争与合作关系能够明显提升集群的创新绩效，相对竞争而言合作对于创新绩效的影响更为显著。（2）集群企业之间的竞争与集群的创新存在一种倒 U 型的非线性关系，这种关系存在直接效应和间接效应。直接效应表现为集群企业之间的竞争激励企业增加了创新投入比例，但是减小了集群的销售收入，同时也分散了创新资源。间接效应表现为集群企业之间的竞争环境促使集群内部出现了合作创新网络，发挥了协同创新优势，但是随着竞争的加剧，集群企业的合作稳定性由逐渐增强变为逐渐减弱，甚至使得企业之间无法合作。

二、管理启示

竞争对合作的促进作用具有一定的前提条件：集群企业之间的竞争要达到一定的水平后同时不能出现过度竞争或恶性竞争。我国地方政府在建设地方产业集群时，要想充分发挥产业的集群效应、利用集群创新网络的团队创新优势，营造一定的竞争环境和氛围是必要的，但同时要防止低水平的、恶性价格竞争。

我国企业利用“关系”文化、社会资本或关系网络获取的创新要素比在竞争的激励下获取的创新要素更为丰富，因此政府和集群内的中介结构应该统筹协调，设计网络节点、共议等机制来鼓励和促进企业建立非正式沟通渠道和关系，辅助企业提高创新能力。

集群企业之间的竞争程度与集群企业的技术创新绩效两者的关系是非线性、辩证的，一方面，集群企业之间的竞争不足不利于集群发展。正是由于集群内部企业间的竞争，整个产业集群才能在这样的互动中不断进行技术创新，提升整个产业集群的技术创新能力，因此一个没有竞争的产业集群是不会有经济活力和竞争力的。另一方面，集群企业之间过度的竞争对集群发展也是不利的，过度竞争导致企业为了求得生存必然放弃了长远利益的考虑，企业没有精力也没有足够的资金投入技术创新中去，进而制约了集群内部的产品升级和更新换代。

本章参考文献

[1] Bengtsson M, Kock S. "Cooperation" in business networks-to cooperate and compete simultaneously [J]. Industrial Marketing Management, 2000, 29 (1): 411-426.

[2] Brandenburger A M, Nalebuff B J. The right game use game theory to shape strategy [J]. Harvard Business Review, 1995, 40 (2): 58-71.

[3] Chaganti R. Profitable small business strategies under diffent types of competition [J]. Peneurship Theory and Practice, 1989, 13 (3): 21-36.

[4] Cullen J B, Johnson J L, Sakano T. Success through commitment trust: the soft side of strategic alliance management [J]. Journal of World Business, 2000, 35 (1): 223-240.

[5] Dasgupta, Partha, Joseph S. Industrial structure and the nature of innovative activity [J]. The Economic Journal, 1980, 90 (358): 266-293.

[6] Garcia C Q, Velasco C A B. Cooperation, competition, and innobvative capability: a paneladata of Europena dedicated biotechnology firms [J]. Technovation, 2004, 24 (1): 927-838.

[7] Hemmasi M. Industry structure, competitive rivalry, and firm profitability [J]. Journal of Behavioral Economics, 1990, 19 (4): 531-449.

[8] Holmstorm B. Moral Hazardin team [J]. Bell Journal of Economics, 1982, 13: 24-40.

[9] Kanter R M. Collaborative advantage [J]. Harvard Business Review, 1994, 72 (4): 96-108.

[10] Khandwalla P N. The properties of competing organizations [C] //Nystrom P C, Starbuck W H. Handbook of Organizational Design [M]. New York: Oxford University Press, 1981.

[11] Luo Y. Coopetition in Internatinal Business [M]. Copenhagen: Copenhagen Business School Press, 2004.

[12] Porter M. The Competitive Andvantage of Nations [M]. New York: Free Press, 1990.

[13] Schere F M. Market structure and the employment of scientists and engineers [J].

American Economic Review，1967（57）：524-531.

[14] 宝贡敏，王庆喜．战略联盟关系资本的建立与维护［J］．研究与发展管理，2004，16（3）：9-14.

[15] 曹裕，白冰，黄健柏．市场竞争与创新：对当前我国中小企业生存困境的分析［J］．管理世界，2009（8）：180-181.

[16] 陈畴镛，夏文青，王雷．企业同质化对产业集群技术创新的影响与对策［J］．科技进步与对策，2010，27（3）：55-58.

[17] 金彦龙，韩兰华，杨皎平．集群内部竞争对企业技术创新的推动与阻滞作用［J］．技术经济，2012，31（5）：34-38.

[18] 柯颖，王述英．模块化生产网络：一种新产业组织形态研究［J］．中国工业经济，2007（8）：75-82.

[19] 李煜华，胡运权，孙凯．产业集群规模与集群效应的关联性分析［J］．研究与发展管理，2007，19（2）：63-70.

[20] 刘海潮，李垣．竞争压力、战略变化、企业绩效间的结构关系：我国转型经济背景下的研究［J］．管理学报，2008，5（2）：282-287.

[21] 刘友金，黄鲁成．产业集群的区域创新优势与我国高新区的发展［J］．中国工业经济，2001（2）：33-37.

[22] 龙静，刘海建．联盟、网络与竞争：产业集群创新分析［J］．软科学，2009，23（2）：34-37.

[23] 鲁伟．基于锦标赛理论的团队激励研究［D］．武汉科技大学，2008.

[24] 孟昭勤，王一多．竞争激励的消极作用［J］．西南民族大学学报·人文社科版，2004，25（11）：412-416.

[25] 邱伟年．锦标赛理论与高管团队的激励［J］．现代管理科学，2006（8）：84.

[26] 汪丽，茅宁．声誉、决策质量和决策承诺：中国情境下的实证研究［J］．经济科学，2006（4）：94-103.

[27] 温忠麟，张雷，侯杰泰，刘红云．中介效益检验程序及应用［J］．心理学报，2004，36（5）：614-620.

[28] 翁君奕．竞争、不确定性与企业间技术创新合作［J］．经济研究，2002（3）：53-60.

[29] 吴结兵，蔡宁．产业集群理论述评——从三个角度看集群理论的融合与发展［J］．重庆大学学报·社会科学版，2007，13（6）：16-21.

[30] 项后军，江飞涛．核心企业视角的集群竞合关系重新研究［J］．中国工业经济，2010（6）：137-146.

[31] 项后军．产业集群中竞—合关系的演化与核心企业创新［J］．科学性与科学技术

管理，2011，32 (2)：71-77.
[32] 徐建忠．供应链间竞争机制及行为绩效研究 [D]．湖南大学，2009.
[33] 徐亮，张宗益，龙勇．合作竞争与技术创新：合作是中介变量吗？[J]．科学学研究，2008，26 (5)：1105-1112.
[34] 杨皎平．产业集群特性要素对技术创新的影响研究 [D]．辽宁工程技术大学，2010.
[35] 杨皎平，纪成君．集群内的网间锦标赛对创新网络治理机制分析 [J]．科技管理研究，2009 (10)：419-421.
[36] 杨皎平，刘丽颖，牛似虎．集群企业竞争强度与创新绩效关系的理论与实证——基于集群企业同质化程度的视角 [J]．软科学，2012 (4)：23-27.
[37] 张长征，李怀祖．团队自主权、报酬差距与团队效率 [J]．系统工程理论与实践，2007 (7)：19-25.
[38] 张睿，高臻，钱省三．集群式供应链成员互动关系研究 [J]．科技进步与对策，2009，26 (22)：31-33.
[39] 张习宁，关艳丽．产业集群、内部竞争与集群可持续发展 [J]．现代经济探讨，2009 (2)：73-86.
[40] 张治栋，韩康．模块化：系统结构与竞争优势 [J]．中国工业经济，2006 (3)：92-99.
[41] 周浩．企业集群的共生模型及稳定性分析 [J]．系统工程，2003 (7)：32-36.
[42] 祝福云．竞争强度与企业创新动机的关联机理：基于 Hotelling 模型的分析 [J]．中南财经政法大学学报，2009 (4)：126-130.

第十章　企业同质化对集群创新的推动与阻滞

本章以企业的同质化程度来表征产业集群的专业程度，通过建立数学模型和实证分析研究了集群企业同质化程度对技术创新的影响。结果显示集群企业同质化对技术创新同时具有促进作用和阻碍作用，集群企业的同质化一方面加快了知识共享进而促进了技术创新，另一方面则诱发了恶性价格竞争进而阻碍了技术创新。随着同质化程度的演变，知识共享效应和价格竞争效应的力量对比发生变化，最终使得同质化对技术创新产生了一种倒U型的影响。

第一节　理论框架的建立

一、同质化对创新的促进

企业技术创新能力的提高是通过企业进行技术学习的过程实现的，这一过程体现为从简单模仿到创造性模仿，再到自主创新的形成过程。集群企业创新能力之所以强于非集群企业的创新能力，就在于集群内部的知识共享能以某种方式产生建立在内生基础上的技术创新（陈畴镛，2010）。

企业独立生产知识成本较高，产业集群形成初期，集群企业没有条件实现大规模知识生产，而同质企业的聚集为企业知识学习提供了便利，知识共享是集群企业进行知识学习的主要途径。

同质化企业之间的技术水平，知识背景趋同，再加上企业之间地缘、亲缘相关的人文纽带有利于经常进行面对面的互动交流，因此相比独居企业，集群同质化为企业提供了更多学习的渠道。

二、同质化对创新的阻碍

企业的同质化程度增加，或者同质企业的迅速增多必会使得产业同质产品产能的快速膨胀，从而导致产品价格的下降，特别是各个企业为了提高市场占有率，必然会竞相促销，甚至出现恶性价格竞争、出现竞相偷工减料的“柠檬市场”，浙江保温杯生产的案例就说明了这一现象（仇保兴，1999）。

同质化的加重，使得各个企业将战略重点放在了产品营销方面，必然减少了技术创新方面的战略资源。经过调查发现，很多企业疲于抢占市场和产品促销，根本没有精力从事技术研发。

同质化导致的价格竞争使得企业的利润率下降或亏损，同时导致有限的资金分散使用，必然加剧了技术开发与改进资金的短缺。

三、研究框架的建立

集群企业同质化（专业化）对创新的影响是从多个方面发生作用，上面已经列举了最重要的原因。集群企业的同质化对技术创新既有推动力又有阻滞力，这两种力量是随着竞争的演化而不断演化的，两种力量谁占主导地位，以及两者之间的平衡决定了同质化对技术创新的最终作用，根据上面的分析建立如下的理论框架。

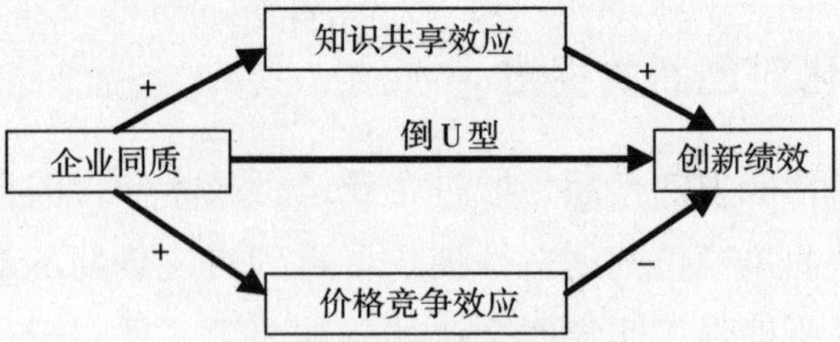

图 10-1 理论模型

第二节 数理模型

一、模型假设

(1) 集群内有两个企业 1 和 2，位于一个长度为 1 的“线性”城市，该城市的消费者均匀分布在［0，1］区间里，分布密度为1，两个企业分别位于城市的两端，企业1在$s=0$处，企业2在$s=1$处。

（2）两家企业均以边际成本$C_0 \geqslant 0$生产某种替代性产品，并且开展削减成本的技术创新活动（张维迎，2004），设两家企业的自身技术创新水平为X_1和X_2，创新后企业的成本$C_i=C_0-X_i$；因为技术创新同时增加了企业的成本，各自的创新成本函数为$h(X_i)=1/2\gamma X_i^2$；集群内的企业之间存在着知识共享：同等的创新投入可以获得相对与集群外部更多的创新收益，反之，获得同样的创新收益，由于共享效应使得创新投入更少，为此进一步假定两个企业的创新成本函数为：$h(X_i)=1/2\gamma(1-\mu)X_i^2$，$\mu$为共享系数。

（3）消费者购买商品的旅行成本与离企业的距离成正比，单位距离成本为t。在经典的Hotelling模型（王吉林，2008）中，t通过距离成本来代表两个企业的竞争程度，t越小竞争越激烈；在本书中t除了代表距离成本外，还代表两个企业产品的同质化程度，t越小，同质化越高。这样住在s处的消费者若在企业1购买产品要花费ts的旅行成本，若在企业2购买要花费$t(1-s)$的成本。另外，两个企业之间的距离成本越小或同质化程度越高（t越小）越利于企业之间的知识共享，令$1-\mu=\lambda t$，进而$h(X_i)=1/2\gamma\lambda t X_i^2$。

（4）经典的Hotelling模型中两个企业进行价格竞争，为了进一步显化价格竞争，令两个企业的初始定价均为P_0，然后各自的降价幅度为Y_i（$i=1，2$）：Y_i可以代表单纯的降价，也可以代表各种促销活动。

（5）每个企业用于技术创新X_i和产品促销Y_i均需要耗费企业的资源，假定企业用于两者的资源总量在某一周期为常数N，并满足$\alpha X_i+\beta Y_i=N$，α，β为资源消耗系数。这一假定具有现实意义：一个企业投入更多的精力于产品促销，必然减少了对技术创新的投入。

二、模型建立与分析

如果住在s处的消费者在两个企业购买产品无差异，那么住在s左边的消费者将在企业1购买，住在s右边的消费者将在企业2购买，因此有企业1和企业2的需求函数为$D_1=s$，$D_2=1-s$。其中s满足：

$$P_0-Y_1+ts=P_0-Y_2+t(1-s) \qquad (式 10\text{-}1)$$

由式 10-1 可得两个企业的需求函数为：

$$D_1(Y_1, Y_2) = s = \frac{Y_1 - Y_2 + t}{2t} \quad （式 10-2）$$

$$D_2(Y_1, Y_2) = 1 - s = \frac{Y_2 - Y_1 + t}{2t} \quad （式 10-3）$$

两个企业的利润函数为：

$$\pi_i(X_i, Y_i) = (P_0 - Y_i - C_0 + X_i) \times \frac{1}{2t}(Y_i - Y_j + t) - \frac{1}{2}\gamma\lambda t X_i^2$$

（式 10-4）

考虑到 X_i 和 Y_i 需要满足 $\alpha X_i + \beta Y_i = N$，因此每个企业面临如下的约束极值问题：

$$\begin{cases} \max \pi_i(X_i, Y_i) \\ \text{s. t} \quad \alpha X_i + \beta Y_i = N \end{cases} \quad （式 10-5）$$

将约束条件 $Y_i =$（$N - \alpha X_i$）$/\beta$ 代入目标函数，并利用一阶最优化条件得到：

$$\begin{cases} \dfrac{\partial \pi_1}{\partial X_1} = \dfrac{1}{2t}\left\{\left(1+\dfrac{\alpha}{\beta}\right)\left[\dfrac{\alpha}{\beta}(X_2 - X_1) + t\right] - \dfrac{\alpha}{\beta}\left[P_0 - C_0 + \left(1 + \dfrac{\alpha}{\beta}X_1 - \dfrac{N}{\beta}\right)\right]\right\} \\ -\gamma\lambda t X_1 = 0 \\ \dfrac{\partial \pi_1}{\partial X_2} = \dfrac{1}{2t}\left\{\left(1+\dfrac{\alpha}{\beta}\right)\left[\dfrac{\alpha}{\beta}(X_1 - X_2) + t\right] - \dfrac{\alpha}{\beta}\left[P_0 - C_0 + \left(1 + \dfrac{\alpha}{\beta}X_2 - \dfrac{N}{\beta}\right)\right]\right\} \\ -\gamma\lambda t X_2 = 0 \end{cases}$$

（式 10-6）

解方程组式 10-6，并注意到对称性，可以得到每个企业的创新水平为：

$$X_1^*(t) = X_2^*(t) = \frac{\kappa(N' + C_0 - P_0) + (1+\kappa)t}{\kappa(1+\kappa) + 2\gamma\lambda t^2} \quad （式 10-7）$$

其中 $\kappa = \alpha/\beta, N' = N/\beta$。

三、模型结论

考虑如下的函数形式：

$$g(t) = \frac{A + Bt}{C + Dt^2} \quad （式 10-8）$$

其中满足：$B>0$，$C>0$，$D>0$，容易证明，当 t 满足 $0 < t < t^* =$

（$\sqrt{A^2D^2+B^2DC}-AD$）/BD 时，g（t）为增函数，即 $g'(t)>0$，当 $t>t^*$ 时，g（t）为减函数，即 $g'(t)<0$，进而函数 g（t）在 $t>0$ 时呈倒 U 型。

注意到式 10-7 中每个企业的创新水平 X_i^*（t）的函数形式与 $g(t)$ 完全相同，因此容易证明 X_i^*（t）在 $t>0$ 时呈倒 U 型（如图 10-2 所示）。

由于 t 值越小，代表企业之间的同质性越强，专业化程度越强。因此当 t 的初值较大时，随着同质化的加剧（t 的减小），集群企业的创新水平 X_i^*（t）逐渐增加，当 $t=t^*$ 时创新水平 X_i^*（t）达到最大值；随着同质化程度的进一步加剧（t 继续减小），集群企业的创新水平 X_i^*（t）逐渐减小。

考察每个企业的利润函数式 10-4，当不考虑约束条件 $\alpha X_i+\beta Y_i=N$ 时，容易证明企业 i 的最优 X_i 和 Y_i 分别满足：

$$\begin{cases}\dfrac{\partial \pi_i}{\partial X_i}=0 \Rightarrow X_i(t)=\dfrac{1}{2\gamma\lambda t}\\[2ex]\dfrac{\partial \pi_i}{\partial Y_i}=0 \Rightarrow Y_i(t)=P_0-C_0+X_i-t\end{cases}\qquad\text{（式 10-9）}$$

从式 10-9 可以看出，随着同质化程度的加剧（t 的减小），企业在创新方面所做的努力 X_i 和在促销降价方面所做的努力 Y_i 均在增加。

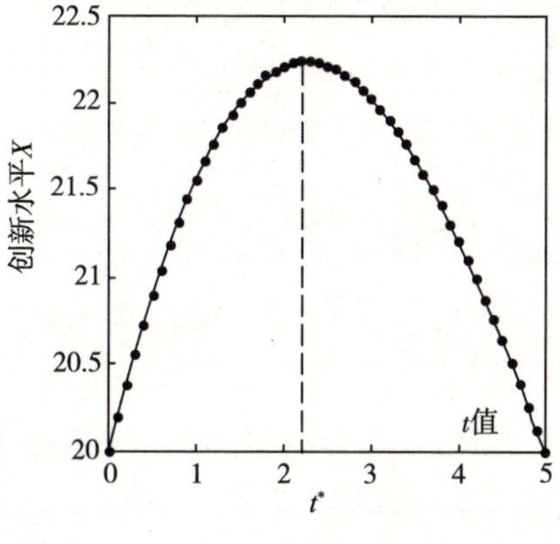

图 10-2　创新 X 与同质化程度 t 的关系

为什么考虑约束条件 $\alpha X_i+\beta Y_i=N$ 时，企业的创新努力 X_i 会随着同质化程度的加剧出现先增加后减少的规律呢？其原因在于企业之间的同质化同时具有“知识共享效应”和“价格竞争效应”。在企业之间的同质化程度较小时，随着同质化程度的增加，“知识共享效应”大于“价格竞争效应”，在企业战略资源有限的情况下，更加关注技术创新；而当企业之间的同质化程度增加到一定程度，随着同质化程度的继续增加，“价格竞争效应”大于“知识共享效应”，在战略资源有限的情况下，企业转而注重价格竞争和商品促销。张文晋（2003）也指出随着企业之间同质化程度的加剧，企业往往穷于应付当前的竞争，把资金与精力全部投入眼前的市场竞争和扩大宣传上，而不是通过技术进步降低成本获得竞争优势。即便是从事技术创新，也是追求能快速见效的项目，不愿或者无力从事长期研究开发。

为了进一步验证本书的机理分析得正确性，选取国内部分地区的产业集群进行实证分析。

第三节　实证分析

为了验证模型分析的结论，令企业之间的同质化程度为 t，知识共享效应为 x_1，价格竞争效应为 x_2，技术创新为 IK。并设定变量之间满足如下的函数关系式。

$$IK = \beta_0 + \beta_1 t + \beta_2 t^2 + \varepsilon \quad \text{（式 10-10）}$$

$$IK = \gamma_0 + \gamma_1 x_1 + \gamma_2 x_2 + \varepsilon \quad \text{（式 10-11）}$$

$$x_1 = \nu_1 + \omega_1 t^{\alpha_1} + \varepsilon \quad \text{（式 10-12）}$$

$$x_2 = \nu_2 + \omega_2 t^{\alpha_2} + \varepsilon \quad \text{（式 10-13）}$$

需要验证如下的假设：

H1：$\beta_2 < 0$，即创新与竞争呈倒 U 型关系。

H2：$\gamma_1 > 0$，$\gamma_2 < 0$，即知识共享促进技术创新，价格竞争阻碍技术创新。

H3：$\alpha_2 > \alpha_1 > 0$，即随着同质化的增加，价格竞争效应的增加速度大于知识共享效应的增加速度。

一、变量定义与问卷设计

集群的创新绩效“IK”由“新产品数”“申请的专利数”“新产品产值占销售总额的比重”“新产品的开发速度”“创新产品的成功率”5 个题项来测量；知识共享效应“x_1”参考朱秀梅（2006）由“从本地区能获得新技术”“从本地区能获得生产运作技能”“从本地区能获得新产品及服务开

发技能”“从本地区能获得企业管理技能”4个题项来测量；价格竞争效应“x_2”采用“本地企业之间价格竞争激烈”“本地企业营销竞争激烈”“本地企业的利润率很低”3个题项来测量；同质化程度“t”用“本地企业的产品与服务相差不大”“群内同类企业的数量很多”“企业之间的设备和设施资源很相近”“企业之间的生产和服务流程很相近”4个题项来测量。在实际调查中，采用了七分度的李克特式量表法对变量进行定义和测量。

将被调查企业的自身因素、产业因素、政府因素以及与科研院所的互动因素设定为需要加以控制的因素，具体为：①企业自身因素由“企业有雄厚的资金和技术创新资源”等4项问卷；②产业因素由“行业的竞争程度较高”等6项问卷；③政府因素由“政府大力支持地方产业园区的建设”等3项问卷；④与科研院所的互动因素由“贵公司与相关科研院所经常进行产学研合作”等5项问卷。

二、样本与检验

调查问卷的对象是辽宁省、山东省、浙江省的一些集群企业，抽样对象具有一定的代表性。其中共当面填写回收有效问卷28份，通过其他渠道共发放问卷52份，回收44份，其中有效问卷35份。这样共计发放80份问卷，有效回收63份，有效回收率为78.8%。

本研究采用的是横截面数据，因此只需做内在信度分析，本研究采用Cronbach的一致性系数（α系数）来考察样本数据的内在一致性，表10-1是测量模型的信度分析。

表10-1　问卷信度分析结果

潜变量	代号	Cronbach'α
同质化程度	t	0.817
知识共享效应	x_1	0.801
价格竞争效应	x_2	0.821
创新绩效	IK	0.878

表 10-2 问卷效度分析

潜变量	问项	内敛效度
t	tz_1	0.916
	tz_2	0.907
	tz_3	0.922
	tz_4	0.914
	KMO：0.836	
x_1	yc_1	0.903
	yc_2	0.912
	yc_3	0.924
	yc_4	0.895
	KMO：0.825	
x_2	jg_1	0.921
	jg_2	0.925
	jg_3	0.918
	KMO：0.842	
IK	IK_1	0.947
	IK_2	0.941
	IK_3	0.947
	IK_4	0.928
	KMO：0.868	

从表 10-1 中可以看出所有变量的 Cronbach 的 α 值都大于 0.7，这说明问卷的内部一致性较好，即问卷信度较高。

表 10-2 是测量模型效度分析，从表 10-2 可以看出模型通过了效度检验，并且可以做因子分析。

另外，控制变量中各因子的 Cronbach'α 值也均在 0.7 以上，并且具有良好的效度。

三、研究方法

用 SPSS 的因子分析功能模块，将“同质化程度”对应 4 个指标作为一个因子，记该因子值为 t；将“知识共享效应”对应 4 个指标作为一个因子，记因子值为 x_1；将“价格竞争效应”对应的三个指标作为一个因子，因子值记为 x_2；创新绩效四个指标对应的因子值为“y”。

对应与被调查企业的自身因素、产业因素、政府因素以及与科研院所的互动因素的四个因子值分别记为 c_1，c_2，c_3，c_4。

根据函数的设定形式式 10-10、式 10-11、式 10-12、式 10-13，并将 c_1，c_2，c_3，c_4 作为控制变量，采用 Eviews 分别进行回归分析，结果如表 10-3 所示。

由于 SPSS 工具计算的因子值为归一化的数据，其均值为 0，为了回归非线性模型 4 和模型 5，将数据 t，x_1，x_2 进行平移运算，使其最小值大于 0。然后再回归模型 4 和模型 5。

表 10-3　回归检验结果

解释变量	模型 1 *IK*	模型 2 *IK*	模型 3 *IK*
c_1	0.362***	0.378***	0.381***
c_2	0.200**	0.193**	0.172**
c_3	0.230**	0.208**	0.212**
c_4	0.219**	0.182**	0.202**
t		0.102**	
t_2		−0.198**	
x_1			0.217**
x_2			−0.182**
Adjusted R^2	0.460	0.526	0.576
F	13.160	16.213	15.374
DW	1.813	2.204	2.244

解释变量		模型 4 x_1	模型 5 x_2
t	ω_i	10.263**	0.017**
	α_i	0.358**	2.326**
Adjusted R^2		0.571	0.738
F		322.736	346.324
DW		1.783	1.98

注：*** 表示在 0.001 水平下统计显著，** 表示在 0.05 水平下统计显著，* 表示在 0.1 水平下统计显著。

四、假设检验及解释

以创新绩效为因变量，模型 1 只有控制变量而未加入解释变量的估计结果显示模型具有显著性。

在模型1的基础上加入同质化 t 和其二次方的模型2估计结果显示，t 一次项系数为正，且具有显著性，二次项的系数为负，也具有显著性，这说明同质化程度与创新绩效之间存在一种倒U型的非线性关系，假设H1得到验证。尽管同质化（过分专业化）对集群企业创新绩效具有正向关系，但当这种同质化达到一定的程度之后，随着集群企业的同质性进一步增加，竞争进一步加剧，则会对集群的创新绩效起负作用。

在模型1的基础上考虑"知识共享效应"x_1 和"价格竞争效应"x_2，得到模型3，估计结果显示 x_1 和 x_2 的系数均满足显著性，并且 x_1 前的系数为正，x_2 前的系数为负，假设H2得到证实，说明知识共享对技术创新具有促进作用，而价格竞争对技术创新具有阻碍作用。

模型4和模型5为非线性模型，回归结果显示具有显著性，并且满足 $\alpha_2>\alpha_1>0$ 和 $\omega_2<\omega_1$，假设H3得到验证，说明价格竞争效应的增加速度大于知识共享效应的增加速度。结合模型3可以用图10-3说明"知识共享效应"和"价格竞争效应"的相对关系，并可以解释技术创新与同质化程度的倒U型关系。

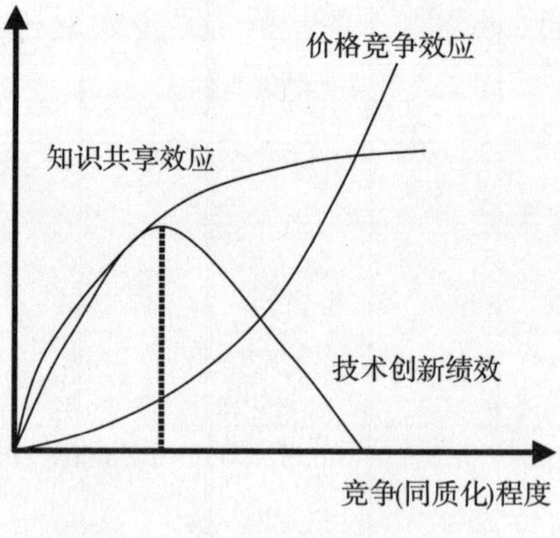

图10-3 技术创新与同质化的关系

根据温忠麟（2004）的结论，并结合模型2、模型3、模型4和模型5，可以发现"价格竞争效应"和"知识共享效应"对同质化与集群创新的关系具有中介效应。

另外，这几个模型也说明同质化对创新绩效的倒U型关系同时具有直接影响和间接影响，这说明还存在其他原因导致同质化程度与集群企业的创新绩效呈倒U型关系。如陈畴镛等（2010）和李朝等（2008）所说同质化一方面降低了交易成本、管理成本，以及促进了合作创新和标准联盟的形成，另一方面又分散了创新资源，同时创新的失败率增加导致了企业出现了短期行为。实际上我国很多地方的中小型产业集群的发展都说明了这一点。

第四节 结论与管理启示

一、研究结论

本书以集群企业的同质化程度来表征集群企业之间的专业化程度。首先建立了考虑知识共享的 Hotelling 模型，模型分析了集群企业同质化程度对技术创新的促进作用和阻碍作用，其中由于同质化而产生的知识共享效应促进了集群企业的技术创新，由于同质化而导致的价格竞争阻碍了集群企业的技术创新。一般来说，在集群建立初期，知识共享效应大于价格竞争效应，但是随着同质化程度的逐渐增强，价格竞争效应的增长速度越来越快，而知识共享效应增长的速度越来越慢，当价格竞争效应大于知识共享效应时，集群企业的技术创新便呈现倒U型的演化趋势。

对这一分析结果，本章采用了实证分析的方法进行验证。实证分析以同质化程度为解释变量，知识共享和价格竞争为中介变量，以集群创新绩效为被解释变量，以我国部分地区的产业集群为样本，证明了同质化程度对技术创新的倒U型关系。

同时研究还发现：（1）集群企业的同质化程度对技术创新有着显著的间接效应和直接效应；（2）价格竞争效应随着同质化程度的加重呈边际效应递增，知识共享效应随着同质化程度的加重呈边际效应递减的趋势。

二、管理启示

产业集群中企业的高同质性虽然利于创新技术的扩散、加快创新活动周期以及促进集群合作，但由于目前大多数中小企业在技术创新上还停留在纯粹的模仿阶段，造成资源分散和集群内部创新的停滞，导致集群的整体衰退。因此，对于高同质性在集群中起到的两面性作用提出以下对策：

1. 推动合作研发

针对集群中的中小企业由于技术资源有限，推动中小企业的合作研发是实现中小企业技术创新的有效方法之一。但是，由于“搭便车”现象的存在，中小企业往往选择享受同行的技术成果。这种行为往往造成了整个行业的技术停滞。

因此，可以通过两类方法来激励中小企业进行合作研发：①通过税收政策规范和财政政策支持。征收“庇古税”，即政府以征税的形式将进行技术研发企业的研发费用加入“搭便车”企业的成本中，对进行技术研发企业则采取税收减免政策，从而实现技术研发外部性的内在化，解决其中的“搭便车”问题；除了上述的庇古税”，还可以通过对企业提供财政方面支持加以实现，鼓励企业进行技术创新和技术扩散，从而在一定程度上引导产业集群的技术走向。政府的税收和财政支持，实际上是其他企业对进行技术研发企业的一种间接补贴，因为政府的资金来自税收。②由政府直接引导建立民间合作框架，为建立中小企业长期关系以及创新网络的形成提供便利，减少合作伙伴中的机会主义行为，从而最终减少达成合作协议的交易成本。

2. 推动技术标准联盟

由政府充当规范者的角色，引导建立技术标准联盟，提供合作法律框架、管理机制、高层人员及信息，监测整个合作过程，为中小企业整合资源，谋求技术创新发展，从而带动整个产业集群在世界内的成长。

3. 强化知识产权制度保护中小企业的创新行为

加强专利、商标、版权、标准工作，建立和运用知识产权制度，促进科技创新利益激励机制的形成。建立健全企业知识产权管理制度，企业要拥有能作为赢利基础的核心技术专利，或足以制衡引进的核心技术专利的二次开发专利群。进一步加大对专利发明人的激励，自觉维护专利发明人的权益。加大知识产权保护工作力度，倡导企业在明晰有形财产权的同时，加强对知识产权无形资产的管理。加强各级专利管理和行政执法队伍建设，协调各知识产权职能管理部门，严厉查处和制裁各种侵犯知识产权的行为，及时有效地处理知识产权纠纷，维护社会主义经济秩序，保护知识产权权利人的合法权益，为技术创新和高新技术产业发展营造良好的社会氛围和市场环境。

本章参考文献

[1] 陈畴镛，夏文青，王雷．企业同质化对产业集群技术创新的影响与对策［J］．科技进步与对策，2010，27（3）：55-58.

[2] 仇保兴．发展小产业集群要避免的陷阱：过度竞争所致的柠檬市场［J］．北京大学学报·哲学社会科学版，1999，36（1）：25-29.

[3] 李朝，李欢平，余军．集群环境中同质化对企业竞争优势的影响研究［J］．经济论坛，2008（21）：6-8.

[4] 王吉林，季建华，李隽．考虑技术创新溢出的 Hotelling 模型分析［J］．工业工程与管理，2008（3）：21-25.

[5] 温忠麟，张雷，侯杰泰，刘红云．中介效应检验程序及应用［J］．心理学报，2004，36（5）：614-620.

[6] 张维迎．博弈论与信息经济学［M］．上海：上海人民出版社，2004：46-47.

[7] 张文晋．从过度竞争到有效竞合：中国产业发展的必然选择［J］．山西财经大学学报·高等教育版，2003（4）：86-88.

[8] 朱秀梅．知识溢出、吸收能力对高技术产业集群创新的影响研究［D］．吉林大学，2006.

第十一章 产业集群技术创新风险及控制

产业集群的创新优势来源于由集群内各种创新资源的整合、创新主体的互动与合作、知识的共享，以及本地社会文化中的信任合作因素等带来的集体效率。因此，集群需要一种通过创新集聚以获得创新优势的创新组织形式，即集群式创新。学者们认为，这种创新模式可以有效化解集群风险，保持集群的持久竞争优势进而促进集群升级。但是，他们忽视了集群式创新本身隐藏着由其固有特征所内生的“创新风险”这一事实。为此，本书提出了集群创新风险的控制机制及其策略。

第一节 集群式创新风险的类型

一、创新惰性风险

创新惰性风险指集群内相关创新主体由于缺乏足够的创新激励而不愿意创新或创新投入不足。它又因为由以下两个原因产生。

1. 中小企业（“搭便车”）的机会主义行为

在集群式创新条件下，共性和关键技术以及相关创新知识的公共性和外溢性，由大量中小企业的“原子化”及信息非对称带来的对中小企业行为监督的高成本，都容易诱使中小企业试图以较少投入甚至是不投入的方式从集群内其他企业的创新行为中获取其所需的关键和共性技术，致使企业选择不努力即放弃创新。这种机会主义行为符合“集体行动的逻辑”（曼瑟尔，2003），即在有众多企业参与一个联盟或集团进行集体行动时，企业往往会由于预期自身努力对集团产品无多大影响，并且预期自己不努力同样可以通过外溢效应获得创新成果，致使它们选择“搭便车”。“搭便车”的表现就是集群内存在大量的模仿行为，创新企业由于难以内部化创新收益而停止创新，最终导致集群知识开发和创新停滞。

2. 龙头企业与中小企业的“囚徒困境”

尽管中小企业是集群的主要企业形态，但是，不应忽视龙头企业在推进集群创新方面的重要作用。龙头企业在人才、市场信息、研发投入等方面具有中小企业所没有的优势。但是，在集群式创新条件下，知识学习的低壁垒往往会使龙头企业和中小企业陷入创新博弈的“囚徒困境”，即两类企业最后选择“不创新”或“最小化创新投入”的占优策略。在这一博弈过程中，中小企业试图以最小投入从龙头企业的创新行为中最大化自己的利益，而龙头企业也因预期中小企业进行技术开发的低意愿，创新的私人收益低于社会收益而导致创新激励降低，致使两类企业陷入创新的“囚徒困境”，集群技术创新受阻。虽然集群提供了无限次重复博弈的制度空间，但由于中小企业的数量特征，集群对“原子化”中小企业进行监督和惩罚的成本很高，因此两类企业难以找到“合作均衡解”。

二、技术锁定风险

集群式创新的本地化特征一方面使集群因基于共同的区域创新文化环境而获得丰富的社会资本，培育有利于合作创新的信任和承诺的创新元素，促进集群创新知识的扩散和学习。但是另一方面，在这种本地化过程中如果不能妥善处理本地化与全球化之间的辩证关系，不能积极有效地吸收集群外更为先进的创新要素，就非常容易导致集群创新的封闭化，排斥一切区外先进要素，致使集群技术不能跟踪世界先进水平，也难以对外界的技术变化作出灵活反应，使集群内部的弹性优势由于对外部反应的迟钝而被抵消，最终使集群的技术长期锁定在一个较低的水平。历史上有许多集群就是因为缺少与外部元素的相互沟通与交换而逐渐衰弱，如1000年前活跃在地中海地区的马格里布商人群体就是因为群体的封闭性而逐渐衰弱的。

三、战略趋同性风险

战略趋同风险是指地理空间上的邻近性在促进集群组织学习的同时，也促使产业价值链横向各企业的战略趋同，往往造成集群内部激烈的恶性竞争，甚至出现“劣币驱逐良币”的“柠檬市场”现象。

产业集群形成后，专业化分工使原来较高资产专用性降低，这样使集群内的组装厂商容易达到“灵活性专业化”的目的，但资产专用性低也常常意味着企业的创新能力弱（姚先国等，2002）。特别是资产专用性低的大量企业在特定空间内邻近性、文化背景相同性的相互作用下，往往出现相同的战略决策，造成集群内部激烈的恶性竞争，整个集群的最终产品往往没有独立的品牌，只是跨国公司全球生产网络中最底层的加工车间，附加价值很低，也容易被劳动力更便宜的产业集群所取代，进而引发结构性风险。

随着集群内部同质化产品的激烈竞争，会出现部分企业竞相偷工减料，生产伪劣产品，降低成本以求生存。与此同时，集群产品质量信息分布的非对称和中小企业由于高度专业化而带来的高资产专用性的高退出壁垒，最终会出现集群内的“柠檬市场”现象，最终不仅损害了全体业主的利益，而且也会使集群所在地的地区形象受损，从而影响长期发展。

第二节　集群式创新风险的控制机制及对策

一、风险控制机制

集群式创新风险控制机制由正式控制机制和非正式控制机制组成，正式风险控制机制是指在龙头企业、中小企业等集群创新行为主体之间，通过建立和利用正式的契约、管理制度、质量标准以及知识产权安排等方式对它们的创新投入、创新风险、创新收益等进行正式的制度安排或规范。通过这种方式可以提高企业机会主义行为的实施成本，增强企业参与技术创新的利益激励。非正式控制机制是指在集群内部，龙头企业、中小企业、科研机构（高校）、中介机构以及金融机构等行为主体中，利用信息网络、投入产出网络、技术网络和企业家网络等联结而成的，有利于促进协同创新的、开放的网络化组织和创新网络。通过这种网络可以促进信息的流动以克服信息非对称问题。

契约的非完全性及高额的实施成本等，使得正式控制机制的风险控制能力减弱，因此它难以从根本上控制和规避集群式创新风险。所以，应重点探索和发挥非正式风险控制机制的作用。非正式风险控制机制主要通过以下几个方面来实施对集群式创新风险的控制。

1. 信息网络

通过在集群内部发展创新行为主体间的信息网络，有效促进信息流动与扩散，有利于解决集群内创新信息或产品质量信息分布非对称问题。

2. 网络化组织载体

网络化组织载体以虚拟网络的形式将处于分散状态的中小企业耦合成具备一定规模的网络化节点，消除了中小企业的“原子化”特征。因此，集群通过网络组织监督中小企业的行为更具可操作性，监督成本也更低，从而使企业由于“搭便车”而受到集群网络的惩罚更为可能。与此同时，组织化以后的相关行为主体在无限次重复博弈的组织平台上更会倾向于合作，因为“小合作”将在组织的框架下受到惩罚。例如，集群内的各种技术创新机构就是具有上述功能的网络化组织载体。

3. 开放型网络

由网络化组织载体所联结而成的投入产出网络、技术网络、企业家网络等不但注重网络创新的根植性，注重促进区域创新文化环境的培育，而且十分注重网络的外部拓展，积极吸收网络外部的创新要素，正确处理本地化与全球化之间的关系。例如，根据相关调查，浙江永康五金科技区域创新服务中心就利用自身优势，多次组织本地企业到江苏等地区的高校进行科研成果对接，充分发挥科技中介的桥梁作用，跟踪国内外先进技术，引进各类技术人才。

二、风险控制对策

1. 建立公共技术平台

公共技术平台是指面向集群的共性和关键技术创新需求，吸纳、集聚和整合区内外知识、信息、技术等各种创新资源，促进其流动、扩散和转化，最终为集群内各个创新主体提供公共创新服务并促进或实现技术创新，从而有效联结各个创新节点的创新功能或创新服务的聚合体（张其仔，1997）。它可以起到作为一个网络化创新组织载体在控制集群式创新风险方面的独特作用。为此，应充分动员和引导企业、科研机构、大学、金融机构等主体参与公共技术平台建设，同时注重发挥政府的组织和协调作用，尤其在建设初期要发挥政府“发现”和“扶持”公共技术平台建设的作用。例如，广东南海金沙镇是一个专业生产小五金的中小企业群，过去这些小企业自身缺乏模具开发能力。在镇政府的组织下，与华中科技大学合作成立模具开发中心，并办起了华南五金电子商务网站，有力地推动了当地五金产业集群的提升。

2. 培育信任合作的集群创新文化

社会资本与经济资本一样是生产函数中的生产要素（陆立军，2008），它是一种“信任、规范与网络”，因此，培育基于区域信任与合作的社会资本对于集群创新具有非常特殊的意义。美国硅谷能够取得成功的一个关键因素，就是区域内“乐于合作，敢于创新、宽容失败”的创新文化。其中，企业家在俱乐部、酒吧等公共空间的面对面交流，被认为是培育这种创新文化的重要途径。因此，政府致力于创造一种宽松和利于创新的集群创新环境至关重要。

3. 妥善处理本地化与全球化的关系

集群式创新要求有效整合区内各种创新资源，并基于共同的区域创新文化寻求协同创新。但是，集群式创新在强调本地化的同时不应忽视集群对外部先进创新要素利用的可能性与重要性，正确处理集群式创新本地化与全球化之间的辩证关系，以保持集群对新进入者的开放性以及对新信息（包括新技术、需求变动等）的敏感性，避免集群内部僵化，从而不断推进集群的持续学习与调整。例如，适应于全球技术变革，浙江省各特色产业区积极引进国外科研机构或研发中心，推进集群技术升级。2005 年 12 月，浙江省嘉兴市与乌克兰国家科学院共建国际技术转移中国（嘉兴）中心就是这种背景下的产物。

4. 完善集群产品质量信息的传播与扩散机制

集群产品质量信息的非对称分布也是集群式创新风险的重要原因，因此，必须有针对性地制造和传播“有效”的市场信息以纠正集群产品质量信息的非对称问题。具体措施有，颁发集群产品的质量保证书或实施商标策略；培育具有专业产品质量鉴定能力的中间商或经纪人；制定和实施集群产品或零部件质量标准控制策略以及建立和完善要素和资本市场以降低中小企业退出壁垒等。

第三节　模块化对集群创新风险的规避

一、模块集群的概念

模块化企业群是由两个或两个以上的成员企业组成的一种从事模块化产品制造的互惠互利的合作组织，它以成员企业的核心能力为依托，优化了各种生产要素，并以最小的投资对环境的变化和市场的需求做出快速协同反应。模块化企业群由模块集成商和模块制造商构成。前者是指制造可以模块化的复杂性产品的企业，它具有能力制定模块化设计规则，并通过对不同供应商的产品模块进行集成来制造最终的复杂性产品。后者是指制造模块的企业，它具有独特的核心能力、良好的协同能力，致力于研发或生产某类模块化单元，并处于相关产业链中的不可或缺的环节。在本书中，模块集成商作为最终产品的提供者，简称为制造商；模块制造商作为某些模块的提供者，简称为供应商。模块化企业群实现了垂直整合和水平整合的一体化，具有良好的柔性和学习能力，具有自组织特征（Daft，1993）。

模块化企业群的概念框架如图 11-1 所示。制造商将不同的子模块交给不同的供应商研发和制造，利用集成优势和快速创新的资源，控制日益增长的复杂技术；模块供应商则通过发展核心专长，进行模块研发和制造，找到充分发挥比较优势的市场空间；在模块集成的框架下，制造商、供应商和使用者都获得了更大的灵活性。

模块化集群具有高度专业化分工的特征，模块供应商为各种不同企业的不同产品生产某一类模块，往往拥有自己的核心能力，企业也能够获得大批量模块生产的规模优势，生产成本大大降低，质量和交货期也得到很好的保证。根据“新水桶原理”（朱瑞博，2004），模块集群中每个模块供应商都将自己的核心能力贡献出来，就可以创建一系列“一切都是最优秀的”、个性化、多样化的终端产品，形成各具特色的“新水桶”。模块集群通过突破企业的组织和空间的有形边界来延伸企业和集群的无形边界，通过充分利用外部资源来减少单一企业的投资风险，保证和加速实现整体的市场目标，使集群成为高度柔性的敏捷制造体系。

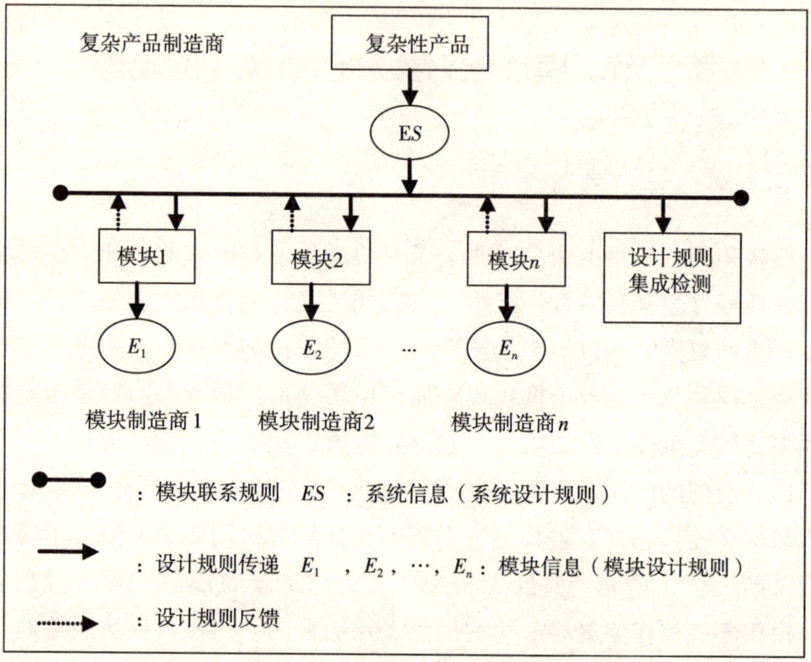

图 11-1 模块化产业集群的概念框架

二、模块化抗产业集群创新风险的机理

1. 创新惰性风险的化解

在模块集群中，几十家企业同时为研发同一个有前途的技术模块而展开竞争，具有“淘汰赛”的激励效应。因为在这几十家模块供应商中，只有极少量的企业才能胜出，获得全部模块价值，因此，能够激励研发主体开发出符合理想界面标准和绩效标准的模块产品。鲍德温和克拉克（Baldwin & Clark，2000）借鉴金融学的期权理论证明了模块研发价值创造的有效性。白热化的“淘汰赛”激励效应，促进了每个模块供应商的不断努力。而且模块集群中常常出现人才衍生和企业衍生现象，成为模块集群形成的重要路径，这在很大程度上化解了产业集群的创新惰性风险。

2. 技术锁定风险的化解

在模块化集群内部，形成了以模块供应商、系统设计师以及各种辅助机构构成的信息异化、共同进化的系统结构，会有效化解封闭自守性、技术锁定的风险。因为在激烈的“背对背”竞争环境中，模块供应商在遵循可见部分设计规则的前提下，就能够试验各种各样、完全不同的工程技术，从而使模块研发的多个主体同时开展研发成为可能，集群内部企业就会积极地吸收先进的技术、设计理念、管理技术等，从而化解封闭自守性风险，增强集群的自我修复功能。例如，在硅谷往往是几十家企业同时为设计、生产同一个有前途的技术模块而展开竞争，只有成功的企业才能获得创业投资者进一步的融资、发行上市或被产业主导企业所收购的资格。硅谷的主导产业也从发展初期的晶体管、半导体制造等，到20世纪70年代的电子信息、个人计算机、网络技术，再扩展到20世纪末的光通信、医疗器械、生物技术等。出现了20世纪60年代的英特尔、AMD、国家半导体、Zilog，20世纪70年代的Tandem、Amdahl、Apple、Atari，20世纪80年代的Sun、Cisco、Seagate、Adobe、Apollo、AOL，20世纪90年代的网景、Yahoo、eBay等生生不息的创新式模块供应商，成为世界科技应用的先行军。硅谷集群内不论是模块供应商，还是系统设计师，他们从来不会停留在已有的成就上坐享其成，而是继续构建、设计新的模块，这样也就推动了整个集群的演进。

3. 战略趋同风险的化解

由于模块化生产网络有关产品的技术规格作为“看得见的设计规则”是公开的，而设计每个模块所必需的信息处理过程能够包含在模块内部，即每个模块的设计信息都被“隐藏起来”或被“浓缩化”了（青木昌彦等，2003），成为“隐性的设计规则”，从而保证了模块的创新自由度，只要符合设计规则，就可以采用任何方法或模块组合产品。所以，模块化生产不必把产品的所有生产工序都集中于一个企业内部进行，而是对生产工序进行模块化分解，通过外包模块或从市场上向不同企业采购相同的模块部件来及时满足特定的顾客需求，这就使得模块化生产网络具有充分的灵活性和反应能力，能够适应模块化产品系统更新换代的速度。

因此，如果按照模块化理论重构产业集群，大量中小企业在遵循系统信息的前提下，各自相互独立地开发能够提供相同功能的模块，在一定程度上消除集群内的次级系统和等级差别，使各种企业建立在互补能力集成的基础上，促进具有较高资产专用性且经济潜力巨大的特定技术开发。同一功能的模块间凭借创新能力进行“背对背”的竞争，能够从根本上消除战略趋同性风险。

本章参考文献

[1] [美] 曼瑟尔·奥尔森. 集体行动的逻辑 [M]. 上海：上海人民出版社，2003.

[2] Baldwin C Y，Kim B C. The Power of Modularity [M]. Cambridge：MIT Press，2000.

[3] 陆立军，郑小碧. 集群式创新风险的控制机制与策略 [J]. 经济学家，2008 (5)：122-124.

[4] 青木昌彦，安藤晴彦. 模块时代：新产业结构的本质 [M]. 上海：上海远东出版社，2003.

[5] 姚先国，朱海就. 产业区“灵活专业化”的两种不同模式比较——兼论“特质交易”观点 [J]. 中国工业经济，2002 (6)：45-49.

[6] 张其仔. 社会资本论：社会资本与经济增长 [M]. 北京：社会科学文献出版社，1997.

[7] Daft R L，Lewin A Y. Where are the theories of the new organizaitonal forms? An editorial essay [J]. Organization Science，1993，4 (4)：1-5.

[8] 朱瑞博. 模块化抗产业集群内生性风险的机理分析 [J]. 中国工业经济，2004 (5)：54-60.

第十二章　产业集群技术创新评价[1]

第一节　产业集群技术创新主体要素评价

产业集群内部的技术创新系统（以下称为集群创新系统）是一个复杂的网络系统，创新过程不仅是一体化的职能交叉过程，而且是多机构系统集成网络联结的过程。本书认为集群创新系统的主体要素涵盖产业主体要素、学研主体要素、政府主体要素、中介主体要素，集群的活力正是来自这些多元主体的参与。

一、集群创新系统的产业主体

产业要素主要是指与集群所属产业发展直接相关的有关因素。Nelson（1993）对 17 个国家的经济进行研究后认为，一国企业的技术能力是其竞争力的关键来源。产业要素主要包括：同行业竞争者、产业互补者、供应商、挑剔型客户、市场需求、企业家、研发能力和研发投入。

1. 同行业竞争者是集群创造和持续竞争力的重要因素

我国学者刘友金和黄鲁成（2001）认为产业集群之所以具有技术创新优势，其主要原因是集群企业之间的知识溢出效应以及集群内相互竞争导致的“追赶效应”和“拉拨效应”，而这种“追赶效应”和“拉拨效应”的直接表现就是相关企业加大了在技术创新方面的投入比例。

大量的同行业竞争者的存在会加剧集群的竞争压力，在科学技术日新月异的今天，企业之间的竞争逐渐表现为“技术”上的竞争，谁掌握了先

---

[1] 本章内容主要参考了李卫国 2009 年的博士论文《创新集群评价研究》。

进的技术，谁就拥有了竞争优势。这种围绕技术创新的竞争，就好比多家企业在进行“创新竞标”或者进行一场“锦标赛”，因为诸多现实案例告诉我们谁在技术创新上赢得了优势谁就会获得超额的垄断利润，而失败者很有可能一无所获，即所谓的赢家通吃现象，因此为了赢得这场比赛，随着参与方的增加，竞争的加剧，集群企业在创新方面的投入比例（创新强度）将不断增加（杨皎平，2009）。著名学者 Porter（1990）认为竞争会迫使企业为了生存而去研发，Dasgupta（1980）通过博弈论模型分析得出竞争企业数目的增加会使企业用于技术创新的均衡投资率上升到较高的水平。

当然如前面的分析，过度的竞争对集群创新也是不利的，过度的竞争必然引入削减成本、产品价格的竞争，这种竞争在压挤竞争对手的同时也使自己受到伤害，其直接后果是创新动力的缺失。

2. 产业互补者是支撑集群发展的必不可少的要素

任何集群的发展均不可能是空中楼阁，其强大的竞争力均可以找到支撑基础。这种互补者可以分为几种类型：产品技术互补型、技术互补型、管理互补型和市场互补型。其中产品互补的例子如丹麦的酪制品、酿酒业与其在工业用酵素产业的竞争力密不可分；技术互补的例子如日本的照相机技术与其早期在影印机行业的优势有关，以及日本的复印机行业和传真机行业都存在着这种强关联。管理互补型的例子如微软发展壮大就是得益于其将 MSDOS 到 Windows 系列操作系统与 IBM 的从 PC 到商用工作站甚至服务器的捆绑联盟。市场互补型的典型例子如日本的各类集群与日本的商社和传媒产业之间的共生关系。

3. 供应商是一种创新的职能源

供应商作为创新的重要源泉之一，会从事某项创新，他们自己并不打算使用或出售这项创新，而是通过转让或提供来促进他们的产品的销量增加。这一观点突破了企业局限于内部创新的界限。从企业分工的角度来看，大量的上游供应商的存在促进了企业分工，给下游企业带来了大量的选择，而这种选择在客观上促使供应商必须加强创新以保持其竞争力，进而带动整个行业的发展。自 20 世纪 80 年代以来国外汽车行业许多供应商就开始与用户进行合作创新，更多地参与用户的技术改进、新产品开发和产品更新、生产流程再造等创新活动中。日本丰田公司将供应商纳入其创新的体系，通过供应商协会、咨询小组和学习团队搭建与供应商之间的桥梁，为丰田公司带来了显著的竞争优势。

4. 大量挑剔型客户成为集群技术创新的压力

挑剔型客户对企业产品、服务所提出的苛刻要求，将促使企业不断提升其产品和服务的质量，进而激发其竞争优势。日本消费者对相机、音响、空调等的挑剔需求，英国消费者对园艺的酷爱，意大利人对服装、食品和跑车的讲究，这些挑剔需求都为各自国家的相关产业带来了发展的动力。相关行业的企业必须不断努力推陈出新，以满足消费者的需要，这在客观上带动了其竞争力的全面发展。

5. 国内市场需求为技术创新提供了空间

其可以作为企业开拓国际市场的练兵场，国内市场的质量将对其参与国际竞争带来深远的影响，单纯依赖成本优势而不是技术优势的国内市场将导致市场质量下降；国内市场的规模也将影响其未来的发展潜力，只有具备足够规模的市场才能够提供企业未来发展的空间，进行技术和资本的积累。加拿大是最先涉足胰岛素的国家，但是由于其缺乏胰岛素的内需市场，产业中零星分布的相关企业无法把领先的发明转化为竞争优势，因而丹麦和美国等具有胰岛素市场需求的国家的该产业很快就超过了加拿大。

6. 企业家是支持、创造集群创新发展的主体

熊彼特将创新界定为企业家对生产要素或生产条件进行新的组合，他认为资本主义的固有发展，并非对外部变化的适应过程，而是其内部改变的适应过程。而推动这一过程的正是企业家的革新行为。集群内企业发展的一个重要创新源是集群内部企业的相互联系，相互竞合的企业网络，而企业家是构建这一企业网络的最重要主体，这一网络的构建离不开企业家长期的知识交流和利益重复博弈，进而形成良好的本地根植性环境，促进集群的创新与发展。

7. 集群内企业的研发能力和研发投入是集群不断创新发展的动力来源

集群内企业研发人员和研发经费不足，企业的创新能力则无从谈起，集群的创新就成了无本之木，集群的发展就成了缘木求鱼。OECD各国的集群创新系统数据表明，无论是高科技的集群还是非高科技集群，其R&D人员和经费投入都是高投入的。

二、集群创新系统的学研主体

Lundvall（1994）认为，现代经济可以被称为“学习经济”，在“学习经济”中知识是最重要的资源，学习是最重要的过程。Kongrae（2003）对韩国集群创新系统的知识循环进行了深入分析，将集群中的知识循环分为知识制造、知识分享和知识利用三个部分，认为三个部分之间存在着良性循环关系。显然，科研对应知识制造的环节，新知识产生于科研，科研往往带来新知识的增长；教育与培训则对应知识分享环节，通过教育和培训可以实现知识在不同主体之间的传播，扩散知识的应用领域；知识利用则对应集群中的生产制造环节。知识要素主要由教育、科研、培训机构组成，知识要素在集群内知识的生产、传播方面具有非常积极的意义，主要表现在：

1. 为集群内企业技术创新输送和培训人才，为企业提供知识源

Lawson（1999）的研究表明，本地员工从学校获得共同的经历，本地学校对集群知识学习具有促进作用。科研教育机构是知识生产、储备的最关键部门，此外本地学校的基础教育和职业教育对集群内知识的传播具有积极意义。国际上普遍认为丹麦的高等教育质量以及职业技术教育的质量是很高的，其拥有较高比例的人口受过高中和高中后应用技术教育。OECD（2005）的报告认为，丹麦的教育水平比 OECD 的平均水平要高。丹麦哥本哈根理工大学和奥尔堡大学培养了电子专业的学士、硕士、博士，丹麦其他工程类学校从事电子工程学理学士的培养，为技术工人提供合适的课程，为他们提供接受高等教育的机会。这些优良的教育条件为丹麦信息通信技术集群的发展提供了极大的便利。

2. 实现科研成果顺利产业化

一方面，科研教育机构可以直接将自身的科研成果产业化，依托自身实力开办企业，并通过企业衍生的方式实现新技术的扩散，这一发展模式在包括硅谷在内的各国集群创新系统均有成功实践；另一方面，科研教育机构也可以将其成果转让给企业，由企业实现市场化。

3. 帮助企业引进消化先进技术

集群内企业在研发方面的实力不仅可以带来创新成果的增长，同时也可以提升企业吸收知识的能力。依据演化经济学理论，分析了企业相关研

究能力在技术政策和研发合作方面所扮演的角色，在企业合作中，企业对知识溢出的利用取决于自身的吸收能力，而吸收能力与企业自身知识存量和研发的投入呈正相关。

三、集群创新系统的政府主体

政府虽然不是集群竞争中最重要的因素，但却是一项关键因素，政府要素的作用可以是正面的，也可能是负面的。政府主要是通过税收、补贴、教育、资金市场、财政货币政策、规制、政府采购等来影响其集群内的其他要素。洛桑国际竞争力研究报告将政府要素置于第二序位，该报告认为政府在很大程度上决定着企业竞争的宏观环境。

OECD（2001）认为，集群创新系统就是简缩的国家创新系统，在某些小国家，其产业集群的创新能力和绩效往往就代表了该国的状况，而在一些大国，其竞争力也是由若干产业集群构成。波特在其钻石体系中将政府要素也纳入其中，他认为政府要素并非是纯粹的正面或负面，而是两者兼而有之。政府要素正面作用的例子是日本传真机业的发展，由于日本在法律层面承认传真文件的合法性在客观上促进了该行业的发展。而反面的例子则是意大利金融业的发展，由于该国政府一直对该行业采取消极的保护政策，将该国金融市场置于被保护的封闭状态，在客观上限制了该行业在国际上的竞争能力的发展。但是总体而言，政府不是市场竞争的直接参与者，其作用的发挥有赖于其与集群中其他要素的搭配。

首先，政府过度干预会使集群发展迷失方向，因为过度干预偏离了市场配置资源的路径，使得经济变得缺乏效率，如哈耶克（1997）基于自由主义的立场将国家过度干预视为通往奴役之路。但是政府是集群非常重要的客户，由于维持政府的运转需要大量的物质支撑，而这大量的物质往往来自政府采购，政府采购的政策、标准、程序和金额将影响到集群的发展。政府采购在一定程度上会起到引导市场的作用，因为政府采购意味着政府对集群产品的认可，树立公众对集群的信心，间接推动集群产品的销售；其次，政府采购可以直接推动集群产品的销售；再次，政府采购标准会影响到集群产品的质量标准的制定，严格的采购质量标准将使政府在客观上扮演波特说的“挑剔型客户”的角色，带动集群产品质量的提升，从而增强集群的竞争力；最后，政府采购的程序透明度会净化集群的交易环境。

由于集群中同样存在着市场外部性因素，包括集群内的基础教育、职业教育、专业培训、科研活动以及包括高速公路、航空港、海港、河港、通信领域的基础设施等支出规模巨大，非个别企业的财力能够支撑，即便个别企业具有如此财力完成相关工作，但是其利益却是外溢的，无法为个别企业独享，企业往往缺乏投资动力，而集群中的政府正好可以解决这些问题。

四、集群创新系统的中介组织

在集群技术创新过程中，企业是创新的主体，政府则从宏观层面对创新给予支持，但是政府在这一过程中的作用相对有限，随着市场化程度的日益深化，集群对创新信息的需求越来越强烈，中介组织是提供创新信息的最佳主体。IKED 学者（2004）将中介组织定义为“黏合组织”，并认为其有助于加强集群中其他主体的联系和整合。

根据科技中介组织在市场经济中所发挥的作用，将其分为四类：第一类是科技产业的行业组织。主要形式有科技行业的行会、行业协会等。如现在已有的软件业协会、科技咨询业协会、民营企业家协会等。第二类是为科研机构和企业提供专业化、社会化服务，促进技术创新和科技成果产业化的中介服务机构。主要有工程技术研究中心、生产力促进中心、企业孵化器、科技咨询机构、工程咨询机构、项目可行性论证评估机构等。第三类是为促进各种科技要素资源按市场机制进行整合，实现生产要素优化配置的中介服务机构。如技术市场、技术产权交易机构、风险资本市场、人才市场等。第四类是市场行为的监督机构。主要有知识产权评估机构、律师事务所、会计师事务所、公证和仲裁机构等。

集群创新系统中的中介组织具有 4 项重要功能。

1. 节约交易成本

科斯最先提出交易成本问题。达尔曼认为，交易成本包括“搜寻和信息费用、谈判和决策费用以及政策和实施费用”。威廉姆森将西蒙有限理性理论引入交易成本分析中，他认为，有限理性和机会主义最终决定了契约的非完备性。思普尔伯的中间商理论认为，中间层产生的根本原因是交易成本节约动机。由于交易成本是为了执行合约而发生的，与生产成本相互独立，交易成本的节约将直接带来集群内企业利润的增长。

2. 节约管理成本

管理成本是维持集群内企业正常运转所需要的费用和支出，其更多地与企业的内部管理相关。管理成本包括对企业内部人力资源管理、财务、物流等的管理成本。中介组织可以为企业提供人力资源中介、融资中介、物流中介等服务，降低集群内企业的管理成本。

3. 节约信息成本

由于现实世界的信息不对称，进而带来逆向选择和道德风险效应。在逆向选择背景下，往往会出现阿克洛夫所描述的“柠檬市场”，斯彭斯信号理论认为，可以通过改变信号的方式以解决逆向选择问题，即市场主体通过释放大量信号的办法来获得被逆向选择破坏的市场效率。

4. 有利于资源合理配置

市场在宏观上通常可以划分为供方和需方，但是就微观层面而言，无论是供方还是需方都是分散的，这种分散的状态使得供需双方只能以点对点的方式来完成资源的配置。而中介则提供了一个整合供应需求双方的平台，资源有可能超越点对点的方式进行配置，降低不必要的资源闲置与浪费。

综上所述，集群创新系统的要素系统模型如图 12-1 所示，由主导企业、相关与支持性企业、竞争性企业构成了集群的产业要素，政府要素、学研要素和中介组织要素则在外围构成了集群的支撑要素三角形，四个主体要素共同构成了集群主体要素结构的 IKGI 模型（李卫国，2009）。

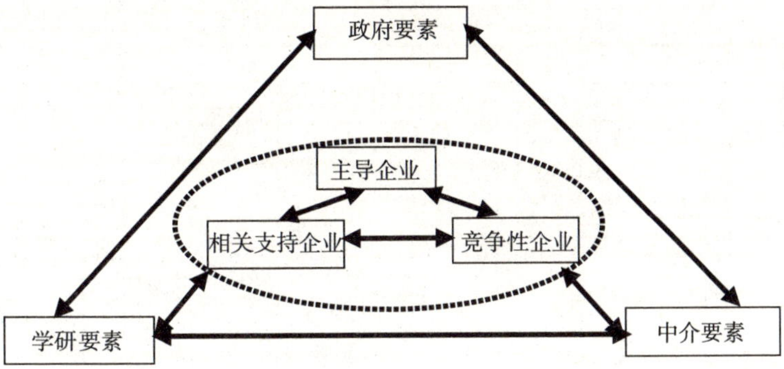

图 12-1　集群创新系统主体要素模型

五、集群创新主体要素评价体系

根据上述分析可以建立如图 12-2 的指标体系。

（1）产业主体要素指标包括：集群企业个数、集群销售额、集群企业人均销售额、集群出口额、集群总增加值等指标进行评价，以上指标基本涵盖了该集群的规模、需求市场大小、集群生产能力等内容。

（2）学研主体要素指标包括：专利局年度授权专利数量、高校所属的高校招生人数、R&D 占 GDP 的比重等指标来衡量其知识主体要素。

（3）政府主体要素指标：主要选取政府 R&D 预算拨款（Government Budget Appropriations or Outlays for R&D，GBAORD）、GBAORD 占 GNP 的比重、政府负债、政府税收占 GDP 比例、政府对企业的直接资助等指标对其评价。

（4）中介主体要素指标：选取风险基金支数、风险基金总值、风险投资项目个数、风险投资项目价值等指标来表征 ICT 集群的中介主体要素。

以上指标虽然无法完全覆盖集群创新系统主体要素的所有方面，不过已能够大致体现该集群各主体要素状况，尤其在目前集群创新系统统计数据比较缺乏的情况下，收集相关数据难度很大，随着集群统计资料的完整性和连续性得到改善，该指标体系可以进行修正和调整，提供更全面的评价信息。

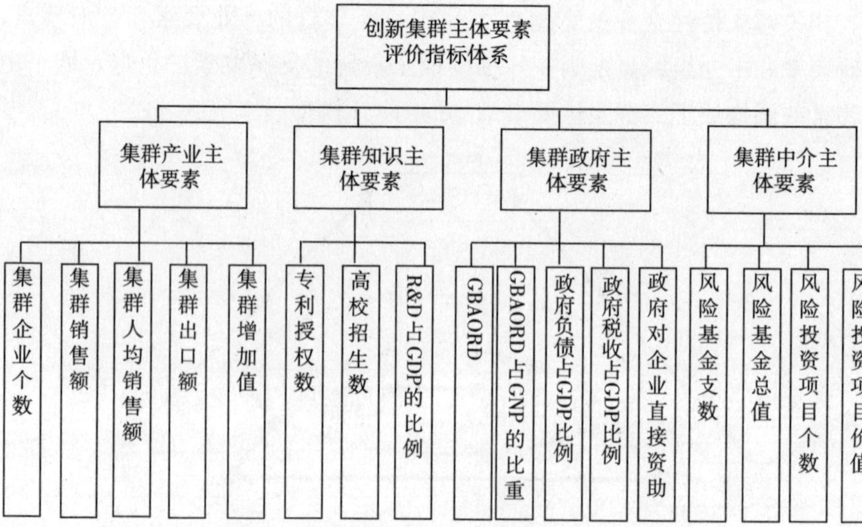

图 12-2 集群创新系统主体要素评价指标体系

第二节　产业集群技术创新环境评价

产业集群具有典型的生态系统的特征，集群的源起、行为和绩效受到其所处环境的制约，但与此同时，集群也对其所处的环境进行着主动地改造和被动地适应，以此来维持集群发展的动态平衡。集群除了具有生态性特征外，同时还具有系统性特征，集群是一个整体，集群的绩效与其环境之间的关系并非一种简单的线性关系，而是错综复杂的非线性关系，集群主体的行为与集群环境是双向度而非单向度的。根据耗散结构理论集群创新系统是一个处于远离平衡态的复杂创新系统，集群中的各主体与周围的环境不断发生着物质和信息交流，良好的创新环境是集群不断创新发展的催化剂，是集群创新不断物化和实现持续价值增值的动力源。集群创新系统的环境大致可以分为文化环境、分工环境、交易环境、政策环境和社会资本环境，如图 12-3 所示。

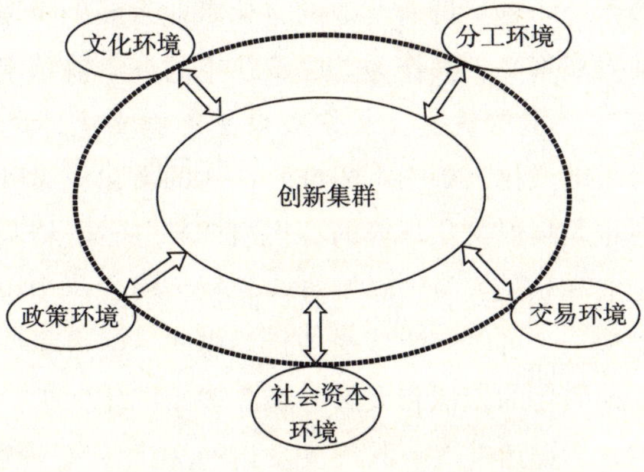

图 12-3　集群创新系统创新环境模型

一、集群创新系统的文化环境

产业集群的创新范畴不外乎观念创新、科技创新和体制创新，而这些创新都来自同一个源头，即文化的创新。在良好的创新文化环境中，具有创新能力的人才可以更容易发挥其特长，其成果也更容易实现产业化，为集群的发展起到巨大的促进作用，这一点已经为美国硅谷的成功经验所证实。安纳利·萨克森宁（1999）认为文化背景在硅谷与 128 号公路地区的竞争中起到了相当大的作用，由于硅谷的文化环境更适合创新而使前者更优于后者。简而言之，创新文化环境是集群创新系统实现各类创新范畴的前提和条件。鼓励竞争与合作的文化环境将有利于集群内部以及集群与外部开展信息和人员交流，促进集群的发展；反之，垄断与封闭的文化环境将限制集群内部以及集群与外部开展信息、技术和人员交流，使集群创新系统失去其创新动力，沦为一般的产业集群，最终为激烈的市场竞争所淘汰。

集群中的创新主体的创新活动需要两种力量的支撑，一是创新的动力，二是创新的能力。就创新动力而言，集群文化环境的基本任务就是为集群创新主体建构一种激励的氛围，以此影响、推动创新活动，保护推广创新成果，使集群保有持续创新的活力。集群创新系统的主体是企业，而影响和决定企业前途的则是包括企业家在内的大量管理人员和科学研究人员，这些人员的思维方式必然受到其所处的文化环境的熏陶。包括影剧院、博物馆、图书馆等在内的大量文化基础设施是集群创新系统文化环境不可或缺的组成部分，是集群所在地的文化事业发展的重要基础，反映了当地的文化事业发展水平，其作为上层建筑中的一个特殊组成部分将直接影响到集群的文化环境的优劣。文化成果是集群文化环境的重要组成部分，其主要指有关的文化出版物，集群所在地的文化成果既是集群文化环境的产物，同时也是集群文化环境的有机组成部分。受特定的文化环境影响，集群内的企业和相关人员的思维方式和行为模式逐步协调，区域内的行为主体共同创造一个可以广泛接受的行为模式，促进集群内知识流通和扩散，其中包括编码化的知识和大部分隐含非编码化知识的交流。集群创新系统在北欧国家的迅速发展与其高度发达的文化环境不无关系，无论是文化基础设施等硬环境还是文化成果以及文化制度均值得后发国家借鉴。

二、集群创新系统的分工环境

集群创新系统的分工环境则主要是指在集群的演化过程中影响其分工的有关因素集合。

从分工的对象来看，集群分工大致包括集群知识分工、技术分工两个维度。知识分工指的是集群内部的各知识主体在面对海量知识的前提下对自身知识角色的选择，集群创新系统内的知识分工与斯密所描述的分工是不一样的，由于集群创新系统是一个复杂的产业生态群落，其内部的知识分工关系远比斯密所研究的简单工序分工要复杂得多，因而知识分工才有必要和可能。技术分工是集群内各主体基于自身知识禀赋和人力资源禀赋为前提对自身技术角色的选择。集群创新系统的技术分工一方面是知识分工的升华，但是它同时又超越了集群的知识分工，知识分工只是为技术分工提供了若干种可能，而技术分工则是这若干种可能性的现实表现之一。

分工环境将直接影响到知识分工的效果，进而影响到集群发展。与集群分工对应，集群的分工环境也包括两种。集群的知识分工环境主要是指影响集群内各主体知识分工的外部因素的集合。具体而言，知识分工的环境包括与知识分工有关的基础设施、人员的知识禀赋等。集群技术分工环境则主要是指影响集群主体技术分工的外部因素的集合，具体而言包括与技术分工有关的基础设施、技术禀赋等。集群的分工环境通常表现为集群中不同分工环节的就业情况、产值情况以及制造业与服务业之间的关联发展情况。各国集群创新系统的发展现状表明，服务业与制造业之间存在着唇齿相依的关系。波特认为，当制造性商品和相关劳务之间的技术可以相辅相成或是同时采购两者较为方便省事时，服务业与制造业关系最为密切。瑞典的汽车和货车制造企业富豪和绅宝之所以能在全球范围具有强大的竞争力，正是得益于其专业船务业提供的优良服务，即其擅长提供运送汽车服务。

三、集群创新系统的交易环境

集群创新系统的交易环境主要是指在集群的演化过程中影响集群价值实现的有关因素集合。在某种程度上而言，考察集群的交易环境实际上就是考察其影响交易费用的有关因素。

集群所在区域的交通运输条件是影响集群交易费用的重要因素，这一点斯密早就进行了阐述。爱尔兰 ICT 集群的企业大多分布于交通便利的高速公路网络附近，并且有发达的机场网络连接其欧美的主要市场。便捷的运输条件可以提高集群交易的效率，在与交易伙伴间的距离不变的情况下，由于交易效率提高，同样可以起到深化分工的作用，进而带动更大规模的交易。

通信条件将直接影响集群的信息收集费用和交易者之间的谈判费用。

发达的通信条件将直接改善集群的信息分布不均衡的状况，降低集群内信息不对称的程度，增加集群中交易者之间的了解程度，更加便利快捷地建立信任基础。由于不确定性是交易中机会主义行为产生的重要原因，按照威廉姆森的观点，机会主义是研究交易费用的核心概念。通信条件将直接影响到集群中信息不确定性，进而影响到集群的机会主义行为，从而影响交易费用。

交易手段是集群中企业转移其产品和服务的方式方法，其一方面会影响到集群交易效率进而扩大集群交易的规模，另一方面可以降低交易成本。随着信息通信技术不断发展，电子商务成为集群创新系统的重要选择，大量的交易通过电子商务平台来实现。借助于与现代物流系统无缝隙对接的电子商务平台，交易方可以实时掌握产品的去向信息，为下一步的交易行为决策提供支持，近年来逐步兴起的第三方支付平台也成为支持电子商务发展的重要信用工具。

中介组织的发展对集群的交易起着润滑剂的作用，包括第三方物流机构、第三方支付平台、咨询机构、科技中介机构、鉴证机构等。斯普尔伯在对中间化交易与直接交易进行比较研究后得出结论，当且仅当中介能够降低交易成本时，经由中间层的交易才能发生（Spulber，1999）。正是基于此，各国均致力于扶持其各具特色的中介组织，在各国的集群中均可以发现大量的形形色色的中介组织在发挥着重要作用，爱尔兰的中介组织甚至具有非常浓厚的官方色彩。

四、集群创新系统的政策环境

产业集群政策环境是影响集群或者改变集群创新的速度、模式、方向和规模的各种政策因素的总和。集群的创新需要一定的制度安排，通过这种制度安排来降低集群创新过程中的风险和不确定性，激励更多的创新活动，推动集群不断超越自身局限，实现集群的可持续发展。而集群的政策环境就是一系列的制度安排的综合。

集群政策的功能在于解决妨碍集群良性发展的一些障碍，如市场失灵、信息不对称、人力资源的结构性失衡、集群参与者之间的结构洞、知识基础与市场需求之间的脱节等问题。

集群的政策环境包含三个维度，一是关于集群内产业要素供应的维度，二是关于集群产品需求的维度，三是关于相关互补性行业的维度。集群政策主要是从以上三个维度对集群进行调整和规制。从供应的角度看，集群的创新需要有一定的人力、资金、物资和信息的投入，这些投入需要相应的政策进行规范，在集群范围内实现资源的最佳配置。从需求的角度来看，集群的产品和服务只有不断地满足市场的需要才能实现集群的可持续发展，而集群政策可以在此方面为这种需求提供一种制度和政策保障，确保各类潜在需求能够转化为现实有效需求。此外，集群的发展离不开大量的相关互补性行业，这些互补性行业的发展与集群的发展唇齿相依，良好的集群政策环境有利于确保相关互补性行业与集群同步发展，保证能够为集群发展提供必要的人才和技术储备。具体而言，集群的政策环境主要由相关的政府政策构成，具体包括：货币（汇率）政策、自由化、民营化、产品的质量标准和环境标准、税制改革、区域发展政策、关税政策、非贸易壁垒、政府投资研发、政府投入一般教育体系、政府背景的创业投资基金、政府采购政策等。

五、集群创新系统社会资本环境

社会资本环境是指影响集群发展的有关集群社会资本结构、规模、强度等因素的总和。社会资本最初是社会学研究的范畴，Granovetter（1973）从社会网络联系强弱的视角对社会资本进行了研究，并将联系分为强联系和弱联系，并以个体间相互联系的频率来测度联系的强弱，交流次数多的为强联系，交流次数少的为弱联系。在 Bourdieu（1992）看来，“社会资本是个人或群体通过占有一个稳定持久的关系网络而增加了的实际或潜在的资源的总和”，他更多的是从社会网络的角度提出，关系网络创造了一种解决社会问题的有价值资源，即使得成员相互信任的可信度。Coleman（1988）则将社会资本、财务资本、人力资本并列为组织拥有的三种资本，认为社会资本代表了与其他组织和个人的关系，他认为社会资本寓于人际关系之中，反映了一个组织或个人的社会关系。Coleman（1988）强调通过不断复制网络中业已存在的社会资本来扩展自身的社会资本。Putnam（1993）则指出，社会资本是一种组织特点，比如信任、规范和网络等，社会资本是生产性的，能够通过对合作的促进而提高社会效率。以上学者均将社会资本视为一种资源，与以上学者不同的是，林南则从理性选择行为出发，在个体行动和社会结构的互动基础上，提出社会资本是行动主体与社会的联系以及通过这种联系获取稀缺资源的能力，即Putnam（1993）强调社会资本同时还是一种获取资源的能力。

Burt（1992）将社会资本引入企业关系分析，并提出了著名的“结构洞”，他认为，在网络中总会存在个体之间联系断裂的现象，这种联系断开的地方就被称为“结构洞”。由于网络的存在，这种联系的断开可以通过第三者来进行联系，而这第三者就是活动于“结构洞”的既得利益者。处于“结构洞”位置的第三者可以充当“结构洞”两边的中介，获得来自两个方面的利益，集群中的企业可以依赖于不断开拓网络中的“结构洞”，进而不断拓展网络结构，不断获得新的信息资源，拓展其竞争优势。越是处于关系稠密地带的“结构洞”越具有信息优势，而占据该类型“结构洞”的企业就是最具信息优势的企业。集群中的“结构洞”越少，则影响集群中各节点的障碍越少，则集群中的信息共享程度越高，越有利于集群中隐性知识的传递和学习。此时，集群中的企业要想通过创新来增强自身竞争力，就必须加强与集群外部网络的弱联系，由于集群内部的信息重复程度过高，因而必须通过来自外部的非重复信息提供创新动力。

通过以上分析可知，无论是Coleman（1988）、Burt（1992）还是Putnam（1993）的社会资本扩展模式都有其合理性，但也都有其局限性，因为他们的社会资本拓展模式分别反映了集群社会资本拓展的不同阶段的特点。将三种模式结合起来将有利于全面系统地理解集群社会资本拓展的模式：在集群社会资本建构的早期，需要强调按照Coleman（1988）的复制模式开拓社会资本，在集群积累了一定社会资本后需要按照Burt（1992）的不断拓展结构洞模式来增强社会资本，而当企业在集群内部社会资本已经非常发达的情况下就需要通过林南所说的要通过增加与集群外部的弱联系的方式来增加企业的社会资本，进而拓展整个集群的社会资本。

社会资本具有其独特的价值功能，主要体现在它可以有效降低交易费用和协调成本，增加交易机会，稳定交易网络，减少缔约成本。福山（2002）认为，西方发达国家的众多大企业在20世纪后期从等级制的泰罗式组织到扁平式或网络式组织转变，其重要原因在于高信任产生的效率更高。福山（2002）还认为，社会成员之间的信任是文化对经济的影响途径和表现形式，它直接会影响甚至决定经济效率。

六、集群创新系统的环境评价体系

1. 集群文化环境指标：包括文化基础设施和文化成果

文化基础设施是集群文化环境的重要体现，基于此，选取该指标为考察指标，考虑到集群文化基础设施涉及面很广，缺乏直接的统计数据，而该设施主要是服务于集群内的教育文化需要，故而间接选取20～39岁人口中高等教育学生人数占总人口比例数来表征该指标，虽然无法完全反映文化基础设施的全部特征，但是至少在一定程度上可以体现该集群的文化环境基础设施情况。文化成果是集群文化环境的另一重要体现，基于此选择该指标为集群文化环境的考察指标，由于文化成果涉及面相当广泛，缺乏相关直接统计数据，故而间接选取百万劳动力的专利数来表征该指标。

2. 分工环境评价指标：制造业就业人数和服务业就业人数

因为集群中制造业与服务业的就业人数是了解集群分工情况的重要指标，因而此处选择这两个指标作为评价指标。

3. 交易环境评价指标：通信条件和咨询业发展

集群的通信条件、交易手段和中介组织状况是影响集群交易的重要环境指标。在经济全球化的背景下，ICT基础设施往往被作为衡量通信条件的重要指标，且欧洲多数集群均具有ICT基础设施方面的统计数据，因而此处选择企业接入因特网比率作为考察指标；集群中咨询业是集群交易环境的重要环节，鉴于此，选择集群中咨询业营业额作为表征指标。

4. 政策环境评价指标：公共部门投入R&D

公共部门投入R&D的情况是反映集群公共政策力度的重要指标，此处选择该指标作为集群政策评价指标之一。虽然本地战略规划是集群政策的一个重要方面，但是目前各国的集群统计缺乏对该指标的连续统计资料，暂不选取该指标作为评价指标来考察集群政策环境。

5. 社会资本环境评价指标：社会福利占GDP的比重

集群的社会资本往往建构在一定的物质基础之上，尤其是来自政府的社会福利对集群当地社会资本的发展具有支持作用，鉴于此，选择社会福利占GDP的比重作为评价集群当地社会资本状况的评价指标。

因此得到如图12-4的指标体系。

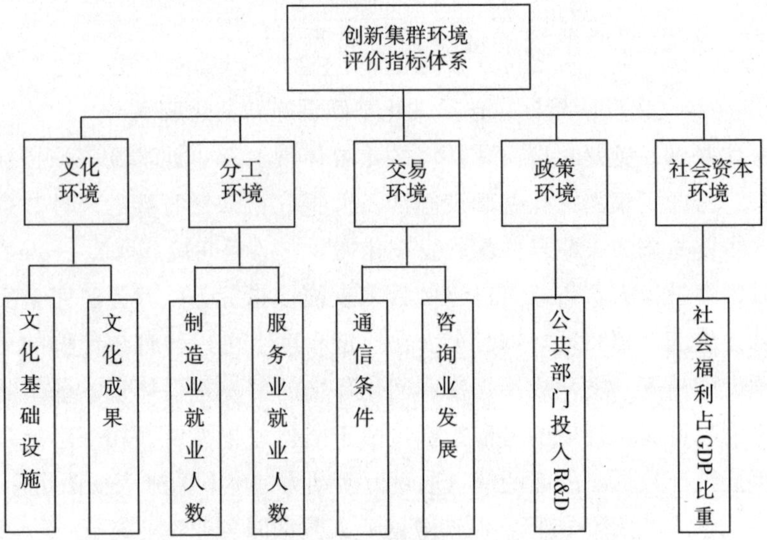

图 12-4　集群创新系统环境评价指标体系

第三节　产业集群技术创新绩效评价

根据 OECD（2007）绩效评价的经验，集群的绩效应该包含获利能力、社会效益、集群创新效率和未来发展能力。获利能力是集群存在和持续发展的基础和核心，社会效益是集群的终极目标，创新效率是衡量集群创新状况的重要标尺，未来发展能力是集群不断超越自我维持创新能力的源泉。

一、集群创新系统的获利能力

集群的获利能力是集群绩效的重要组成部分，持续强大的获利能力为集群的可持续发展提供了坚实的物质基础，而集群获利能力主要体现为集群中各产业主体的获利能力，集群中各产业主体的目的就是获取更多的利润，集群的扩大再生产必须建立在强大的获利能力基础上。集群中各产业主体强大的获利能力在为自身提供了发展后劲的同时，其获利也将外溢到集群中的其他主体，促进集群中其他主体的发展，其他主体的发展又转而促进整个集群的创新环境改善和创新能力的增强，进而实现集群的获利能力的良性循环。

从全球知识分工的视角来看，集群创新系统往往具有知识密集的特征，其产品和服务的知识含量更高，密度更大，其获利能力是建立在知识基础之上的。正是集群在产业链、产业网络和知识分工体系中的特殊位置优势为其带来了强大的获利能力。集群的获利能力主要体现在集群的产出规模方面，产出规模越大则意味着其获利能力越强。集群的获利能力一方面将直接影响到其吸引外国直接投资（CFDI）的能力，另一方面，集群获利能力还将影响到集群吸引人才和在 R&D 领域投入的能力。

由于集群往往跨越国界，集群的获利能力自然也拓展到相应的国外市场，对集群获利能力的考察应当既包含其国内市场，同时也应当包括相应的国外市场。以波罗的海国家集群创新系统为例，就全球市场出口份额而言，其集群在 2004 年度的份额略微上升，延续了其 2000 年以来的表现，这主要是得益于其在服务业方面的份额的增长（其在货物方面的出口份额呈下降趋势），出口为其带来了强大的发展后劲。

二、集群创新系统的社会效益

集群创新系统的社会效益主要表现在其发展模式和发展思路给社会带来巨大的正外部性，间接带动集群所在国家和区域的可持续发展，相对于集群的获利能力而言，其社会效益同样具有重要意义。

从宏观角度来看，集群创新系统的最大社会效益体现在其与生态环境的和谐发展及其发展的稳定性。集群创新系统的发展模式是基于科学技术创新成果的不断应用，尽量少占用稀缺的资源来满足生产的需要，降低了能源的消耗，无形中减少了对集群所在区域的环境污染。寻求人与自然的和谐发展是集群创新系统发展的重要目标，集群创新系统的低消耗、低排放的发展模式自然减少了治理污染的成本。

从中观来看，集群创新系统具有高资金投入、高产出的特点，而其高资金投入往往会直接促进集群所在区域的相关行业和主体的发展。一方面是相关的服务业的发展，这是集群创新系统发展的一个显著特点，世界各国的集群创新系统中服务业均具有很高的比重。而服务业往往是衡量一个经济体发展程度的重要标志，服务业的发展成为社会文明、进步的重要指标，可以说，集群创新系统和服务业的高标准之间存在着互相促进的关系。另一方面是教育和科研机构的发展，由于集群创新系统是以包括隐含知识和编码化知识为基础的知识经济的具体体现，知识的高度密集是其重要特征，而教育和科研机构是集群知识的密切相关者，充当着集群中知识生产者、传播者、储存者和运用者的多重角色。无论是服务业还是相关知识机构的发展无疑都会直接、间接促进集群所在区域的经济和社会全面发展。此外，由于集群之间往往会存在技术上的关联性，本集群的发展往往会导致技术相关的集群发展。

从微观来看，集群创新系统具有超越一般产业集群的社会效益。其直接社会效益是企业为所在区域提供就业机会，虽然集群创新系统中的主导产业（尤其是高技术）未必能够直接带来显著的就业增长，但是集群中主导产业的发展在带动相关支持性产业发展尤其是服务业发展时却会带来显著的就业增长；此外，知识外溢导致的大量衍生企业的出现，大大促进了就业，硅谷发展的历史实际上就是一部企业不断衍生发展的历史，这一点已经为萨克森宁（1999）的研究所证实，而衍生企业又会带来新的就业增长。其间接社会效益是为集群所在区域带来物质财富和非物质财富的增长，促进区域经济社会的协调发展。

三、集群创新系统的创新效率

创新涵盖了知识的创造、扩散、吸收和转换等环节。从广义的视角来看，创新是新的创意转化为商业上的利益。这种新的创意包括科学和技术上的新发现、过程的革新、组织的变革、市场营销方法的调整和销售服务方式的改进。创新对集群的竞争力而言具有非常重要的意义，这不仅体现在其对集群宏观经济的影响，同时还体现在其为集群长远经济增长提供了关键的源泉。

集群的创新效率体现在集群整合社会资源以产生大量的创新成果进而满足集群发展从而带动社会发展的需要，满足发展程度越高则其效率越高，反之则越低。集群的创新效率是典型的宏观效率。集群的创新效率是集群绩效评价的有机组成部分，有创新效率的集群必然是有绩效的，当然也就是有竞争力的。波特认为，国家的财富主要取决于本国的生产率和一国所能利用的单位物资资源，波特（1990）主要是从生产效率的角度和新企业的角度来分析集群的创新效率。

集群创新的直接成果是产生大量的科技成果，这些科技成果包括专利、新技术，其间接成果则是将相关科技成果转化为新产品、新服务，进而带动集群经济发展。而单位投入所带来的成果多少则是衡量集群创新效率的重要依据。

集群的获利能力评价是从规模或者从总量的角度对集群绩效进行评价，集群的创新效率评价则是基于质量的角度对其绩效进行评价。总量的评价固然可以了解集群发展的总体形势，但是单纯强调总量评价而忽视对集群创新质量进行评价无疑是不全面的，正是基于全面、综合的考虑，将集群的创新效率评价纳入集群绩效评价的范畴。获利能力评价强调从经济产出的视角对集群进行分析评价，而创新效率评价则侧重从创新效果的视角对集群进行分析评价，获利能力强的集群未必在创新领域就是高效率的，但是，从长远来看，创新效率高的集群将在未来竞争中更有优势。

四、集群创新系统的发展潜力

集群创新系统的现实获利能力、社会效益和创新效率与其未来发展能力有着明显差异，前三者反映的是集群现实状态的三个维度，而后者则更多地反映了这种现实性得以维持的可能程度，其对集群的关注更多地体现在对集群未来价值方面。

集群的发展潜力包含三层含义，首先，维持集群现有的获利规模，即集群的获利能力必须保持一定的正的增长速度，否则集群的获利规模缩小将会直接导致集群发展受到限制；其次，集群的产出保持一定的增长速度，即集群的有形产品和无形服务的产出都应当维持一定的增长速度；再次，集群必须有大量的衍生企业，即新企业的产生是集群保持活力的关键，大量的新企业可以为集群带来新的动力，给集群带来竞争和活力，促进集群良性发展。集群的集中化和专业化是考察集群未来发展能力的两个重要方面。

集群的集中化是衡量集群发展潜力的重要内容，市场集中是其主要表现，资本积聚是其主要结果。市场集中实际上是集群技术边界延伸的直接后果，由于集群的技术不断发展，集群竞争力不断增强，集群中产业主体追求利润的本能驱使集群的边界不断外延，吸引大量的人力、物力和财力进入集群中，使集群同时呈现出技术扩散与市场集中两种看似矛盾实则统一的现象。

集群的专业化关系到集群未来的长远发展，有别于集群的获利能力评价、社会效益评价和创新效率评价，集群的专业化发展能力评价更加强调对集群未来可持续发展的能力进行考察，是对集群评价从现实维度向未来维度的延伸。集群专业化的一个重要途径是发展集群联盟，该联盟通常是一个正式的，往往是两个或两个以上法律和经济独立的伙伴之间的长期协议，其主要追求的目标是通过相互交流和发展特定资源和能力以改善他们的竞争地位。

五、集群创新系统的绩效评价体系

如图 12-5 所示集群绩效评价指标包含四个方面，具体包括集群获利能力指标、集群社会效益指标、集群创新效率和集群发展潜力指标。

1. 集群获利能力指标：集群规模和集群出口能力

集群规模有绝对数指标和相对数指标，绝对数指标是指集群的绝对规模，通常可以用集群的绝对产值来衡量，相对数指标则是指集群的相对规模，通常可以选用该集群的市场份额或就业量份额来衡量。

集群的出口能力同样可以分为绝对数指标和相对数指标，绝对数指标是指集群的绝对出口额度，通常可以用年度出口数额来衡量，而相对数指标则按照集群出口能力将其强度分为弱、强、非常强三档，并给予其一定赋值，即弱档 1 分，强档 2 分，非常强档 3 分。

2. 集群社会效益指标：集群的就业

如前文所述，集群的就业是集群社会效益的重要表现形式，集群提供的就业量是衡量集群社会效益的良好手段，且容易量化，数据采集比较方便，目前许多发达国家的集群统计均提供相应的数据。由于就业统计口径相对一致性程度较高，因而集群就业量的比较具有较高的可比性。

3. 集群创新效率指标：创新度

如前文所述，创新是集群的灵魂，创新评价是集群绩效评价的重要方面，本研究重点考察的是集群的创新效率，考虑到集群的创新产出具有多样性且数据往往需要经过二次加工处理才能用于比较，因而选用集群创新度来替代衡量集群的创新效率。此处集群创新度是指集群统计机构按照创新排行榜计算出的创新程度指数。并按照其强度分为高、中、低三档，并给予其一定赋值，即低档 1 分，中档 2 分，高档 3 分。

4. 集群发展潜力指标：集群集中度和集群专业化程度

如前文所述，集群集中度和集群专业化程度对于集群发展潜力而言具有重要意义，选择这两个指标衡量集群发展潜力非常合适。此处集群集中度和集群专业化程度均沿用欧洲集群观察器的定义，集群集中度指集群就业占其所在区域的就业的比重；集群的专业化程度则以本集群就业占本地就业比例与全部集群就业占总就业的比例之商来计算。

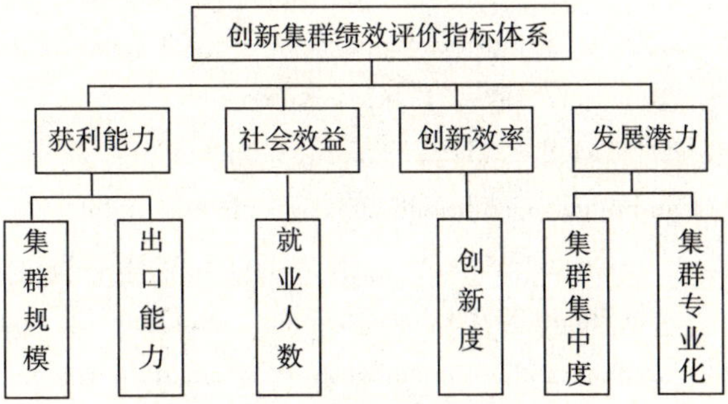

图 12-5　集群创新系统绩效评价指标体系

本章参考文献

[1] Bengt K L，Bjorn J. The Learning Economy [J]. Industry& Innovation，1994，1 (2)：23-42.

[2] Bourdieu. An Invitation to Reflexive Sociology [M]. Chicago：University of Chicago Press，1992.

[3] Burt R E. Structural Holes：the Social Structure of Competion [M]. Cambridge：Harvard University Press，1992.

[4] Coleman. Social Capital in the Creation of Human Capital [J]. American Journal of Sociology，1988，94 (1)：95-120.

[5] OECD. Innovative Clusters-Drivers of National Innovation Systems [R]. 2001.

[6] Granovetter，Mark. The Strenth of Weak Ties [J]. American Journal of Sociology，1973，78 (6)：1360-1373.

[7] Kongrae，Lee. Promoting Innovative Clusters through the Regional Research Centre (RRC) Policy Programme in Korea [J]. European Planning Studies，2003，11 (1)：27-30.

[8] Lawson C，Lorenz. Collective learning，tacit knowledge and regional innovative capacity [J] . Regional Studies，1999，33 (4)：305-317.

[9] Nelson，Richard R. National Innovation Systems：A Comparative Analysis [M] . New York：Oxford University Press，1993.

[10] OECD. Competitive Regional Clusters：National Policy Approaches [R] . 2007.

[11] Porter M. The Competitive Andvantage of Nations [M] . New York：Free Press，1990.

[12] Putnam，Robert D. The Prosperous Community：Social Capital and Public Life [J] . The American Prospect，1993，13 (1)：35-42.

[13] Spulber，Daniel F. Market Microstructure Intermediaries and the Theory of the Firm [M] . Cambridge：Cambridge University Press，1999.

[14] The Danish Ministry of Education，Institutional Affairs. Statistics & Analysis，Uni. C. Facts and Figures 2005 Education Indicators Denmark 2005 [R] . 2005.

[15] The Gallup Organization. 2006 Innobaiometer On Cluster's Role In Facilitating Innovation In Europe Analytical Report [R] . 2006.

[16] Thomas A，Sylvia S S，Jens S，Emily W H. The Cluster Polices Whitebook [R] . 2004.

[17] 安纳利·萨克森宁 . 地区优势：硅谷和 128 号公路地区的文化与竞争 [M] . 上海：上海远东出版社，1999.

[18] 弗里德里希·奥古斯特·哈耶克 . 通往奴役之路 [M] . 北京：中国社会科学出版社，1997.

[19] 福山 . 大分裂：人类本性与社会秩序的重建 [M] . 北京：中国社会科学出版社，2002.

[20] 福山 . 信任：社会美德与创造经济繁荣 [M] . 海口：海南出版社，2002.

[21] 李卫国 . 创新集群评价研究 [D] . 华中科技大学，2009.

第十三章　产业集群创新政策

产业集群是后福特主义与新劳动地域分工及全球化相结合的产物，具有地理上的邻近性、企业间的协作性、文化的根植性和持续的创新性等优势，近来备受人们关注。当前，关于集群的研究多集中于升级、治理、全球价值链、创新、风险及演化等方面，并已取得丰硕成绩，理论研究也日趋成熟。理论成果转化为实践需要通过政策机制实现，因此对集群政策研究显得十分重要和当务之急。

第一节　产业集群创新政策理论体系[1]

一、产业集群创新政策的内涵

产业集群政策指由政府及相关公共主体（包括大小企业、大学、研究机构、金融组织、行业协会和中介机构等）共同制定和实施，以集群为服务对象的各种政策和措施的总和。一般而言，产业集群政策是某国或地区产业政策、科技政策和区域发展政策等的综合和延伸，其作用是保持和促进集群的健康发展，并发挥集群对繁荣当地经济的牵动效应（刘恒江，2004)。传统的产业政策是建立在对市场的高度保护和对大企业的政策倾斜之上的，是一种线性思维的政府干预工具，其扭曲了市场环境的公平竞争，产业集群政策则不同于产业政策。刘青林（2003）对产业政策和基于集群的产业政策作了较为完整的比较（见表 13-1）。相对于产业政策来说，

[1] 本节内容主要参考了蒋自然等 2007 年发表于科学管理研究的论文《产业集群创新政策的提出及理念体系探讨》。

产业集群政策具有复杂性、网络性、动态性、协调性和多主体性的特点。

表 13-1 产业政策与产业集群政策比较

	产业政策	产业集群政策
思维范式	线性思维	复杂、网状、立体思维
政策原因	针对市场失败	履行政府的角色任务
政府角色	主导者	促进者、服务者
目标对象	产业本身	产业及产业的微观经济环境
政策核心	单个产业扶持、补贴和保护等	集群内部协调和联系机制的建立，增强集群自身的动力机制
政策组合	相对少，政策间联系不强	多部门、多政策协同配合
对企业态度	“抓大放小”	大小企业共生，同时也突出“核心企业”的作用
优势培育	产业比较优势	产业集群的竞争优势
竞争优势动态性	静态、政府驱动	动态、系统自组织、多动力
对竞争影响	扭曲竞争	促进竞争和合作
经济和社会关系	—	强调经济和社会的协调发展，同时为经济和社会政策提供指南

随着人们对集群的创新优势及其持续动力的不断认识，集群战略已成为许多国家和地区发展区域经济的重要思路，而集群政策正是把这些思想付诸实践的有力工具。如北欧的一些国家如荷兰、芬兰、丹麦是早期接受集群思想、实施集群战略和集群政策并取得尚好效果的国家（黄花叶，2003）。国外学者对产业集群政策做了相关的研究并取得相应成果（汪涛，2006）。这些研究主要集中在：政策的类型、政策的作用，与产业政策的比较以及不同阶段、不同层面的政策响应等方面。UNIDO 和 OECD 向各国积极地推崇产业集群政策，并且许多 OECD 成员国自身实践了集群政策并取得良好的效果。在国内，产业集群的现象早已引起学者和政府部门的密切关注，并且已经转向了基于集群的战略和政策研究（王缉慈，2004）。比如，聂鸣（2002）从政策原理、政策制定及实施等方面对产业政策和集群政策的特点进行了比较，提出在区域范围内应以集群政策替代产业政策

促进区域竞争力的提高。肖广岭（2003）通过国家创新系统、区域创新系统、超国家创新系统等概念的比较，阐述创新集群及其政策含义，并把创新集群概念与我国的传统产业集群现象结合起来，提出了推动我国创新集群发展的思路和政策建议。

然而，全球化、信息化和网络化带来的技术范式的变更和引入，使得许多集群面临着衰落的危机。究其原因，可归纳为：创新动力不足，产业层次偏低；内部缺乏合作和协调，产学研结合机制不强；低端模仿现象严重，法律环境不健全；欠缺长远规划，社会责任意识弱；配套设施落后，政府引导不合理，这些问题都可归结为集群内缺乏创新（包括技术创新和非技术创新），传统的产业政策和其他政策是难以解决的。创新能给濒临衰弱的集群注入新鲜的血液，因此产业集群创新政策的提出是必需和顺应时代的。

本书的“产业集群创新政策”界定为：在产业集群内部，为提升集群创新能力和竞争优势、降低创新风险、保障创新者的利益，能够把集群内各个行为主体（企业、大学、研究机构、地方政府、行业协会等组织和个体）协调起来、共同建立起相对稳定的正式和非正式联系的政策和措施，其核心是促进集群内各部门的合作和学习，从而促进集群的技术创新乃至制度创新。

二、产业集群创新政策的理论框架

1. 产业集群创新政策制定的背景

（1）经济社会背景：集群内不同的企业集聚在一起，便于企业间互相协作交流，产生外部规模经济和外部范围经济，降低生产成本和交易成本，形成根植于地方的相互信任的文化氛围。然而，集群的竞争优势并不一直是无限保持，也存在着诞生、成长、成熟和衰退四个阶段。如果集群不能与市场需求相适应，必定会陷入“衰退阶段”，比如，以“第三意大利”和温州集群为代表的很多国内外集群已经历或正处于此种困境。因此集群的成长需要创新的思维来顺应时代的发展和市场的需要，产业集群创新政策正是基于市场和时代的需求，打破传统的机械化经济发展思路。

（2）产业组织背景：科层过于刻板和机械化，只注重信息的单向传递，忽视产业集群内部部门之间的信息交流；而市场则易失灵。产业集群是介于科层和市场之间的新的经济组织形式，正好可以克服二者的不足。然而，集群也不是万能的，集群网络化容易产生锁定效应，锁定效应使得集群失去持续发展的活力，陷入僵化模式，难以长远进步，因此集群需要创新。产业集群创新政策应引导集群内企业避免锁定效应，激活集群外部资源，促进集群组织学习和创新，构建集群创新网络，使集群镶入全球价值链、培养和提高其国际竞争力。

(3) 区域创新背景：经济全球化和信息技术的发展引发了生产区位的全球空间变迁，创新思想成为区域发展新的思维和利润增长源，区域创新系统的提出标志着创新成为发展区域经济和提升区域竞争力的重要因子。一般认为，区域创新系统的行为主体空间邻近性有利于提高各参与者的创新产出，从而对区域发展有积极的推动作用；另外，成功的高增长区域经济也有利于各行为主体为享受聚集经济而发生创新的产业空间集群。产业集群创新政策不仅利于集群自身层次的提升，而且对增强区域整体的创新能力和经济实力有促进作用，也是建立创新系统的必然要求。

2. 产业集群创新政策制定的主体

政策的制定主体主要有三种：精英主体、共同体主体和公众主体。发达国家的政策制定模式，正在经历由共同体主体到公众主体的深刻转型，而我国由于科技文化发展水平的相对落后，以及政策安排形式的特殊性，公共政策制定模式正在缓慢地经历着由精英主体到共同体主体的转变。精英主体和共同体主体制定的政策，容易发生政策垄断现象，造成利益集团的寻租行为，违背政策制定的公平性原则。就集群创新而言，涉及的创新主体很多，包括企业、政府、大学、金融集团、行业协会和中介机构等，因此在产业集群创新政策的制定过程中，必须让众多部门参与。政府是传统政策制定的主体，同样在产业集群政策的制定中，政府引导仍然很重要，但政府的缺陷是不能完全和及时地掌握全部集群信息；企业能对集群信息作出最快的反应，但企业的缺陷在于其目标追求个体利润的最大化、而不是集群整体和长远的利益；行业协会及相关中介组织比政府更快、同时比企业更全面的获得信息，在产业集群的创新中的地位举足轻重，随着产业集群的成熟和完善，行业协会的作用将越来越重要；大学和研究机构是企业和集群技术创新的主要途径；金融机构是集群创新资金渠道的保证。产业集群创新政策制定是一个牵涉集群内部各个成员博弈协调的交互作用过程，只有公众参与的集群政策才具有有效性、完整性和民主性，在实践中也易被执行。

3. 产业集群创新政策的基本思想

产业集群创新政策制定涉及集群的各个方面，对产业集群有政策意义的众多因素可组成一个错综复杂的经济社会关系网络。从创新视角看，产业集群政策至少应包括以下思想：

（1）加强集群内各部门间紧密联系和信息交流：创新从来都不是孤独的，需要各个部门的积极参与。鼓励集群内企业合作，形成企业网络；同时，加强企业与集群内的政府、金融机构、研究中心、大学等各个部门的合作交流，形成具有根植性的集群区域创新网络。政府的作用是弥补市场失灵，但政府对信息的掌握总比市场慢一拍，因此集群创新就有必要引入开放性的竞争机制。在集群内部培育开放的创新氛围。另外，要充分发挥行业协会的作用。行业协会是联系市场和政府交流的纽带。行业协会作为集群的构成主体之一，其功能体系的完善程度，不仅关系到自身良好形象的塑造，更涉及集群持续竞争力的提升。此外，信息网络建设和完善也有利于集群内个体之间交互学习和创新网络的强化。在知识经济的兴起、计算机网络技术与信息技术飞速发展的今天，企业虚拟集群也成为产业集群创新的新模式。

（2）重视教育和科研，促进科研成果转化。一方面，教育成果可以直接促进集群的技术创新；另一方面，面对目前国内许多集群内中小企业人力资本缺乏的现状，教育可以为这些企业提供强有力的智力保障和人才保障，特别是培养专项技能的职业技术教育，是集群企业呼唤人力资源的摇篮。此外，还应强化教育科研成果的转化能力，使科技成果迅速转化为生产力。目前，虽然关于产业集群的研究成果颇丰，但真正把理论研究付诸实践、实现价值转换的研究成果却不多，针对这种现状，可由企业和政府共同出资，资助那些能够对集群实用并能够进行价值转换的课题，从而实现教育价值的最大化。

（3）营造创新氛围，着眼长远发展。创新的文化给予集群发展不断的动力，营造集群创新文化氛围是集群政策的一个重要内容。现今大多集群的产生都是基于创新的文化背景，然而这些文化氛围不能单调地贯穿于集群发展的各个阶段，表现为许多集群正面临着“瓶颈”的严峻考验。比如，以永嘉学派为代表的事功文化对温州民营企业集群的形成和发展来说，就如同空气和阳光，只要有了种子和合适的土壤，就会起到最基本的“养料”作用，但市井文化固有的劣根性也如影随形挥之不去。主要表现为强烈的物欲化倾向，对物质过分崇尚与迷恋的倾向，显然对集群的长远发展是不利的。

（4）激励集群创新动力，保护企业知识产权。创新动力不足是国内集群面临着的另一大难题。小企业由于资金缺乏和目光短浅，导致对创新的认识不足，低端模仿成为这些企业产品制造和迎合市场的主要途径。具有创新实力的大企业花大量的资金和精力开发新产品和项目，然而一旦新产品生产出来，便轻易被其他企业所效仿，必然导致这些企业也对创新丧失了希望。永康的五金产业集群痛失沃尔玛订单就是一个明显的例子。不仅对永康集群的发展是一个教训，为我国集群的创新发展也敲响了警钟。因此，政府联合行业协会，建立维护集群创新成果的知识产权保障显得尤为紧要。

第二节　产业集群创新的政府行为[1]

一、引入创新源、突破创新困境

在我国，由于构成集群的大多数中小企业资本规模小，靠中低档产品的标准装配线和传统工艺组织生产，在产品开发的后期阶段漫游，属于生产技术上的后进者。此外，传统产业内在的中小企业模仿动机远远超过了其创新动机。因为创新投资的风险较大和创新产品的外部性效应较强，这使中小企业愿意成为“免费搭车者”，而不愿意自己投资。每个企业都企盼着别人开发出新产品，而自己仿效，以减少研发投资和降低创新风险。然而，如果每个企业都选择这个策略，产业集群的创新就会陷入“囚徒困境”，这是一些产业集群萎缩甚至衰落的根源所在。广东省 20 世纪 80 年代曾十分兴旺的沿着马路边形成的以农副产品、日常工业用品为主的专业市场及专业生产网

---

[1] 本节内容主要参考了蒋东仁 2006 年发表于科学学与科学技术管理的论文《产业集群创新的政府行为透析》。

络，到了20世纪90年代中期纷纷萎缩的事实印证了这种推论。

要避免以传统产业为主的中小产业集群衰落，由地方政府引入外部创新能力与资源就变得非常重要。一方面，处于发展初期的地方政府充当整个集群的代表会比任何一家企业更为合适。因为，由任何一家企业承担这种角色可能会使该企业利用这种权力引进对自己的技术开发有利，而不一定对整个集群企业都适用的技术。而地方政府则以集群内大多数企业需要的通用型技术为出发点，从而可能避免由任何一家企业引进所带来的倾向。另一方面，地方政府在引进外部资源中，从谈判能力到组织信誉，从合作网络的扩展能量到各项条款的承诺，都比一般的中小企业更有优势。

由地方政府扮演引入者角色，就需要对地方政府的引入动机做些分析，因为这直接涉及引入效果。在经济转轨中，除了财税制度改革导致“地方政府公司化”的经济诱因之外，还有两个条件对地方政府的引入动机产生着重要的影响。①集群环境。地方政府受到财力和体制限制，不可能为每个企业购置先进的技术设备。如果地方政府引入的技术能力能够为大多数企业所共享，那么，引入行为就产生了规模效果。产业集群恰恰提供了这样一种环境，因为，产业集群是以专业化和规模化市场为特征的，即生产与经营同一类产品的企业聚集在一起，他们对技术设备与设计的需求基本上是相似的。这种对技术设计与开发的类似需求一方面成为技术供应者进入的主要吸引力，以集群环境引入科研院所、高等院校等合作伙伴比非集群环境更容易成功的事实说明了这一点。此外，地方政府引入一套技术设备与资源对集群企业技术升级的辐射范围比非集群企业的技术辐射范围大得多、成本低得多。②集群边界。一个地方政府管辖范围内的产业集群与一个跨地区的产业集群相比，前者更容易使地方政府发生引入行为。因为前者的行政边界是清楚的，在本地区内产生的知识外溢与信息共享效应是明显的，作为地方政府业绩也是有显示性的。相反，在一个跨地区集群中，引入行为所带来的外部效应必然会波及地区外的企业，而这些得到技术外溢收益的企业增长被看成是没有发生引入行为的地方政府业绩。任何一方政府都不愿意做“自己栽树，别人乘凉”的事情，而愿意免费分享知识的外溢效应。其结果，跨地区产业集群创新能力的引入就会受到制约。近年来，广东省大部分专业镇相继设立技术创新组织，而跨乡镇的产业区却很少建立这种技术创新中心的事实就说明了这一点。

受到地方财力、技术信息与本地企业生产能力的限制，地方政府主要以引入技术趋于成熟、本地集群发展所急需的应用型技术设备与设计能力为主。这种引入方式主要有以下几种：①以地方政府垫付资金、购置关键性技术设备为重点，通过与本地区技术能力的结合，提升整个集群企业的技术开发能力。②以技术设备引入为核心，引入外部技术资源。包括对技术设备的调试、安装、操作、维修和使用新设备开发新产品等工艺所需要的各类技术与管理人才等。③以不同渠道引入不同技术资源，通过地方政府整合，形成有效的技术创新能力。

二、采取公司化运作模式、提高创新能力

随着创新资源的引入，选择一个创新资源有效使用的组织机制是必不可少的。从一些国家创新组织的发展经验看，一个有效使用创新资源的组织机制应具有三个特性：①主体性。集群内创新资源的使用主体是企业，而不是政府。因此，地方政府需要设计一种机制将自己引入的创新资源转移到企业手中。②持续性。一次性引入的创新资源应转化为具有自我增强的持续性创新能力，而不应使集群内企业的创新能力越来越严重地依赖于引入外部的创新资源。③扩散性。引入的创新资源应成为整个集群创新能力的种子，通过技术外溢与信息共享机制，使得创新能力与技术信息迅速地扩散到集群内几乎所有的企业，从而促使这些企业利用低成本获得的创新资源提升自身技术开发能力。以这三个特性为参照，评价与选择现实经济中出现的三种组织机制。

第一种是以扶持大企业为重点的组织机制。这种机制是将地方政府引入的新资源直接投放到集群中最具开发能力的较大型企业中去，通过增强该企业的研发能力，使其尽快成为产业集群新技术和经济的生长点。这种机制设计的好处在于：①直接将地方政府掌握的创新资源转移到企业手里，强化企业作为使用创新资源的主体地位；②较大型企业的研发投入与地方政府引入的创新资源相结合，有利于增强持续性的创新能力。但这种组织机制也存在不足，即在地方政府把创新资源投放给较大型企业后，该企业往往会根据本企业的发展战略与竞争策略，开发出适合于本企业需要的专有技术产品，而不一定适合于大多数企业的通用型技术产品，其结果是技术扩散会受到限制。特别是这类企业为维持在新技术开发等方面的垄

断，往往会人为地对技术扩散设置一些障碍，如技术转让定价过高、技术信息提供不充分等。

第二种是以公共服务为宗旨的组织机制。地方政府把引入的创新资源看成是公共产品，通过建立一个公共性的非营利机构，为集群内企业无偿地提供新产品设计与开发试验等方面的技术服务。这种机制的好处在于：技术服务的无偿性有利于降低中小企业采用新技术、新设计和新品种的费用，加速创新能力的扩散。但这不是一个公司化运作的组织，不仅缺乏盈利动机与活力，也无法形成创新能力的持续性增强机制，只能靠地方政府不断地增加投入来维持这类公共组织的运作与公共设施的维护、保养、管理与更新，致使地方政府的财政负担越来越重。特别是创新资源的无偿使用会使中小企业对公共性创新资源产生越来越强的依赖性。结果，整个集群内企业都依赖这个公共性技术组织，而这个组织因缺乏盈利动机和持续发展能力而陷入萎缩的困境。我国计划经济时期大多数科研机构面向企业服务的动机不足，市场化的开发能力有限就是这种组织机制所导致的结果。

第三种是以公司化运作为原则的组织机制。地方政府根据引入者数量与投入规模，组建一个股份制或政府全部出资的技术开发公司，来专门经营与开发引入的创新资源，目的在于通过市场竞争，不断开发适销对路的新设计、新工艺和新产品，在满足中小企业需要的同时，增强公司持续性创新能力。这种公司化组织的优点在于：企业是创新资源的运作主体，盈利动机与市场压力使该公司必须增强持续性创新能力。但是，创新组织的公司化定位也会带来一个问题，即在假定新开发的技术设计与产品符合中小企业技术更新需要条件下，其价格水平往往成为困扰着技术扩散的一个难点。因为，创新组织是以商业规则来确定新开发的技术产品定价的，对于中小企业支付能力来说，这种定价往往比较高。如果大多数中小企业无力以这种价格发生交易，那么，以这种交易方式形成的技术转移与扩散就会受到限制，反而以低于购买价来获取技术秘诀的违规行为，如盗版设计、窃取信息和低劣仿效等则会始于其道，创新公司也无法得到应有的收益。如果降低技术转让价格，那么，创新组织又会遭受损失。因此，突破交易双方难以成交的困境是这种组织机制在起步阶段面临的挑战之一。

在这三种组织机制中，第一种组织是以集群中存在着较大型企业为前提的，对于大多数产业集群来说，这个前提往往是集群发展的结果，因此，不适合处在成长初期的中小产业集群；第二种创新组织的设计是远离市场经济制度的，因而也无法使创新主体在盈利动机与竞争压力下推动其技术成果的持续性开发与扩散；第三种创新组织设计是定位在已经进入市场经济正常运作轨道的公司组织，然而，这种组织设计的推行难点在于如何从成长期进入到成熟期。从上述比较中可以看出，第一种组织可能产生的问题是大企业对专用性技术开发需要与中小企业对通用性技术产品与服务需求之间的冲突，第三种组织的难点是创新组织设立初期双方交易能否顺利实现。两者相比，作为组织设计主体的地方政府来说，往往会选择第三种组织机制，因为企业自主发展机制使地方政府对由第一种组织引发企业间利益冲突的协调力度是有限的，而通过地方政府的介入促成交易的实现却是可行的。

在发展初期，政府以补贴方式的扶持是促成技术交易实现的关键。地方政府根据自己的财力可以采用直接补贴到技术转让的价格中，也可以补给出售者或购买者以及几种方式共用等，目的在于在保证创新组织获取平均资本回报率基础上，使中小企业能够买得起技术、设备等新开发产品。不可否认，补贴在一定程度上造成了市场信号的扭曲，但是，与成长初期难以形成技术交易的发展困境相比，这种扭曲的代价是较低的。从这个意义上说，由补贴支撑的第三种组织机制可以看成是“帕累托改进”的次优模式。然而，补贴不能无限地持续下去，因为技术交易量的不断扩大不仅使补贴量增大，而且对经济运行的扭曲影响也会不断加深，如中小企业过分依赖补贴，开发产品价格的扭曲日益严重以及地方政府为支付不断增加的补贴而致使财政负担日益加重等。因此，选择合适的时机退出补贴应成为逐步发展起来的集群地区政府扶持政策调整的一个重点。

三、推进创新组织与企业集群的创新互动

地方政府对补贴政策的调整是以扩大创新组织的技术扩散来推动技术服务的市场拓展为条件的。通过市场拓展形成的规模收益，使得补贴在减少甚至取消情况下中小企业可以获得以低价支付的创新成果，而创新组织仍能有盈利空间。加速技术成果与能力的扩散是创新组织实现价值、中小企业更新技术的关键。创新组织的技术扩散主要是通过四个渠道。

1. 增加新技术设计与产品的有效供给

这类技术成果的有效供给是创新组织的研发能力、技术产品的有效性和技术转让的可行性三个因素共同作用的结果。因此，增大新技术成果的有效供给就是挖掘这三个因素的潜力，形成有力的技术辐射源。

2. 加强对中小企业技术人员的培训

通过各种技能的培训，促使中小企业增加对采用创新成果的使用兴趣，帮助中小企业掌握其使用性能，提高对新产品和新设计的吸收、消化能力等，增强对新技术设备和新产品设计的深层次开发与应用。

3. 扩大对创新成果的售后服务以及再开发项目

这包括对中小企业使用新技术设备提供维修、检验等专项的技术服务项目，利用技术人员相对密集的优势，对中小企业发展所共同面临的工艺设计和开发实验等技术难题组织集体攻关，以解决每个企业普遍需要，但又不愿意自己投资的通用型技术。

4. 加大促进技术信息交流、资源共享的中介力度

这涉及在集群内定期举办本行业内各种新技术产品、新工艺设计和新材料的展销会与演示会，为集群内中小企业提供技术信息传播与交流的平台，帮助中小企业与集群外创新组织和行业协会建立广泛的技术与市场联系，解决中小企业收集技术与市场信息的成本过高问题。

技术成果的迅速扩散产生了集群创新活动的聚集效应，由此拓展了技术服务的市场规模。这集中表现在两个方面。

（1）集群外企业为获得知识外溢与信息共享的外部收益而迁入这个集群，致使集群规模扩大。

随着创新成果的应用，中小产业集群显示了市场竞争力，于是，集群外越来越多的竞争对手产生了购置这类创新成果的需求，加上本地政府“不求所有，只求所在”的政策引力以及更宜于技术信息的交流与传播的集群环境，如在集群内有各种各样的广告，有各种商品展览、促销活动，有各种各样的学术或商业会议等，这些都以极为低廉的费用，甚至免费为企业提供专业性的商业信息，使得一些企业在非集群环境之间重新配置会亏本，而由非集群地区向集群环境转移配置就不一定亏损，这就会引致大量的外部企业进入集群。广东省中山市古镇以大约1300多家灯饰企业对上游及配套产品的巨大需求，把深圳、惠州以及浙江省的一些灯饰设计、塑

料、钢管、玻璃和包装以及配件生产的近 100 家企业和 200 多家生产灯饰的外来企业吸引到古镇的事实，反映了集群内企业聚集的过程，从而拓展了古镇灯饰产品创新与设计中心的市场服务范围。

（2）随着研发能力的增强，创新组织在为集群内企业提供技术产品与服务的同时，越来越多地承接集群外企业专用性技术产品开发与设计的订单。

在地方政府对集群内的技术服务存在着价格补贴的条件下，承接集群外订单的价格往往高于对集群内企业进行技术服务的价格，这使得创新组织在完成地方政府作为控股者所规定的为本地企业提供必要的技术产品和服务前提下，愿意更多地承接外部订单。随着集群内企业创新能力的增长以及创新组织由集群内向集群外企业的市场扩展，对集群内企业技术服务的损失可以通过对集群外获得的收益加以弥补。在这种条件下，地方政府就可以采取以政策调整逐步替代补贴的方法，即在适当地降低地方政府的创新组织服务于本地企业数量规定的同时，也相应地减少价格补贴数量。当然，承接外部订单意味着创新组织技术服务的市场规模扩展了，这种扩展在一定程度上又会降低技术开发的单位成本，使技术服务价格趋于下降，这也创造了在补贴减少后创新组织收益不会下降，而中小企业对创新成果也有一定购买力的条件。

随着创新组织盈利能力的增强，集群内越来越多的企业开始设立研发机构，进而使得创新组织的功能发生结构性调整。产业集群与创新组织之间的互动，除了集群给创新组织带来了研发活动的盈利机会，使得企业孤立地开展研发活动远远没有他们之间聚集在一起通过交流与信息共享所进行的研发活动更加有效之外，创新组织通过技术扩散也使得创新活动变得异常活跃。这种创新活动的推动力量主要来自以下几个方面：①越来越多的企业家在体会到应用创新成果有利于提高生产率的甜头后，以及在观察到创新组织盈利能力不断增长的事实后，他们就对本企业开展技术研发活动产生了越来越浓厚的使用兴趣，并通过对创新组织的效仿，降低自己研发的风险；②日益激烈的市场竞争使得有实力的企业越来越注重开发自己特有的专用性技术，而以开发通用型技术为主的创新组织则无法满足这种需要，这使得一些有实力的企业试图通过研发活动，增加个性化设计，提高质量，促进企业品牌的成长；③随着企业技术与资本积累能力的增强，他们对研发活动具有了越来越强的投资能力；④集群形成的技术外溢与信息共享的创新环境也使得集群内企业比集群外的企业更愿意自己增设研发机构，因为集群环境有利于降低企业搜寻信息、把握技术和获取资源的成本。随着集群内越来越多的企业设立研发机构，他们对创新组织研发出来的通用型创新成果的需求就相对下降了。这一方面可能促使创新组织进一步增大对外部市场的技术服务范围，另一方面也会使创新组织承担的各种功能形成结构性调整。例如，在适当地降低创新设计品种的同时，增大对技术人员的技能培训、加强对新技术设备的使用、检验和维修等方面技术服务以及努力扩展信息交流与技术资源共享的中介职能等，如建立行业协会、市场信息机构、技术设备维修机构、培训机构、出口服务机构和信贷机构等中介组织，促进科研院所的技术转移与集群内企业建立产学研合作等。

总之，随着技术成果与信息资源的扩散，集群内中小企业在接受了创新能力的同时，也产生了对创新产品的更大需求，这样，一个创新组织带动了一批企业研发机构的兴起，形成了整个集群创新能力动态性强化的过程。当越来越多的企业开始研制本企业特有的专用性技术时，创新组织就会由设计与开发一般通用型技术产品为主转变为以信息传播、技术服务和深层次产品功能开发为主，这种结构性调整是集群内企业专业化分工与动态演进的客观结果。

本章参考文献

[1] 刘恒江，陈继祥．国外产业集群政策研究综述［J］．外国经济与管理，2004，(11)：36-42.

[2] 黄花叶等．OECD 国家集群政策及其对我国区域经济发展的启示［J］．研究与发展，2003（4）：11-15.

[3] 汪涛等．西方集群和集群政策的研究及其对中国的借鉴意义［J］．人文地理，2006（5）：74-79.

[4] 王缉慈．关于发展创新型产业集群的政策建议［J］．经济地理，2004（4）：433-436.

[5] 聂鸣．培植竞争力：从产业政策到集群政策［C］．产业集群与中国区域创新发展研讨会（宁波），2002.

[6] 肖广岭．创新集群及其政策意义［J］．自然辩证法研究，2003，(10)：51-54.

第十四章　全书总结

随着美国硅谷、印度班加罗尔、芬兰赫尔辛基、以色列特拉维夫、中国台湾地区新竹等成功的产业集群的出现，产业集群显示出卓越的持续创新能力和竞争优势。尽管如此，在众多产业集群显示其强劲竞争力的同时，也有一批产业集群在全球竞争中丧失了其竞争优势，如美国底特律汽车城、匹兹堡钢铁产业群的衰败，我国温州桥头镇纽扣小企业集群竞争优势的丧失等。由此可见，产业集群的创新优势并不是自动显现出来的，它仅仅代表一种潜力，而欲将这种潜力完全发挥出来，则需要突破一些障碍。作为地方政府、中介结构和集群企业应该在产业集群的不同阶段、不同情景下采取相机而动的发展模式和思路，以实现产业集群向创新集群发展，实现产业集群的可持续创新。

(1) 对于地理邻近程度不高，交通通达度不高的地区，可以加强区域交通通信等基础设施建设，通过建设完善的交通通信网络，来提高区域的交通通达性，促进集群区内相关主体之间便捷低成本面对面的交流，促进知识尤其是隐性知识的溢出与扩散，从而促进集群创新活动的产生与创新绩效的提升。对于地理邻近程度较高的区域，即交通通达度高度发达区域，用来提高地理邻近度的资源的利用效率较低，对集群创新的影响效应不大。因此，应寻求其他更加有效的途径来进一步提升集群创新绩效；政府应通过搭建交流合作平台、构建集群区内的“硅谷酒吧式”的俱乐部以及扶持相关中介服务机构的发展等措施，来促进集群区内主体间以及集群与区外主体间的有效交互作用。另外，当前我国制造业空间集聚要注意“适度集聚”和地区专业化分工，为避免“拥挤效应”和过度竞争，国家和地方政府在资源分割、配置策略方面亟待改进和完善。

(2) 对于产业集群的核心企业来说，与其上下游配套企业发展强关系维持认知邻近是集群发展的选择，同时认知邻近对相互构成的创新网络进行利用式创新也是十分有利的；而与其竞争对手由于产品的竞争，不可能建立起强关系，只能通过在一定的认知距离下来相互交流，同时这种保持距离的认知邻近对于各自保持异质性信息进而为探索式创新提供了有利条件。在产业集群多样化比较严重时，认知邻近对产业集群创新绩效的提升有明显的促进机制，地方政府应建立公共的技术研发平台、产品公共测试平台，以及公共科研信息检索平台以促进认知邻近性水平提高，为创新活动的持续产生提供必要的硬件保障；当产业集群专业化比较严重时，可以通过提高与省外、国外先进研发技术的接触频率和隐性知识获取水平，从而革新研发视角和开发深度，进一步提高集群的整体研发水平。

（3）知识是一种非排他的公共用品，具有“溢出效应”。因此要营造有利于产业群的形成与发展的创新环境，同时在产业集聚的区域内兴办科研院所，这不仅有利于企业不断学习、提高效率，而且有利于促进科技的传播和产业化，这样通过科技的产业化吸引产业的集聚，提高我国企业的创新能力和国际竞争力。但是也要防止集群知识重叠度增加，因此应提高集群内企业与集群外实体的知识交换。为集群吸纳、引入新知识技术，提高集群的对外开放程度，增强企业的学习能力，可鼓励集群企业对外投资，在集群外部积累竞争与合作的经验，提高国际化运作的能力。同时鼓励外部多样化企业加入集群，通过外来企业对本地市场竞争结构的改变，一方面可以对本地企业施加学习与创新的压力，另一方面外来企业可以产生较强的示范效应。

（4）在产业集群建立初期，更要注重加强和集群企业之间的交流及沟通，可以使企业在相互理解、信任和共同解决问题的承诺基础上选择可靠的合作创新伙伴，有效降低合作创新风险、提高合作创新意愿，进而推动企业之间的长期合作行为。在产业集群发展城市时，应加强与外部环境的联系，有意识地发展多类型的创新合作伙伴，拓展交往范围，增加互动频次，构建良好的创新网络关系来增强企业获取资源、技术及政策支持的能力，提高自身的技术创新能力，促进合作创新的成功和创新绩效的提高。同时对于同技术创新阶段的企业，关系嵌入对技术创新能力的影响也不同，处于创造模仿阶段的企业，关系质量是主要的影响因素，知识吸收转化和技术交流合作是主要中间变量，因此应加强与群内其他企业特别是核心企业的关系嵌入，处于自主创新阶段的企业，知识吸收转化和外部创新资源的影响效果越大，技术交流合作的影响则越小，此时集群应减少与群内企业的关系投资，转而增加与群外企业的关系投资。

（5）文化嵌入利于群内学习，但不利于群外学习。因此对于集群的利用式创新，特别是中小企业的利用式创新来说，增加集群企业间的文化嵌入是有利的，如果政府为了提高中小企业的配套能力，提高其利用式创新能力，应该营造一种高度的文化认同，这样才能使核心企业溢出的知识能够被配套企业获取与吸收，从而保证知识溢出效率提升。为了提高文化嵌入，中小企业在与核心企业合作沟通过程中需要不断总结归纳，更快地吸收从核心企业处获得的文化元素，群内部的各类中介机构如行业协会、研究机构、管理机构、金融机构等支撑机构应为促进核心企业与配套企业互动起到牵线搭桥、协调合作摩擦与深化交流合作的作用，使配套企业有更多机会学习核心企业的文化，拉近与核心企业的距离。但对于集群的探索式创新，特别是核心企业从事的探索式创新，且需要中小企业提供多样化配套方案时，核心企业应采取相应措施防止配套企业对自己的过度依赖，使配套企业能够突破文化演进的路径依赖，在与核心企业保持适度文化兼容性的同时塑造适合自身发展的企业文化，对于政府来说，应该建立开放式创新平台，鼓励核心企业与配套企业吸收外部知识和创新理念。

（6）对于产业集群竞争氛围的塑造来说，应该营造一种宽容的竞争方式，即企业不是以对抗的眼光来看待竞争对手，不是单纯采取价格竞争的手段，而是以较为温和的态度默认竞争以及竞争者，在竞争的方式方法上，除了必要的价格竞争，更多地采取一些非价格的竞争手段，如推行差异化战略，诸如在质量上形成差异、给产品增加新的功能、在产品交货和售后服务上创造自己独有的办法或采取广告宣传及其他促销活动，在消费者心理上建立差异。只有实行差异化的、宽容的竞争才能既激励企业进行技术创新、服务创新等以提高产品的竞争力，又不至于出现恶性的排挤行为。

（7）产业集群中企业的高同质性虽然利于创新技术的扩散、加快创新活动周期以及促进集群合作，但由于目前大多数中小企业在技术创新上还停留在纯粹的模仿阶段，造成资源分散和集群内部创新的停滞，导致集群的整体衰退。解决这一问题可以从多个方面入手，第一就是推动合作创新，政府可以通过在利用税收政策规范和财政政策支持的同时，直接引导建立民间合作框架，为建立中小企业长期关系以及创新网络的形成提供便利；第二就是建立技术标准联盟，由政府充当规范者的角色，引导建立技术标准联盟，提供合作法律框架、管理机制、高层人员及信息，监测整个合作过程，为中小企业整合资源，谋求技术创新发展，从而带动整个产业集群在世界内的成长；第三就是加强专利、商标、版权、标准工作，建立和运用知识产权制度，促进科技创新利益激励机制的形成，为技术创新和高新技术产业发展营造良好的社会氛围和市场环境。

后记

本书是作者在结合博士毕业论文和教育部课题结题报告的基础上修改而成的，本书也是作者第一本著作，原计划在去年这个时候出版，但由于自身的原因一直没有写完，直到今年才得以完稿，即便是这样，由于本身知识结构和工作阅历的欠缺，本书很多地方还不尽满意，但丑媳妇总要见公婆，所以还得很难为情地向出版社交稿，书中诸多不当之处希望读者提出宝贵意见。

本书的完成首先感谢李乃文教授，李教授曾是作者的同事，也是工作上的领导，在我博士毕业论文完成后，李教授建议我对博士论文内容进行深一步的研究，也正是基于此，我围绕这一研究内容申请并获批了教育部人文社科项目，在项目研究的驱动下才使我有可能开始写这本书。

本书的写作过程中得到了研究团队诸多成员的支持和帮助，主要有金彦龙教授、李庆满副教授、王世明博士、王乐博士和李大庆等老师，课题的很多研究工作以及本书的诸多内容凝聚了他们辛苦的劳动和富有建设性的意见和建议，对他们表示诚挚的谢意，另外在本书的写作过程中我的两名研究生张恒俊和侯楠做了很多校对工作，对他们的工作表示感谢。

本书的出版除得到了作者所主持教育部项目的资助外，还得到了渤海大学管理学院学科基金的资助。渤海大学这所学校虽然算不上知名大学，但几年来的发展蒸蒸日上，优美的校园文化环境、快速发展的教学科研事业、日益民主和人性化的管理体制为未来进一步发展奠定了良好的基础。作者 2010 年从原单位来到渤海大学管理学院，得到了学院领导各方面的关心和支持。感谢渤海大学和渤海大学管理学院给我提供良好的工作和生活环境。

最后不得不提及的是，本研究是站在巨人肩膀上完成的，没有国内外众多学者关于集群技术创新方面的研究，本研究的完成是无法想象的，特别是为了保证本书的相对系统性，部分章节节选了相关学者的研究结论，在此谨向他们表示衷心的感谢。

杨皎平

2015 年 1 月 30 日